pantopie: de hermès à petite poucette

Illustrations des personnages : Olivier Marbœuf

Saisie des entretiens : Véronique Puybaret
Préparation de copie : Valérie Gautheron
Relecture : Valérie Poge
Mise en page : Marina Smid

ISBN : 978-2-7465-593-3

Éditions Le Pommier, 8, rue Férou, 75006, Paris
www.editions-lepommier.fr

pantopie : de hermès à petite poucette

michel serres

de l'Académie française

entretiens avec martin legros et sven ortoli

[ESSAI-LE POMMIER !]

Sommaire

OUVERTURE

« La joie, affirme Spinoza dans *L'Éthique*, est une passion par laquelle l'Esprit passe à une plus grande perfection. » Cette idée toute simple selon laquelle penser, comprendre les choses par la pensée, nous réconcilie avec le monde et par là même nous rend plus joyeux, cette idée donc est à l'origine du livre d'entretiens que vous tenez entre les mains. Car, parmi les philosophes contemporains, Michel Serres est celui avec lequel nous avons la plus grande joie à nous entretenir. Et cela ne tient pas seulement à son caractère – qui est en effet très joyeux, et parfois même espiègle. Ni encore à la vie, aventureuse, dure mais également joyeuse, qui a été la sienne. Mais à ce que, chaque fois que nous le sollicitons, qu'il s'agisse d'interpréter un événement aussi tragique que Fukushima ou d'actualiser la pensée d'un auteur aussi difficile que Leibniz, nous en sortons avec l'impression d'être un peu plus intelligents, de mieux comprendre – ce n'est pas si courant chez les philosophes –, et, surtout, avec le sentiment que cette intelligence des choses nous assure une plus grande « prise » sur le monde, une puissance indissociable d'une forme de contentement. Comme si la pensée éprouvait une jubilation à voir qu'elle ne s'exerce pas en vain, qu'elle est efficace, qu'elle se rend adéquate au monde. Oui, si nous sommes destinés à comprendre le monde, c'est dans ces moments-là que nous passons, comme le dit Spinoza, « à une plus grande perfection ».

Or, étrangement, l'œuvre publiée de Michel Serres peut apparaître obscure et difficile d'accès. Au regard de cette parole si agile et si lumineuse, si enchanteresse parfois, on se heurte dans ses livres à une plus grande résistance. Ils sont plus travaillés, portés par une ambition littéraire qui double l'exigence philosophique mais parfois, à notre goût, lui joue des tours, des mauvais tours. À force de travailler la langue comme un poète, le penseur dissimule ses propres concepts, pourtant si inventifs, sous un style foisonnant. C'est peut-être l'une des raisons qui expliquent la position ambivalente de Michel Serres dans l'espace public et intellectuel : autant le passeur de savoir, capable de faire comprendre l'histoire des idées au travers de récits savoureux, est apprécié d'un très large public, autant l'auteur et sa pensée, pourtant si nouvelle et si forte, restent moins bien connus, du moins en France. On connaît les envolées lyriques de l'orateur ou les exposés limpides du professeur, mais ses concepts, les connaît-on ? Sait-on même les nommer ? Pour les découvrir, l'écoute de la parole ne suffit pas. C'est dans les textes écrits que se découvrent le cœur d'une pensée, ses idées les plus fortes, ses propositions les plus fécondes. Si nous voulions recueillir toutes les promesses contenues dans la parole de Michel Serres, c'était là, dans ces soixante livres publiés depuis cinquante ans, qu'il fallait les puiser. Alors comment faire? N'était-il pas possible de concilier la magie de la parole et la profondeur de l'écriture?

Un jour, nous nous sommes ouverts à Michel, en toute simplicité, de la difficulté à laquelle nous exposait sa pensée, à la fois si inventive et si cryptée. Et de lui soumettre l'idée d'un livre d'entretiens où il reviendrait avec nous sur l'ensemble de son œuvre, livre après livre, sur ce qui l'a conduit à la philosophie, sur les événements qui l'ont sollicité, sur ses grands concepts. Il a immédiatement accepté, sans détour ni condition. C'était à la fin du printemps 2011. Nous décidâmes de commencer à la rentrée de septembre. Nous nous verrions deux heures, tous les quinze jours. Ce serait le jeudi, soit à l'Académie française, en fin d'après-midi après les séances hebdomadaires, soit, lorsque les immortels ne se réunissaient pas, chez lui, à Vincennes, dans cette charmante petite maison où il habite depuis qu'il a été nommé professeur à l'université de Vincennes, en 1969. L'aventure a duré deux ans. Pour chaque séance, nous convenions à l'avance du livre que nous allions lire, des questions sur lesquelles nous voulions l'interroger ou des événements biographiques ou historiques sur lesquels nous souhaitions revenir. Nous avons ainsi retraversé dans son entièreté une vie et une œuvre philosophique. Et nous avons refait en même temps l'histoire du XXe siècle. Car les événements qui ont compté pour Michel Serres et qui sont devenus concepts ou idées ne sont pas ceux que retiennent les historiens ou les journalistes. À propos de la « fin » de l'agriculture, dont il a été le témoin et qu'il a été le seul philosophe à désigner comme un événement de portée métaphysique, Michel Serres s'exclame ainsi : « Avez-vous lu dans le journal en gros titre : "Aujourd'hui, nous venons de vivre la fin du Néolithique" ? C'est pourtant de cela qu'il s'agit. Mais aucun journal n'a annoncé cette nouvelle ! » L'importance d'un événement pour lui ne tient pas au bruit qu'il fait, mais à la durée qu'il interrompt, à la longueur de la période historique à laquelle il met un terme – en l'occurrence, dix mille ans... En comparant ainsi les événements historiques du siècle à ceux qui sont susceptibles d'entrer dans ce qu'il appelle le Grand Récit, comme nous l'avons fait dans une chronologie comparée (voir p. 378), on mesure que c'est une véritable contre-histoire philosophique que nous propose Michel Serres.

Plusieurs choses nous ont frappés au cours de ces entretiens qui méritent qu'on s'y arrête. Nous nous sommes d'abord aperçus, grâce à cette fréquentation régulière, qu'un philosophe, dans l'acception pleine et entière de ce terme, est un individu qui pense *tout* ce qui lui advient. Tout, vraiment tout ce qui lui arrive, est élevé au statut d'objet pensable. Ce n'est pas tant une déformation professionnelle qu'une manière de faire face, d'assimiler ce qui perturbe son quotidien ou ce qui bouleverse son existence. En transformant le dehors en objet pensable, le philosophe le « digère » en quelque sorte, et c'est à cette « digestion » que l'on doit sans doute les plus grandes idées philosophiques. Prenons, en guise d'exemple, l'événement apparemment le moins sujet à méditation qui soit survenu à Michel Serres au cours de ces deux années : trois mois seulement après le début de nos entretiens, il a subi un arrêt vasculaire cérébral, qui s'est heureusement révélé sans gravité. Comment s'est-il confronté à l'événement ? Déjà, sur le coup, ce n'est pas sans un certain courage qu'il fit face : sachant exactement ce qui lui arrivait au moment où cela lui arrivait, il se refusa à interrompre la communication qu'il était alors en train de faire. Sentant s'installer en lui une insensibilité qui remontait progressivement tout le long de la partie gauche de son corps, depuis le pied jusqu'au bras en passant par la jambe et le buste, il ne sollicita les secours qu'une fois achevé son exposé. Mais surtout, quelques semaines plus tard, après qu'il fut établi qu'il n'en conserverait aucune séquelle mis à part cette insensibilité sur la moitié gauche du corps, il nous envoya un mail pour nous avertir qu'il était prêt à reprendre nos entretiens qui avaient été interrompus. Ce mail, intitulé « La vertu du virtuel », était en réalité… une réflexion très approfondie sur cet accident. Il atteste de cette capacité extraordinaire d'une pensée à intégrer tout événement, jusqu'à celui qui menace sa propre intégrité. Et se conclut par un cri de victoire, une sorte de consécration de toute une vie : « Un de mes côtés demeure sujet alors qu'à gauche a surgi un objet. Victoire ! Comme je porte et ponte les deux ensemble, j'incarne la connaissance ! Enfin philosophe ? »

Même si nous ne le rencontrions, au début, que tous les quinze jours, puis ultérieurement chaque semaine, nous avons eu le sentiment, progressivement, de partager la vie de ce philosophe. Et de le connaître de mieux en mieux. De saisir ses manières de réfléchir : en racontant des histoires, en reprenant un récit, toujours recommencé, jamais totalement achevé. D'entrevoir ses hantises : le conflit et le pouvoir, pour lesquels il nourrit une phobie qu'il a réussi à transformer en refus raisonné. De comprendre ses fragilités : le sentiment légitime de n'avoir jamais été reconnu par ses pairs, celui moins justifié de ne pas être reconnu par le grand public. De déceler son ambition ultime : rassembler en lui tout ce qui est divisé au-dehors – la gauche et la droite, la nature et la culture, le sujet et l'objet, la science et la philosophie. De deviner ses passions : la mer, la montagne, les femmes...

Au-delà du penseur, on l'aura compris, c'est à l'homme que nous nous sommes également attachés. Nous croyons pouvoir dire qu'au cours de ces deux années nous avons noué une véritable amitié – ce dont témoigne d'ailleurs la tonalité de ces entretiens, où nous n'avons pas hésité à lui faire part de nos réserves autant que de nos enthousiasmes, et, parfois, à le pousser dans ses retranchements. Aussi attachant comme penseur que comme individu, Michel Serres est un être éminemment contrasté, pour ne pas dire déchiré. C'est un philosophe qui s'est construit, du début à la fin, tout seul, qui a développé son œuvre dans la plus grande solitude – on ne lui connaît ni maître, ni disciple, ni compagnon de route – et qui n'a pas trouvé de reconnaissance parmi les siens, alors même qu'il est doué pour l'amitié, le partage, la proximité. C'est un vrai *pater familias*, qui a fêté ses soixante ans de mariage et compte quatre enfants, onze petits-enfants et six arrière-petits-enfants..., et qui cependant ne croit absolument pas en la famille. C'est un « militant hétérosexuel actif » (*sic*) mais aussi un défenseur du mariage pour tous et des nouveaux arrangements sentimentaux. C'est un penseur de culture chrétienne, qui travaille avec Aristote et Leibniz dans une main et la Bible dans l'autre – et dont cependant on aurait bien du mal à dire s'il croit ou non en Dieu. C'est un académicien, qui a été professeur dans les plus grandes universités américaines et docteur *honoris causa* dans le monde entier, et qui cependant se considère comme « un petit qui n'a jamais quitté les petits ». C'est une « bête de scène » médiatique qui intervient aussi bien à la télévision qu'à la radio et un conférencier charismatique invité par les entreprises aussi bien que par les syndicats, et qui cependant doute fondamentalement d'être réellement entendu. C'est un homme capable de se livrer – il nous a raconté sa vie professionnelle dans le détail sans en masquer les épisodes les plus douloureux – et qui fait preuve d'une vraie attention pour ses interlocuteurs – il a témoigné d'un souci constant pour notre vie personnelle, familiale et professionnelle. Et cependant un homme qui a conservé jusqu'au bout avec nous une pudeur absolue sur ses sentiments, et restera, de ce point de vue, un mystère.

Qu'avons-nous découvert dans cette traversée ? Que l'un des soucis persistants de notre philosophe est de ne pas avoir (encore) trouvé un concept central, un « logo » ou une « marque », analogue à la « déconstruction » d'un Derrida ou à l'« absurde » d'un Camus. Il se définit lui-même comme un renard plutôt que comme un sanglier : Ulysse aux mille tours, penseur qui préfère explorer le monde dans toutes les directions plutôt que de creuser une niche dans laquelle il s'installerait à vie. Avons-nous trouvé son logo ? Non. Son œuvre foisonne de concepts inédits, mais il n'y en a pas un qui puisse contenir tous les autres. Cependant, nous avons découvert autre chose. Une chose restée inaperçue alors même que, comme dans *La Lettre volée* d'Edgar Allan Poe, elle était là sous nos yeux. « Penser, soutient avec force Michel Serres, c'est anticiper. » Et on peut dire qu'il a vu venir les grandes révolutions de notre temps : le basculement dans l'ère de la communication, la crise de l'écologie, l'avènement d'un nouveau corps, la révolution numérique. Il était mieux armé que beaucoup d'autres pour occuper cette place de vigie. Math sup, math spé, Navale, licence de math, Normale sup lettres, deuxième ex æquo à l'agrégation de philosophie ! Qui d'autre que lui, à vrai dire, parmi les philosophes de sa génération, était capable de passer avec aisance de la lecture de Heidegger ou Spinoza à l'écoute d'un séminaire Bourbaki sur la théorie des groupes ? Le fossé entre les sciences et les humanités dénoncé par le chimiste anglais Charles Percy Snow dans sa célèbre conférence de 1959 sur « les deux cultures », Michel Serres n'a jamais eu à le combler. Il saute d'un bord à l'autre sans y penser parce qu'au fond, à ses yeux, il n'y a pas, surtout pas, deux cultures mais une seule. L'année même où Snow déclenche sa polémique mémorable en regrettant que l'élite anglaise – mais la question se posait à l'identique en France – soit capable de disserter sur *Hamlet* ou d'évoquer le second principe de la thermodynamique, mais incapable de faire l'un et l'autre, Serres, l'homme des ponts, des frontières, des chemins de traverse repère, dès sa publication, *Science et théorie de l'information* de Léon Brillouin – l'ouvrage qui marque l'entrée dans une nouvelle ère scientifique, celle de la physique de l'information, mais bientôt aussi celle de l'ADN et du numérique. Il saura en faire son miel philosophique : *Hermès*, initié en 1960, prend acte de cette révolution. Et de chacun des événements cruciaux qui ont rythmé notre temps, Michel Serres saura de même s'emparer et faire un creuset où forger des concepts nouveaux – l'hominescence, le contrat naturel, la thanatocratie –, imaginant en même temps des personnages dans lesquels ces expériences neuves de notre humanité prennent forme, corps et visage : le Tiers-Instruit, le Malpropre, Petite Poucette. Là est sa marque de fabrique : une manière de penser à nulle autre pareille, par personnages.

Nous avions d'abord cru pouvoir identifier ces personnages à ce que le philosophe Gilles Deleuze appelle des « personnages conceptuels ». Mais ce dernier définit ceux-ci comme les « pseudonymes » ou les « hétéronymes » du philosophe – Socrate pour Platon, Zarathoustra pour Nietzsche –, alors que, pour Michel Serres, il s'agit de tout autre chose que de sa personne : il s'agit d'incarner dans un personnage le devenir du monde. Ou de condenser dans un être, à la fois singulier et générique, les métamorphoses de la condition humaine. « Ma pensée est légion », affirme le philosophe. Parmi les très nombreux personnages de son œuvre, nous en avons sélectionné neuf, dont huit incarnent les grandes ruptures que nous avons traversées depuis un siècle. Un seul, Pantope, peut être compris comme un personnage conceptuel au sens de Deleuze. Pantope, du grec *pan* (« tous ») et « *topos* (le « lieu ») : ou comment Michel Serres a voulu épuiser tous les lieux, faire le tour du monde, des savoirs et des cultures. Par extension, ce personnage donne également son nom au nouveau mode de pensée que son inventeur met en œuvre : la « pantopie », l'utopie de demain, qui consiste non plus à imaginer des lieux autres, des mondes imaginaires, mais à délivrer tous les possibles que contient, potentiellement ou virtuellement, notre monde. Pour achever de donner une incarnation à tous ces personnages, nous avons tenté de leur donner une identité précise avec une date de naissance, une nationalité, une famille, une formation, une profession, une devise et une histoire. Enfin, nous avons demandé au graphiste Olivier Marbœuf de les dessiner. En ouverture de chaque chapitre, vous trouverez ainsi une carte d'identité et un portrait du personnage concerné. Au terme de ce livre, vous aurez parcouru toutes les métamorphoses possibles que contient, selon Michel Serres, notre monde, notre présent.

C'est ainsi au théâtre de Michel Serres, à ses personnages autant qu'aux concepts qu'ils incarnent que ce livre d'entretiens entend ouvrir. Un théâtre qui comprend beaucoup plus de personnages que ceux qui donnent leur titre à nos chapitres. Mentionnons-en seulement quelques-uns : don Juan, Pierrot et Arlequin, la Castafiore, la Belle Noiseuse, saint Paul, les Horaces, Michel Strogoff, la Vierge Marie… D'Hermès à la Vierge Marie, nombre d'entre eux n'ont pas été inventés au sens propre par Michel Serres mais appartiennent à l'histoire ou à la culture commune. Sauf qu'il y a une marge entre les personnages de l'histoire et les personnages de Michel Serres, la marge de l'invention et de la création. Il est probable que la Vierge Marie et les membres de la Sainte Famille ne se reconnaîtraient pas dans les personnages qui portent le même nom dans cette œuvre. Le phénomène n'est pas nouveau. Dans une lettre à une femme qui croyait s'être reconnue dans *À la recherche du temps perdu* mais se plaignait de ne pas être fidèlement restituée, Proust dénonçait déjà « la bêtise des gens du monde qui croient qu'on fait entrer ainsi une personne dans un livre ». Dans *Le Temps retrouvé*, il explique : « [...] quand il [l'écrivain] écrit [...] il n'est pas un nom de personnage inventé sous lequel il ne puisse mettre soixante noms de personnages vus, dont l'un a posé pour la grimace, l'autre pour le monocle, tel pour la colère, l'autre pour le mouvement avantageux du bras, etc. » On peut dire exactement la même chose des personnages de Michel Serres : c'est dans la mesure même où ils ne correspondent à aucune personne particulière déjà existante, même s'ils empruntent chez telle ou telle quelques traits, qu'ils incarnent les soixante, les milliers ou les millions d'autres. Ils ne sont pas réels, ils sont *plus que réels*. Ils sont virtuels, affirme-t-il. La Vierge Marie et la Sainte Famille de Michel Serres ne sont pas ceux de la tradition. Reconfigurées à l'intérieur de son œuvre, ces figures lui permettent de penser la forme nouvelle que prend la famille dans notre temps, une famille dont tous les membres sont *adoptés*, où les liens se sont défaits de tout ancrage biologique. Même s'il n'est pas garanti que ce fut le sens qu'elle avait à l'origine chez les premiers théologiens, une fois qu'elle intègre l'œuvre de Michel Serres, la Sainte Famille apparaît a posteriori comme une anticipation virtuelle de ce grand événement ! Ce que Bergson appelait, d'une formule que Michel Serres aime à citer, « le mouvement rétrograde du vrai ».

S'il fallait, pour conclure, croquer à notre tour d'un trait notre penseur, nous dirions qu'il est le seul voyageur de la philosophie. Parmi les grands philosophes français qui furent ses contemporains, nombreux ont été des penseurs de l'errance. D'Emmanuel Levinas à Jacques Derrida en passant par René Girard, tous ont pris en charge le fait que le sol, de la tradition, de la morale, de la nature, avait glissé sous nos pieds. L'homme ne peut plus se concevoir comme un être dont la position est acquise. Il n'a plus d'assise. L'humanité a été excentrée : que ce soit par l'expérience du mal radical, d'un pouvoir radical, d'une forme de démesure. Michel Serres lui-même a vu dans le premier voyage dans l'espace un événement métaphysique qui a fait de chacun d'entre nous un astronaute en puissance capable de contempler la Terre, notre sol, comme un astre parmi d'autres. Mais la singularité de sa pensée est justement ici : il ne se contente pas de faire la théorie de cette expérience de l'errance, il la pratique. Il est des philosophes qui pensent en marchant, qui pensent en écrivant, qui pensent en dialoguant. Dans son œuvre où l'on respire le grand large, Michel Serres fait voyager ses personnages dans l'espace et dans le temps. C'est par là qu'à la différence de ses contemporains, sa pensée de l'errance, si elle a également traversé le tragique, est, au final, une pensée de la joie. C'est d'ailleurs par l'évocation de ce sentiment que Michel Serres a tenu à terminer ces entretiens. « Que la joie demeure ! »

Martin Legros et Sven Ortoli

Chapitre 1
L'ENFANT DE GARONNE

Vos racines, c'est la Garonne ? Au commencement était le fleuve ?

On peut prendre la formule au pied de la lettre, parce que l'année de ma naissance, en 1930, il y a eu cette immense inondation qui est restée dans les mémoires gasconnes. Dans la nuit du 3 au 4 mars, les eaux du Tarn, de l'Agout et de l'Aveyron ont débordé et ravagé les villes et villages de Montauban à Moissac. Il y a eu beaucoup de morts, deux cents au moins, et des milliers de sinistrés, sans compter les maisons détruites et les hectares inondés. C'était la « crue du siècle ». Du côté d'Agen, il n'y a pas eu de morts, mais des dégâts terribles. La Garonne gonflée de ses affluents est sortie de son lit au petit matin et le soir, vers dix-huit heures, les trois quarts de la ville étaient submergés. Les témoignages de l'époque racontent qu'il y avait un mètre d'eau dans la vieille rue des Cornières, quatre mètres dans le quartier du Gravier… À l'époque, mes parents habitaient une petite maison à deux pas du pont de Pierre, au 42, cours du 9e-de-Ligne. Au bord du fleuve naturellement puisque mon père était marinier. Précisément il était extracteur de sable et de gravier. Lorsque l'eau est venue clapoter au niveau du premier étage, il a embarqué ma mère, qui était enceinte de moi, et mon frère Claude, qui devait avoir à peu près quatre mois, et vogue la galère ! Dans le ventre de ma mère, j'ai navigué prénatal… Je suis un enfant de la Garonne en somme. Six mois plus tard, en septembre donc, je suis né, et même deux fois car, à ma naissance, j'avais trois tours de cordon autour du cou et la tête noire.

Est-ce qu'on parlait gascon à la maison ?

Nos parents nous parlaient français, mais, entre eux, ils parlaient la langue d'oc, le gascon. Que nous avons appris du même coup. Cependant, mon père et ma mère ne parlaient pas tout à fait la même langue, parce que lui était gascon et elle quercynoise. Trente-cinq kilomètres séparent ces deux provinces. Tout un monde…

D'où vient votre prénom ? De l'archange ?

Mes parents m'ont baptisé Michel, mais pas à cause de l'archange, plutôt parce que ma mère, Marie-Cécile, qui était fille de commerçants modestes d'un petit village du Quercy, fréquentait une importante communauté d'émigrés russes – ceux de 1917. Le prénom y était répandu et lui a plu. Elle a convaincu mon père.

Et votre père, de quel milieu était-il ?

Lui était un Agenais issu d'une famille populaire, athée, anticléricale et républicaine. Tellement républicaine qu'il a été prénommé Valmy ! Avec un prénom pareil, il a évidemment fait la Grande Guerre. Engagé volontaire à dix-sept ans, il était artilleur de 2e classe. Il a été envoyé à Verdun. Il en est sorti en 1918, sans gueule cassée mais avec les séquelles intestinales et pulmonaires d'une attaque aux gaz asphyxiants. Entretemps, il s'était converti et avait reçu le baptême dans les tranchées.

Converti devant l'horreur ?

Oui, devant l'horreur, contre la violence. De ce jour-là, il est devenu un fervent chrétien. Je me souviens de lui à la messe pleurant à chaudes larmes au moment du sermon ! Et tous les soirs, avant le coucher, nous faisions la prière autour de lui. J'ai vécu mon enfance dans un milieu mystique, très rare et isolé dans un pays plutôt incroyant et radsoc ! Au fond plus cathare que catholique, au moins dans l'esprit, c'est-à-dire méfiant devant les pouvoirs.

Cathare ? Cela se traduisait comment ?

Je me rappelle par exemple que, lorsque j'étais premier en classe, mon père n'était pas content.

Une gifle ?

Non, mais il n'était pas content du tout. Je l'entends encore me dire : « Alors, tu veux donc devenir un monsieur ? Si tu es premier, c'est que tu veux devenir un monsieur ! » J'ai eu un peu de mal à m'y faire, je dois dire, mais peu à peu j'ai fini par comprendre que mon père pensait, comme beaucoup de gens autour de lui, que monter dans la société, c'était s'approcher du mal. C'est une idée que l'on retrouve chez les cathares. À l'ascension sociale correspond une ascension vers les puissances du mal, vers Satan qui gouverne le monde. Je croyais, et je crois toujours, qu'il y a quelque chose de vrai dans cette idée. En grimpant de plus en plus haut sur l'échelle sociale, on rencontre plus de requins qu'ailleurs. En somme, j'ai gardé l'esprit cathare de mon père et sa méfiance pour qui s'approche du pouvoir. D'ailleurs, je me suis marié avec une femme de mon pays dont le père pensait de même. J'en déduis qu'il y a là quelque chose qui doit ramper dans l'inconscient gascon. Une tradition profonde.

Pour en revenir à mon père, il était totalement opposé à ce que je fasse des études. Pour les évoquer, il parlait des « conneries de Michel ». Chez nous, les études ne comptaient pas. Il s'agissait de sable, de maçonnerie, de dragage, de bateaux, d'inondations... Beaucoup plus tard, lorsque mon directeur de thèse, Georges Canguilhem, de passage à Bordeaux, est venu rendre visite à mes parents, mon père l'a accueilli par ces mots : « Ah ! Vous êtes donc ce salaud qui m'a pris mon fils ! »

Votre mère n'était pas fière de vos études ?

Non, il n'y avait pas cette atmosphère-là, à la maison. Ma mère disait : « Je suis une poule qui a couvé un canard. » Ça arrivait. Quiconque a été paysan le sait bien : on faisait couver une poule – douze œufs sous le cul – et elle restait vingt jours jusqu'à l'éclosion des poussins. À la naissance, on s'apercevait qu'il y avait eu erreur et qu'on avait mis un œuf de canard en plus. Il fallait voir la gueule de la poule quand le canard partait vers l'eau ! Elle était complètement affolée en voyant un de ses enfants, né sous elle, qui allait dans la mare ! Elle était en état de névrose expérimentale, la poule ! Et ma mère utilisait cette métaphore à mon propos... Dans ce milieu, les études, cela n'existait pas. Les gens disaient gentiment : « Le père Serres est très heureux, il a deux enfants très beaux. On croit que le troisième fait des études. »

L'atmosphère familiale était-elle affectueuse, joyeuse ?

Ces choses-là ne se disaient pas. Mais j'ai des souvenirs de fêtes paysannes extraordinaires.

Votre père évoquait-il la Grande Guerre ?

Jamais. Il m'est arrivé un jour d'aller au grenier et d'y dénicher une médaille militaire. Quand je l'ai montrée à mon père, il était furieux. Il avait une telle horreur de cette chose-là qu'il refusait d'en parler. On ne parle pas de l'ignoble.

En quoi consistait son métier ?

Il était extracteur de sable et de gravier dans le lit de la Garonne et, par conséquent, il avait deux types de clients : les maçons et les constructeurs de routes, les « blancs » et les « noirs » – les « blancs » travaillaient avec le ciment et les « noirs » avec le goudron. Il faut préciser qu'il y a eu un effet secondaire – mais primordial pour ma famille – de la crue de 1930 puisque les maisons détruites dans la région, il a fallu les rebâtir. Autant dire que le travail ne manquait pas à mon père. En 1937, il avait amassé de quoi faire construire une nouvelle maison, plus grande, à peine plus loin sur la rive, au n° 14.

Vous étiez content de cette nouvelle maison ?

Sans doute, mais ce n'était pas si important. Je ne peux pas dire qu'on habitait une maison : on habitait le fleuve. On habitait les bateaux, on habitait les tourbillons et les contre-courants. On vivait parmi les cailloux ronds et gluants, les aloses en pagaille et les anguilles argentées, les roches aiguës, les boues jaunâtres, les roseaux sur la rive, les basses eaux de l'été et, bien sûr, les crues. Garonne était notre vraie maison. Mon père, comme beaucoup de mariniers, ne savait pas nager ; moi, j'ai appris la brasse, accroché au ventre par une corde fixée à des potences plantées sur le quai. L'un de mes points d'ancrage est évidemment Garonne. Mais ce n'est pas le seul. Car il y avait une autre lignée dans ma famille, qui était paysanne, tout simplement. Mon père avait une propriété agricole où on travaillait. Et du côté quercynois j'ai aussi appris très jeune à vendre, dans l'épicerie de mon grand-père maternel et de mon oncle, des sardines et du beurre. Donc je possède un triple ancrage : paysan, marinier et commerçant. Je suis du peuple. Ma première formation vient des métiers et techniques du petit peuple : dès le plus jeune âge, j'ai fréquenté des forgerons, des selliers, des maçons, des ouvriers agricoles, des mariniers… Et j'ai été formé à leur contact. Conduire un bateau, monter un mur, vendre des boîtes de conserve ou du fil de fer : tous ces savoirs m'ont profondément irrigué ; chacune de ces expériences immédiates s'est inscrite dans mon corps. Pour fixer les idées, quand j'avais treize ou quatorze ans, on se levait, mon frère et moi, vers quatre heures et demie, cinq heures, avant le lever du soleil, pour charger les camions à la pelle, prendre le sable et l'envoyer dans la benne. On était deux pour charger un camion de dix tonnes. C'était un vrai travail de forçat, dur, très très dur.

In corpore sano… *et côté esprit ?*

Mon père n'avait pas son certificat d'études et, à la maison, il n'y avait guère de livres, à part une Bible et un Larousse. Mon éducation s'est faite à la communale. J'y ai découvert Jules Verne, mon premier choc littéraire, mon premier grand voyage puisqu'on ne bougeait pas. Je le lisais avec un atlas pour suivre ses héros. C'était un enchantement géographique. Mais j'ai trois souvenirs très forts de cette période. D'abord mon instituteur qui a exigé, comme on le préconisait alors, que j'apprenne à écrire de la main droite alors que j'étais gaucher : je ne regrette pas un instant d'avoir vécu à cette époque où l'on contrariait les gauchers. J'y ai trouvé un bénéfice formidable, c'est d'être ambidextre. Je suis intellectuel à droite et manuel à gauche : lorsque je prends un marteau ou que je pratique un sport, l'escrime comme le basket-ball, le rugby comme le tennis, gaucher je suis, gaucher je reste, des pieds à la tête ! En revanche, j'écris de la main droite, ce qui me donne une double expérience. Le gaucher est tellement obligé de s'adapter à un monde qui n'est pas le sien qu'il finit par en bénéficier par rapport aux droitiers qui sont, en quelque sorte, hémiplégiques !

Mon deuxième souvenir est encore plus fort et date de 1939. J'étais dans le primaire, à la veille d'entrer au collège. En septembre, il y a eu la déclaration de guerre et la mobilisation d'une grande partie du corps enseignant. Comme il ne restait plus grand monde, il a fallu redistribuer les classes. Du coup, je me suis retrouvé en quatrième alors que j'étais en septième auparavant ! J'étais très content, d'abord parce que j'avais plusieurs professeurs au lieu d'un, ce qui est quand même une expérience intéressante ; ensuite parce qu'à neuf ans je me retrouvais avec des grands de quatorze à suivre un programme effectif de quatrième. Je me souviens en particulier d'avoir assisté à un cours qui m'a illuminé. En maths, le professeur, qui était forcément un vieux – quarante ans peut-être – puisqu'il n'avait pas été mobilisé, a tracé un x sur le tableau. Moi, j'avais l'habitude de compter « 1, 2, 3 ». Et je le vois qui compte avec des lettres ! Qui plus est avec un alphabet à l'envers. Il mettait x, y, z. Je trouvais cela tout de même étrange de compter avec des lettres ! Alors, je lève le doigt et lui demande : « Vous comptez avec des lettres ? – Oui, me répond-il avec un sourire. – Mais qu'est-ce que ça veut dire, x ? – X, c'est l'inconnu. – Ça ne m'étonne pas ! Mais qu'est-ce que c'est l'inconnu ? – C'est une lettre qui a toutes les valeurs. » Et je crois que ce jour-là, à cette minute-là, j'ai reçu la foudre sur la tête. Je me suis aperçu qu'il pouvait y avoir un langage formel qui n'avait pas de sens, mais qui avait tous les sens. Et je suis entré dans les mathématiques.

C'était une manifestation de ce que vous appellerez plus tard une « acquisition blanche » ?

Oui, c'était l'intuition foudroyante qu'il pouvait y avoir un « joker » qui n'avait pas de sens mais qui avait tous les sens. Et là, je suis entré dans l'abstraction. Directement. Qu'est-ce que c'est que l'abstrait ? Quelque chose qui n'a pas de sens, mais qui a tous les sens. Quelque chose d'omnivalent, de « totipotent », comme on dit aujourd'hui.

Et votre troisième souvenir ?

C'est l'arrivée des Belges, c'est-à-dire l'arrivée des réfugiés. Avec le « Blitzkrieg », la guerre éclair menée par les Allemands en 1940, ma petite ville qui avait vingt mille habitants en a eu tout d'un coup plus de cent mille. C'était un grand chambardement car il fallait trouver des couvertures, des logements et de quoi manger pour ces pauvres gens. Mais c'était aussi un chambardement culturel car ces gens n'avaient pas notre langue, nos habitudes, notre culture. Ma classe précédente était simplement formée de Gascons qui parlaient patois. Et voilà que je me trouvais au contact de Normands et de Parisiens, de Belges et de Strasbourgeois. Et ce mélange-là a été décisif pour mes camarades et moi. Nous n'étions plus d'une province particulière, mais d'un melting-pot extraordinaire.

L'arrivée de ces réfugiés a aussi bouleversé votre famille ?

Oui. À la maison, nous avons accueilli une famille belge, une veuve et ses quatre enfants. La pauvre femme est morte d'épuisement au bout d'une semaine. Alors mon père a adopté les quatre petits belges et nous nous sommes retrouvés sept enfants au lieu de trois. Et c'est ainsi qu'une famille gasconne s'est changée en une fraternité franco-belge. Ils sont restés avec nous pendant toute la guerre et même plus tard. Ils faisaient partie de la famille.

Au début de la guerre, Agen était en zone libre. Gardez-vous des souvenirs touchant à l'histoire de cette période ?

Non, je ne me souviens pas par exemple d'avoir entendu parler de l'appel du 18-Juin. Ou même des lois antijuives. Bien sûr, les réfugiés en parlaient beaucoup. Et parfois on avait des nouvelles par des copains qui étaient à l'école avec nous mais dont les parents étaient restés travailler à Paris, à Bruxelles ou à Strasbourg. Mais la guerre restait lointaine. On ne se rend pas compte aujourd'hui à quel point la population était à l'époque en dehors de l'histoire. Il n'y avait ni l'Internet ni la télévision, beaucoup moins de journaux ou de radios. Pour dire à quel point il y avait un décalage, quand mon père a déclaré un jour : « Nos voisins sont juifs », nous sommes allés chercher le Larousse pour comprendre ce que cela signifiait. Il n'a pas épilogué, mais cela devait trotter dans sa tête car, quelque temps plus tard, il est allé voir le maire, qu'il connaissait bien puisqu'il était un de ses clients, en lui disant quelque chose comme : « Voilà, il y a des Juifs à Agen, maintenant, il faudrait leur construire une synagogue. Nous, on a des églises. Eux n'ont pas de synagogue, il faudrait leur en construire une et je donnerai le sable. » Il est rentré de cette discussion-là dans une colère terrible : « Tu vois, criait-il, moi, j'ai une religion, bien sûr, mais ce putain de maire-là n'a pas de religion, et par conséquent il ne veut pas construire la synagogue ! » Il n'avait pas compris que les Juifs étaient là parce qu'ils étaient persécutés et que sa demande était plus que périlleuse.

Parlait-on de la guerre en famille ?

Je ne me souviens pas de discussions politiques ou historiques chez moi. Jamais. J'ai grandi dans un milieu très populaire et très peu cultivé, où les distinctions idéologiques et politiques n'avaient pas cours. Il s'agissait toujours des cailloux, de cette « pute de Garonne » qui changeait tout le temps de niveau et nous rendait la vie impossible.

Avez-vous vu l'arrivée des Allemands le 11 novembre 1942 ?

Pour moi, le changement s'est lu sur les murs, littéralement : il y avait inscrit *Kazern, Burö, Gestapo,* des choses comme ça. C'est probablement à ce moment-là que j'ai été traumatisé du côté des langues vivantes. Bloqué définitivement. Depuis, je n'ai pu parler couramment aucune autre langue que le français, sauf le gascon cela va de soi, parce que mes parents le parlaient entre eux à la maison. Mais je dois ajouter qu'après la guerre j'ai trouvé qu'il y avait encore plus de mots anglais sur les murs de Paris que de mots allemands entre 1942 et 1944. Je ressens aussi l'anglais comme une langue d'Occupation !

Mais quand l'Occupation s'est faite plus âpre, plus assassine entre 1943 et 1944, lorsque Johann Zorn, le chef de la Gestapo d'Agen, et Prosper Delpuch, le sinistre « Bouboule », de la milice, ont torturé et tué, avez-vous perçu cette atmosphère de peur ?

Je crois que la peur, pendant la guerre, n'est pas un sentiment individuel. C'est l'air qu'on respire. L'air, c'est la peur. On est dedans. Ce n'est pas quelque chose que l'on ressent, c'est quelque chose dans lequel on vit.

Entretenez-vous un rapport traumatique avec la guerre, avec ce passé qui pour beaucoup ne passe pas ?

Avec le recul, je le vis au contraire de façon très heureuse. Quand on a connu la guerre, tous les matins on se dit que c'est la paix ; et c'est formidable, extraordinaire.

Lorsque Agen est libérée le 19 août 1944, vous éprouvez ce bonheur ?

Oui, mais cela n'a pas duré. Mon souvenir de la Libération n'est pas fait que de fleurs, c'est une période que j'ai vécue durement. On l'oublie, mais on a frisé la guerre civile. Il y avait des règlements de comptes sanglants. Des vengeances sordides. Des coups de fusil de derrière une haie pour une histoire de cocufiage. J'ai vu pour la première fois une femme nue. Ils l'avaient déshabillée et plaquée contre l'arrière d'un camion. Ils hurlaient qu'elle avait couché avec un Allemand et la foule lui crachait dessus, lui jetait des ordures. C'était un lynchage.

J'ai retenu trois choses de cette époque : d'abord le sentiment que je suis capable de reconnaître assez vite les gens qui pourraient devenir, au gré d'une opportunité, des collabos, des gestapistes ou des tortionnaires. Ensuite que ce glissement, cette transformation est très rapide. En un clin d'œil, l'honnête citoyen et père de famille peut se transformer en bourreau. D'ailleurs, j'ai pu en juger au moment de la guerre d'Algérie. Enfin et surtout, j'ai observé que la société est mauvaise.

La société ? Plus que l'homme ?

Philosophons ! Qu'est-ce que c'est que le mal ? Réponse : il y a trois coupables possibles – l'individu, Dieux et la société. Premièrement, l'individu : on le traduit devant les tribunaux. Régulièrement. Untel a tué sa femme, untel a volé... L'individu est coupable ou innocent, selon la décision du tribunal. Il y a tant de coupables, on peut faire des statistiques. Un autre coupable auquel on attribue traditionnellement la responsabilité du mal, c'est Dieu. Dieu est passé devant un tribunal. C'est la Théodicée de Leibniz. Est-ce que Dieu est coupable du mal dans le monde qu'il a lui-même créé ? C'est la grande discussion qui part de Leibniz et va jusqu'à Voltaire, disons, et qui perdure par la suite. Évidemment, c'est indécidable. On ne sait même pas si Dieu existe... Donc, pour l'individu, c'est selon. Pour Dieu, c'est indécidable. Mais pour la société ? C'est une entité que l'on n'a jamais fait passer devant les tribunaux. Si, il y a eu le tribunal de Nuremberg, où un certain type de société, la société nazie, a été mise en jugement. Mais à supposer qu'on mette la société en jugement, moi, si j'étais l'avocat général, je demanderais : « Citez-moi une société qui n'a jamais détruit les femmes, battu les enfants ou fait la guerre ! » Or, de la République athénienne à la France des Lumières ou de Vichy, vous n'en trouverez pas une qui ne l'ait fait. Et, par conséquent, le résultat est simple : la société est coupable. Il y a là une *sociodicée* qui n'a été mise en scène par aucun philosophe.

Au sortir de la guerre, vous avez quinze ans, votre enfance est derrière vous : a-t-elle été heureuse malgré tout ?

Non, non. Dure. Il y avait la dureté du métier, la dureté de la faim, la dureté de la guerre…

Vos parents étaient durs ?

Les mots n'ont plus le même sens aujourd'hui. Tout était dur…

Diriez-vous que ce fut une formation à la philosophie ?

Une formation au problème du mal, tout simplement. Le mal de guerre, l'épuration sauvage, les récits des rescapés des camps de la mort qui ont percolé lentement et, enfin, le 6 août 1945, Hiroshima. Sur le moment, je ne me souviens pas d'avoir été particulièrement frappé par l'événement, mais, rétrospectivement, je peux affirmer que là s'est située la principale bifurcation de ma vie. J'ai connu la guerre à six ans, à neuf ans, à quatorze ans, et plus tard en Algérie. Dans ma formation, il y a la guerre, la guerre, la guerre. De 1930 à 1956 : autrement dit, de la formation de ma conscience jusqu'à l'âge de vingt-six ans, les périodes de paix ont été des parenthèses dans une suite interminable de guerres. Pour moi, le problème du mal et de la violence se situe là. C'est ce qui a fait de moi un philosophe. Je n'aurais pas été philosophe sans la guerre et sans la bombe atomique. Je suis un enfant d'Hiroshima.

Comment avez-vous appris le bombardement ?

La radio, le journal... je ne m'en souviens plus. Hiroshima, c'est la physique devenue mauvaise. Mais ça, je n'en ai pris conscience que plus tard. Parce que le problème qui se posait au sortir de la guerre était celui de la faim beaucoup plus que celui du mal. Pour le dire simplement, avec les restrictions, on crevait la dalle ! Bien sûr, c'était de façon différentielle. Chez moi, avec l'activité agricole, on pouvait toujours boulotter quelque chose. Ne serait-ce que des pruneaux d'Agen ! Mais je dois dire que dès la rentrée au lycée comme pensionnaire, là, j'ai vraiment eu faim. Je me souviens encore des macaronis qu'on coupait au couteau et dans lesquels il y avait des vers. Et cela a duré bien après la Libération. Il a fallu du temps avant que l'agriculture française se remette en route après les razzias de l'armée allemande. À l'époque, on était contraints d'importer du blé d'Amérique. De mon bac en 1947 à mon entrée à l'École navale en 1949, je n'ai pas eu grand-chose à me mettre sous la dent.

Quelqu'un vous a-t-il encouragé à faire des études supérieures au sortir de la guerre ?

Je me souviens d'un vieux curé, traducteur des *Confessions* de saint Augustin. Je le connaissais bien, et j'ai passé des vacances avec lui à traduire *La Pharsale* de Lucain pour rigoler, ou je ne sais quelle tragédie grecque. Quand j'ai eu mon premier bac – à l'époque, il y en avait deux –, il m'a demandé ce que j'allais faire et je lui ai répondu que j'allais m'inscrire en philo. À l'époque, on avait le choix pour la terminale entre deux filières : terminale lettres, dite

« philo », ou terminale maths. « Jamais de la vie ! m'a dit le curé. Puisque tu es bon en lettres, tu vas faire math élém. » J'étais tellement surpris que j'ai balbutié : « Vous plaisantez, je n'y connais rien ! » et je le vois encore me sourire : « Tant mieux ! » J'ai suivi son injonction et fait math élém à Agen.

À l'époque, vous aviez déjà pratiqué un peu la philosophie ?

Je me rappelle avoir lu *La Pesanteur et la Grâce* de Simone Weil au moment de sa publication, en 1947. J'ai été, j'imagine, de ses premiers lecteurs. Mais je me souviens d'une réunion bien plus tard, à Stanford, avec René Girard, un philosophe allemand et un philosophe espagnol – en somme, nous représentions l'Europe –, tous pratiquement du même âge et chacun évoquant une œuvre qui avait compté pour lui. À un moment, j'ai parlé de Simone Weil, et nous nous sommes rendu compte que nous l'avions tous lue pratiquement au même moment. Elle a été une fécondatrice exceptionnelle de ma génération. Parce que cette génération-là, juste après la guerre, avait besoin d'autre chose que de l'histoire.

Que disait-elle de si précieux pour vous ?

D'abord, elle avait connu la guerre, et avant cela les problèmes des ouvriers puisqu'elle a consacré un livre à leur condition, *La Condition ouvrière*, paru en 1937. Elle était par conséquent une assez bonne sociologue du temps présent. Avec, ce qui ne gâche rien, une culture classique. Mais surtout elle était une mystique. Et ce mysticisme a représenté quelque chose d'important pour moi comme pour mes camarades. Elle n'avait pas beaucoup de lecteurs à cette époque, mais ceux qui l'ont lue ont été transportés. Pas toujours pour les mêmes raisons, d'ailleurs. Pour ma part, elle m'a enseigné que pour penser, pour inventer, il faut absolument se retirer. Ce que j'appelle la « fin de l'ego » : plus je pense, moins je suis moi. C'est elle qui m'a appris cela.

Une fois le bac en poche, en 1947, vous préparez le concours de l'École navale de Bordeaux. Pourquoi ce choix de l'École navale ?

Parce qu'en regardant le programme des grandes écoles scientifiques – correspondant à ma filière –, je me suis aperçu qu'à Polytechnique ou à Centrale il n'y avait que des sciences, tandis qu'à Navale il y avait des sciences mais aussi de la littérature et de l'histoire. Je me suis dit : « Ça, c'est pour moi ! » J'avais choisi instinctivement le cursus qui faisait la synthèse. Lorsque j'ai réussi le concours, l'amiral qui m'a reçu m'a dit : « Je ne sais pas, monsieur Serres, si vous êtes bon ou mauvais, vous êtes sans doute les deux… Vous avez fait un écrit magnifique, puisque vous étiez parmi les majors ; mais à l'oral, catastrophe ! Comment se fait-il ? Vous n'êtes reçu que grâce au 800 mètres. » J'avais fait un oral catastrophique, à peine remonté, mais suffisamment, par ma note en sport. Il faut dire qu'à ce moment-là j'étais amoureux d'une fille, qui faisait aussi des études de mathématiques et qui plus tard est devenue ma femme. Je ne pensais qu'à ça !

Donc vous intégrez l'École navale ?

Pour très peu de temps. J'ai vite démissionné, peut-être au bout d'un trimestre. Je suis parti au moment où il fallait signer l'engagement. Là, je me suis dit que ce n'était pas possible.

Vous refusiez d'être militaire ?

J'aimais beaucoup la mer, j'aimais beaucoup les bateaux… Je damais le pion à mon père, quand même : il était batelier ; moi, je devenais marin. Ce n'est pas rien. Ça a joué sans doute dans mon choix de Navale, aussi. Mais c'est Hiroshima qui a fait que j'ai démissionné. C'est certainement Hiroshima. Qui a été un événement énorme et qui me paraît encore un événement énorme.

Quel a été votre cheminement de cette prise de conscience du sens d'Hiroshima à votre démission de l'École navale ?

Je dois l'avouer, ce souvenir est très sombre. Quelques années plus tôt, j'en aurais pleuré de quitter l'École navale ; ça n'a pas été facile. Mais je sentais qu'il y avait là un chemin que je ne pouvais pas suivre. Paradoxalement, j'ai fait un peu plus tard mon service militaire dans la marine ; et j'y ai passé deux années paradisiaques ! Il faut bien que je le dise : j'ai aimé follement ce métier de marin, il n'y a pas de doute. Tous les officiers, qui étaient à peu près de mon âge, m'ont demandé pourquoi j'étais parti. Et je le savais tellement peu qu'à chaque fois qu'un « pacha », un commandant de navire, me demandait pourquoi j'avais démissionné de l'École navale, j'étais au garde-à-vous devant lui, et je lui disais en regardant le hublot : « Vous me rendrez cette justice, commandant, que je suis revenu ! » Et là, il comprenait qu'il ne fallait pas aller plus loin.

Mais cette démission, c'était un refus de la violence ?

Oui, peut-être. Mon père, je vous l'ai dit, s'était converti en raison de la violence qu'il avait subie de plein fouet à Verdun : le sang, la boue et les cadavres. Cela m'a marqué.

Un refus de l'appartenance peut-être aussi, de l'embrigadement, du pouvoir ?

Oui, c'est vrai. L'appartenance et le pouvoir me posent un problème. J'ai hérité de mon père la conviction que le pouvoir corrompt la pensée.

Dans Le Tiers-Instruit, *vous écrivez : « La pensée commence quand le désir de savoir s'épure de toute compulsion à la domination. » Est-ce que le désir de domination n'est pas aussi un très grand moteur de l'humanité : domination de la nature avec la science, mais aussi compétition entre les hommes pour répondre aux grandes questions ?*

J'ai du mal à répondre à cette question parce qu'il y a deux réponses en moi. Une réponse qui cherche à être loyale, précise, objective, et une passion féroce. L'idée de domination me répugne tellement que je ne peux pas la penser... À moins de faire un effort pour surmonter ce qui est chez moi une passion presque corporelle de refus du pouvoir. Mais, même quand j'y réfléchis posément, je suis convaincu que, lorsqu'on cherche à dominer autrui, la passion de la lutte, la chaleur du débat l'emportent finalement sur la perception claire de la chose ou de l'enjeu. C'est une pulsion que j'ai vue à l'œuvre chez les philosophes : plus ils se battent entre eux, plus ils perdent de vue l'idée de l'objet et de la question qui était censée les occuper. C'est pour cela d'ailleurs que j'ai toujours pensé que les débats – ce qu'on appelle les

« grandes querelles » scientifiques et philosophiques – n'ont jamais fait avancer quoi que ce soit.

Que s'est-il passé après votre démission ?

J'ai fait une licence de maths à Bordeaux. Et le hasard m'a fait croiser un copain, le fils d'un réfugié de Paris que j'avais connu pendant la guerre. Lorsqu'il a regagné son domicile, il est passé devant Louis-le-Grand et il est monté voir la secrétaire pour lui dire qu'il avait un copain en rade qui devrait faire la khâgne. La fille lui a demandé de qui il s'agissait et il a simplement répondu que le gars en question avait été reçu à Navale. « Il a été reçu à Navale ? Je le prends tout de suite ! » Mon ami m'a téléphoné pour me dire que j'étais inscrit à Louis-le-Grand. « Mais pour faire quoi ? lui ai-je dit. – Pour préparer Normale », m'a-t-il répondu. Je ne savais même pas ce que c'était Normale ! Alors, j'ai passé le concours des bourses et suis arrivé à Louis-le-Grand, et ma vie a changé. Grâce à ce copain. C'est le hasard des choses. Les existences sont des suites de hasards, vous le savez bien. Donc, j'ai passé deux ans là-bas, en hypokhâgne et en khâgne, et j'en garde un bon souvenir. Bien meilleur que celui des années qui ont suivi, lorsque j'ai réussi le concours d'entrée à l'École normale supérieure, en 1952. Là, je suis rentré, avec l'esprit cathare, dans un monde peuplé de beaucoup d'ambitieux.

Comment était la vie à Normale sup ?

Deux souvenirs m'ont vraiment marqué. Premièrement, il y a eu, peut-être, une dizaine de suicides autour de moi en un an. Certains parmi mes proches, je veux dire mes cothurnes, donc de très très proches. C'était l'après-guerre et les gens étaient sans doute encore fragiles, mais cette épidémie de suicides m'a ébranlé psychologiquement pendant longtemps. Deuxièmement, il y avait l'engagement politique, plutôt marxiste, des normaliens philo. Ça, c'était pénible, dur même! Je me souviens d'une conférence faite par Louis de Broglie, prix Nobel 1929 pour son hypothèse sur la nature ondulatoire des électrons. Il était venu à l'invitation de l'École, bien sûr, parler du principe d'incertitude de Heisenberg. Les élèves de philo ne savent pas beaucoup de maths ou de physique et j'étais probablement l'un des seuls à comprendre ce qu'il disait, et encore j'étais largué au bout de vingt minutes... Toujours est-il que les autres se sont mis à le chahuter à mort, interrompant la conférence, parce que pour eux, marxistes déterministes, il était l'un des apôtres de l'indéterminisme avec Heisenberg. Il était un ennemi de classe, un réactionnaire à qui il fallait faire la peau! J'ai vu Broglie partir penaud, protégé par deux ou trois personnes, sous les huées des étudiants, Althusser en tête. Dans le même esprit, mais plus lourd de conséquences, je me souviens également d'un type de ma promotion, biologiste ou zoologiste – enfin, un type brillant –, qui s'est suicidé après un dîner bien arrosé au cours duquel l'un des convives, qui était à la fois prof à la Sorbonne et membre du comité central du parti communiste, lui avait expliqué en long et en large que la « biologie prolétarienne » de Mitchourine et de Lyssenko – qu'il enseignait cependant – était en réalité une imposture du point de vue scientifique. C'était cela, l'atmosphère de l'École normale à cette époque, avec la bénédiction d'Althusser qui était caïman, c'est-à-dire qui préparait les élèves à l'agrégation.

Vous l'avez eu comme professeur ?

Oui et non. Althusser était un malade mental, et il ne faisait pas cours, ou très peu. L'École normale était pour lui un hôpital plus qu'un lieu d'enseignement. En quatre ans d'école, j'ai dû avoir trois ou quatre cours avec lui, pas plus. De toute façon, il défendait la biologie soviétique et, par conséquent, le lyssenkisme contre l'indéterminisme. Moi qui venais d'un univers scientifique, qui avait fait taupe avant khâgne, comment aurais-je pu ajouter du crédit à de telles âneries ! Et pourtant, c'était très difficile de leur dire qu'ils avaient tort. Vous ne pouvez pas vous imaginer à quel point. À vrai dire, cela coûtait cher... Il n'y avait pas de pensée indépendante. C'est peut-être pour ça que j'étais tellement en dehors. J'étais farouchement indépendant. Simone Weil, qui est morte en 1943, est la seule philosophe qui ait été pour moi une boussole dans le brouillard de l'époque où je n'étais entouré que de contre-exemples.

Vous êtes réfractaire aux embrigadements, mais l'époque est aussi celle de l'existentialisme, Paris est la capitale mondiale de la philosophie avec Merleau-Ponty, Sartre, Camus... Qu'en pensiez-vous ?

Cela ne me passionnait guère... Côté philosophie, Camus me paraissait un peu faible. Et Sartre loin, très loin des vraies questions. Je m'intéressais plutôt aux maths. Rendez-vous compte, la révolution dont j'étais le témoin, c'était le grand passage des mathématiques classiques vers l'algèbre moderne ! J'ai assisté d'ailleurs aux séminaires Bourbaki avec des copains, mais Dieu que c'était dur ! On se regardait en faisant « tic » pour indiquer quand on était perdus : certains au bout de dix minutes, d'autres de vingt... On était vite paumés.

C'était un goût inattendu parmi vos condisciples...

À Normale, les profs n'enseignaient que la phénoménologie. Cela passionnait Jacques Derrida, qui était de ma promotion, ou aussi Pierre Bourdieu. Alors qu'en fait, si l'on regarde les choses avec du recul, qu'est-ce qui était important à l'époque ? C'était Hiroshima, c'était la pilule, c'était les nouvelles théories de la communication. Toutes choses qui sortaient des cerveaux de qui ? Des scientifiques. Mais cela n'intéressait pas les élèves de philo.

À Normale sup, vous étiez encore le vilain petit canard ?

Disons que j'étais atypique et que je le suis resté, y compris quand j'ai passé l'agrégation en 1955. Comme c'est l'usage, après l'examen final, le président m'a reçu au « confessionnal » ; je me rappelle qu'il m'a félicité puis il a ajouté cette phrase : « Monsieur Serres, je n'ai pas pu vous mettre dans un rang d'excellence, avec votre accent, vous n'êtes pas exploitable sur tout le territoire national. » C'est vrai que j'avais l'accent gascon !

À vous entendre, on sent bien que cette époque n'a pas été des plus heureuses...

J'en suis sorti laminé. J'ai fait une véritable dépression à la suite des différents suicides que j'évoquais. Je dois ajouter cependant que Jean Hyppolite, le directeur de l'école, m'a bien épaulé. Mais c'est la marine qui m'a sauvé.

C'est paradoxal ! Comment vous retrouvez-vous dans la marine après en avoir démissionné ?

C'était la guerre d'Algérie et je devais faire mon service militaire. J'ai embarqué sur le cuirassé *Richelieu* comme EOR, « élève officier de réserve ».

Et votre dépression ?

J'ai ce souvenir incroyable d'avoir eu l'impression d'atterrir ! D'être enfin, si j'ose dire pour un marin, sur terre ! Je changeais de vie, de monde – je ne dis pas que c'était si facile d'ailleurs –, mais, surtout, j'étais avec des gens qui m'ont appris à vivre bien.

Cette parenthèse maritime a duré longtemps ?

Deux ans de paradis. J'ai appris à naviguer, à être chef de quart, à connaître la mer. Bon, tout n'a pas été rose. Il y avait les événements du monde. Par exemple, j'étais à Suez durant la crise de 1956 : on m'avait envoyé à Djibouti où il y avait un LST, un de ces bateaux qui servent à débarquer des chars et des troupes sur une plage. Celui-là était quasiment une épave : il avait explosé sa coque en « beachant » quelque part en Indochine et il fallait le remettre tant bien que mal en état. Dès qu'il a été en mesure de reprendre la mer, nous sommes allés jusqu'à Suez. Avec un équipage de quatre-vingts personnes environ, parmi lesquelles cinq officiers et moi, qui faisais office de second. On se disait que si les Égyptiens nous arraisonnaient, ce ne serait pas une grande perte… Au final, tout s'est passé à merveille. On peut dire que j'ai participé à la réouverture du canal ! Mais, après avoir quitté Port-Saïd, on a pris « mer 10 » pendant six jours en arrivant sous la Crète et j'ai bien cru qu'on allait y rester. C'était *Typhon* de Conrad. Exactement ça. Sans dormir et sans manger ou presque : j'ai tenu avec un litre de porto et une miche de pain !

Et la guerre d'Algérie ?

J'étais toujours à bord. On faisait de la « surmar », de la surveillance maritime des côtes. Ce n'était pas grand-chose, finalement. Le peu que j'ai vu, c'est quand j'allais à terre. La guerre d'Algérie a été pour moi un peu abstraite. De Bizerte à Oran et retour, on faisait l'essuie-glace sur la côte, rien de plus.

Mais vous en aviez des échos ?

Bien sûr. Il y avait quand même des fusiliers marins à bord et ils nous racontaient ce qui se passait à terre. Mais, quant à moi, j'ai un seul souvenir, magnifique, lors d'une escale à Mers el-Kébir : il y avait un cinéma avec une queue qui s'allongeait dans la rue. Et voilà une voiture qui arrive à toute vitesse avec des gens du FLN qui lancent une grenade dégoupillée. Un type sort de la queue – c'était un biffin, un soldat de l'infanterie. Il ramasse tranquillement la grenade et la dépose sous un camion. La grenade a explosé sous nos yeux quelques secondes plus tard en démantelant le camion, sans faire aucun blessé ni aucun mort. Je me suis précipité pour embrasser le type et je l'ai vu partir sans rien demander à personne. Il avait fait son devoir. Il y a quand même des gens extraordinaires !

Pas d'engagement pour ou contre l'indépendance de l'Algérie ?

Je n'ai certainement pas été colonialiste, mais je dois dire, si je veux être honnête, que je ne me suis pas non plus engagé contre la guerre d'Algérie. En réalité, je n'ai jamais été engagé politiquement. Mon enfance permet de le comprendre. Et, par ailleurs, je voyais l'aveuglement de ceux qui étaient engagés.

Vous étiez officier sur un navire de guerre : est-ce que le philosophe en vous se pose alors des questions sur la violence ?

Bien sûr, et parfois d'une manière que je regrette aujourd'hui. Je me rappelle, avec un brin de honte, qu'à la fin de nos cours d'EOR (« élève officier de réserve »), le pacha du *Richelieu* avait invité à sa table les premiers de la promotion ; je me suis retrouvé, impressionné, dans le majestueux carré des officiers. Pendant le repas, j'ignore pourquoi, il nous apostrophe en nous demandant si nous sommes férus de philosophie. Je réponds par l'affirmative et il s'adresse à moi en disant qu'il est préoccupé par le problème du mal et qu'il aimerait savoir ce que j'en pense et si je crois au diable. À la première partie de la question, je réponds que je ne peux pas le dire en deux mots. À la seconde, que j'y crois. « Vous y croyez vraiment ? insiste-t-il. – Oui, commandant. – Et pourquoi croyez-vous au diable ? »

s'étonne-t-il. Je réponds alors théâtralement : « Parce que je l'ai vu. – Vous l'avez vu… Mais l'avez-vous vu récemment ? – Oui, commandant. – Et vous pourriez nous le faire voir ? – Oui, commandant. – Eh bien, montrez-le-nous ! – Tout de suite, commandant. » Je me lève et me dirige vers un sabord dont j'enlève le cache. Face à nous se dressaient les canons de 380 d'une des tourelles du *Richelieu*. Je suis revenu à ma place dans un silence absolu. Il n'y en a pas un qui ait protesté devant ma petite provocation. Il n'y a que dans la marine qu'une chose pareille pouvait survenir. Je suppose que, dans l'armée de terre, j'aurais été mis aux arrêts immédiatement. En somme, j'ai le souvenir de gens bien, avec un rapport sain au pouvoir. À la même époque, je n'en aurais pas dit autant des philosophes…

Quel était le climat intellectuel en France au moment de votre démobilisation et dans les années suivantes ?

Il tenait en deux mots : marxisme et psychanalyse. Mais alors là, à haute dose ! Et avec cela le cortège des zélateurs de Jacques Lacan et de Ferdinand de Saussure. C'était la grande vogue des sciences humaines, qui a atteint son apogée juste avant 1968.

Vous ne vous y êtes pas intéressé ?

J'étais isolé et ce n'était pas commode à vivre. En réalité, je ne comprenais pas où se situaient les enjeux de ce qui faisait leur miel. Outre que ces modes me paraissaient sinon illusoires, du moins éphémères, j'avais profondément envie à cette époque de « me mettre à mon compte », comme on dit dans les affaires. Je ne voulais pas passer mon temps à faire des commentaires des auteurs à la mode. Husserl, par exemple ? Il avait un succès qui me paraissait disproportionné. Et, quand je le relis aujourd'hui, je n'y trouve toujours pas grand-chose qui m'attire.

Et Heidegger ? Être et Temps, *n'est-ce pas un grand livre ?*

Un grand livre ? Comment dire... ? Dans ces années-là, il y avait sur la nature du temps des nouveautés extraordinaires. Pensez que la théorie du chaos – même si elle ne s'appelait pas encore ainsi – était en train d'apparaître. Pensez que Prigogine travaillait sur la notion d'irréversibilité en thermodynamique ! Et, dans cette liste que j'ébauche à peine, je devrais d'abord mentionner Bergson et Poincaré, dont les commentaires sur la nature du temps me paraissaient autrement plus passionnants que ceux de Heidegger.

C'est votre tropisme scientifique qui vous attire vers Leibniz à ce moment-là ?

Je vous l'ai dit : j'avais été le témoin, à l'École normale supérieure, du renversement, ou de la transition, si vous préférez, des mathématiques classiques vers les mathématiques modernes. J'ai donc fait mon mémoire d'études supérieures sur cette question. Comme j'avais abordé l'algèbre, j'ai voulu faire une thèse sur la topologie combinatoire que j'ai commencée en rentrant en France – elle est toujours quelque part dans mes archives. C'était en 1960. Simultanément j'ai été nommé maître de conférences à l'université de Clermont-Ferrand. J'y ai retrouvé Michel Foucault avec qui je suis devenu ami. Bref, je faisais des allers-retours entre l'université de Clermont et l'École normale supérieure à Paris où je préparais ma thèse. Et, au fil de mes lectures, j'ai constaté que Leibniz avait été le précurseur de la topologie combinatoire et de quelques autres nouveautés algébriques. Du coup, j'ai commencé à écrire ce que je croyais être une petite introduction à ma thèse. Mille pages et quelques années plus tard, je me suis dit que je tenais ma thèse tout entière. Et je l'ai soutenue en 1968.

Comment avez-vous vécu les événements de 1968 ?

Vous me parlez de 1968 mais, dès le début des années 1960, il y a eu des mouvements autrement plus importants qui ont secoué le pays. Moi qui étais – et suis resté, au moins par le cœur – proche des syndicats paysans, je me souviens d'une révolution énorme du monde paysan, avec des révoltes et des centaines de blessés ! À Morlaix en 1960, à Quimper, à Redon et à Rodez en 1967... Autrement dit, la révolution de 1968 a été l'ultime soubresaut d'un mouvement plus ancien et plus profond.

Avez-vous été partie prenante de ces mouvements ?

J'ai participé à 1968 de façon très active. A Vincennes, où j'ai fondé à ce moment-là avec Michel Foucault le département de philosophie, et à Clermont-Ferrand, bien sûr, où j'étais enseignant.

Un souvenir particulier du mois de mai ?

Ma femme, qui est très croyante, était amie avec le vicaire de sa paroisse. Et au mois de mai, forcément, je n'étais guère chez moi. J'étais à l'université tout le temps. C'était indispensable car, s'il n'y avait pas eu quelques profs de-ci de-là pour rester dans les locaux, je crois qu'ils auraient brûlé. Et, comme il n'y avait pas beaucoup de volontaires pour veiller la nuit, j'étais souvent de garde à la fac. Je rentrais tout de même chez moi de temps en temps pour embrasser ma famille, prendre une douche et me nourrir. Et puis un soir j'ai proposé à ma femme de venir avec moi. On a trouvé quelqu'un pour garder les enfants et nous voilà partis. Je l'avais prévenue que j'avais toutefois du travail et des tas de rendez-vous mais qu'elle pourrait voir l'ambiance, se balader... Bref, nous voilà partis avec ma petite 2 CV et en chemin on croise le vicaire. Je m'arrête et lui dis : « Eh, curé, tu veux voir 68 ? » Il me regarde, reconnaît ma femme et demande : « Vers quelle heure vous rentrez ? – Pour huit heures du matin. – Très bien, rétorque-t-il, j'ai ma messe à huit heures, je peux venir. » Il monte à l'arrière de la 2 CV et on arrive devant le piquet de grève où je laisse la voiture, fais rentrer le vicaire et ma femme, et leur donne rendez-vous pour le matin. À sept heures et demie, je les retrouve et nous reprenons la 2 CV. Pendant notre retour en ville, je voyais le curé dans le rétroviseur. « Alors, quelle impression ? » Grand silence. Puis il me dit : « Monsieur Serres, j'ai toujours cru en Dieu, et c'est pour ça que je suis chrétien. Et, quand je suis devenu adulte, j'ai cru en Jésus-Christ, et c'est pour ça que je suis curé. Mais je ne savais pas ce que c'était que le Saint-Esprit, et je l'ai rencontré cette nuit ! » Fin de citation.

Pour éviter un contresens, pouvez-vous préciser ce qu'il avait « rencontré » ?

L'esprit de 1968, pardi ! Durant ces jours à l'université de Clermont, il régnait une sorte de lyrisme dans lequel nous baignions tous ; chaque rencontre était nimbée d'absolu, comme si nous partions à la conquête de l'Éden. Oh, ce n'était pas partout pareil. À Vincennes, par exemple, où je me suis fréquemment rendu en mai, l'ambiance était positivement violente, et surtout plus mensongère, plus fausse, avec cette tripotée de grands bourgeois de gauche posant aux révolutionnaires. Au fond, j'ai vécu deux Mai 1968 : celui de Vincennes et celui de Clermont. Sauf que le deuxième était paradisiaque. J'y ai vécu quelque chose que j'ai ressenti comme la quintessence d'un moment d'utopie absolue. C'était formidable ! J'ai été de ceux qui ont réuni là-bas les états généraux de l'Université, que j'ai présidés pendant trois jours. On voulait refonder complètement l'Université. À Clermont-Ferrand, il y a aujourd'hui encore des armoires pleines des rapports de cette époque. C'est la seule fois où je suis entré en politique, vraiment. Avec le recul, cet engagement m'apparaît comme l'expression publique et inconsciente de ce processus que j'ai baptisé plus tard du nom d'« hominescence » : la révolution paysanne, la révolution des curés avec Vatican II, la révolution du corps et tout ce qui a précédé et façonné l'esprit de 68.

Et quand le mois de mai s'est achevé ?

Après les élections voulues par de Gaulle, je me rappelle qu'on s'est réunis. Il y avait un piano dans le grand amphi ; je ne sais plus comment il était arrivé là. Je m'y suis assis et j'ai joué *Le Temps des cerises*. Et tout le monde chantait.

Si vous allez à Clermont, dans la rue du Port, il y a une librairie, fondée en 1970, qui s'appelle *Le Temps des cerises* en souvenir de ce jour-là.

C'est une chanson écrite par un communard…

Qui ne le sait pas ! Mais c'est surtout une chanson à la fois nostalgique et gaie. En tout cas, c'était une jolie manière de saluer un grand moment, une belle fin.

Comment avez-vous interprété ce moment ?

J'ai compris vingt ans plus tard que 68 était le pic d'un changement de phase. Beaucoup, souvent à droite, ont cru qu'il était inspiré par des mouvements marxistes, d'extrême gauche. Or en fait les communistes ne comprenaient rien non plus aux événements. Ils étaient tous contre. Exactement comme ils n'ont pas compris la Résistance au début. La vérité, c'est que l'ancien monde s'est déchiré entre 1960 et 1970.

Mais alors ? C'est le fait que la jeunesse décroche de l'idéologie dominante qui vous a séduit ?

Oui. C'était la fin des vieux cons. Pour un temps ! C'est fou ce qu'ils reprennent vite du poil de la bête !

Et ensuite ?

Ensuite, j'ai été nommé à Paris. Il faut dire qu'en mai 1968 j'ai aussi soutenu ma thèse qui avait subi pas mal d'évolutions puisque j'avais commencé sur l'algèbre, continué sur la topologie et terminé sur Leibniz.

Qui était dans le jury ?

Georges Canguilhem, spécialiste d'épistémologie des sciences, et Jean Hyppolite, spécialiste d'histoire de la philosophie moderne, qui étaient tous les deux mes patrons, mais aussi Suzanne Bachelard, la fille de Gaston, et Yvon Belaval, qui était un spécialiste de Leibniz.

Et cela ne s'est pas bien passé avec Canguilhem ? Il n'était pas d'accord avec l'orientation que vous aviez prise ?

Disons qu'il y a eu là un moment tragique de mon histoire personnelle et académique que je n'aime pas évoquer. Jusque-là, Canguilhem m'avait pris sous son aile. J'étais son étudiant préféré en quelque sorte. Il s'est fâché avec moi ce jour-là.

Vous lui avez pourtant dédié votre thèse en le remerciant d'avoir tenu la « place vide » ? De quelle place s'agissait-il ?

À la mort de mon père, il a joué son rôle en quelque sorte.

Que s'est-il passé après la thèse ?

J'ai été nommé à Vincennes en octobre en attendant un poste de professeur de philosophie que je n'ai jamais obtenu. Chose amusante, c'est à cette époque, en novembre je crois, qu'un monsieur est venu me voir à la fin d'un de mes cours pour me dire : « Voilà ce qui m'amène. J'ai suivi beaucoup de cours de philosophie pour trouver un philosophe que je prendrais comme conseiller, parce que j'ai écrit un petit livre que je voudrais faire relire. » J'ai soupiré mais bon, j'ai accepté. L'homme m'a remis son manuscrit qui s'intitulait

Le Hasard et la Nécessité ! C'était Jacques Monod. À partir de là, nous sommes devenus amis, très amis. Il m'a introduit dans un petit cénacle qui se réunissait chez lui, une sorte de club où l'on croisait de belles têtes : René Thom, François Jacob, Marco Schützenberger et quelques autres.

Vous étiez à la pointe de ce qui se faisait en maths et en biologie !

Je me tenais au courant. C'est normal, après tout j'avais fait une taupe, Navale, et j'étais licencié en maths. Et puis, avec eux, j'avais enfin de bons professeurs !

Ce n'était pas si courant chez les philosophes de s'intéresser à ce point aux sciences en train de se faire.

En effet. J'ai même essayé de présenter Monod à Canguilhem, qui était après tout *le* philosophe des sciences de la vie. Sauf que le paradigme qu'il soutenait datait de la physiologie des années 1940. Il n'avait aucune idée de ce que pouvait être la biochimie, et encore moins du code génétique, ni qu'avec l'algorithme de l'ADN on envisagerait bientôt de déduire la totalité du vivant ! Il était dans le passé et Monod dans l'avenir. J'ai tendance à penser qu'il m'a fait payer cette rupture de paradigme. Il faut dire qu'une telle bifurcation épistémologique était difficile à avaler pour un homme ayant dominé la discipline pendant si longtemps. D'ailleurs, il n'a pas souhaité rencontrer Monod, finalement C'est comme ça. Cela dit, il y a quelqu'un qui m'a ébloui dans ce registre : j'ai vu, de mes yeux vu, Henri Cartan, qui avait été le grand patron des mathématiques après-guerre, arriver au séminaire Bourbaki, le grand séminaire de mathématique de l'époque, avec Alexandre

Grothendieck, véritable génie des mathématiques, à ses côtés. Et j'ai entendu Cartan déclarer qu'à compter de ce jour il serait le secrétaire de Grothendieck, qui était plus jeune d'un quart de siècle ! J'ai donc eu la chance de vivre, en temps réel, trois ou quatre grandes révolutions scientifiques : les maths modernes, la biochimie, la théorie de l'information et, plus tard, dans la Silicon Valley, l'arrivée du numérique.

Votre rupture avec Canguilhem a a dû être très dure à vivre...

Oui. J'ai eu un poste de professeur l'année suivante, mais en histoire des sciences. On m'avait dit que ce serait provisoire, mais en réalité je me suis trouvé banni de la philosophie à l'université. J'ai dû enseigner en dehors de mon métier. J'avais l'habitude d'avoir cinq cents personnes à mon cours en philo, et en une fois je n'en avais plus qu'une poignée en histoire des sciences... Heureusement que j'ai pu trouver refuge aux États-Unis, aux universités de Baltimore, de Buffalo, de New York, et enfin à partir des années 1980, de Stanford.

Vous avez revu Canguilhem par la suite ?

Je ne sais plus à quelle occasion, mais je lui ai écrit. On ne s'était pas vus depuis trente ans. Nous sommes allés déjeuner au début de 1995 je crois, quelques mois avant sa mort.

Et vous avez évoqué cette période noire ?

Non, pas vraiment. Il m'a juste demandé à la fin si j'avais eu beaucoup d'étudiants en thèse dans ma vie. Je lui ai répondu : « Vous savez bien, monsieur, que je n'en ai jamais eu puisque je n'étais pas dans ma discipline. » J'avais la larme à l'œil… et lui aussi.

La philosophie, à l'université, n'échappe pas au mandarinat, ni au jeu du pouvoir ?

Bien sûr. Il me revient une anecdote assez significative à ce propos. Vers la fin de mon service militaire, j'ai été invité dans un restaurant de la rue de Vaugirard, pas loin de la Catho, l'Institut catholique de Paris. Il n'y avait à table que des philosophes, et pas des moindres : nous étions sept, me semble-t-il, parmi lesquels Martial Gueroult, qui était professeur au Collège de France, Georges Canguilhem, Louis Althusser, Michel Foucault, que je connaissais déjà pour l'avoir eu comme prof à Normale et qui était de passage, plus deux autres dont je ne me souviens plus. Et moi, bien sûr, qui avait été invité au titre d'« espoir » de la philosophie. Foucault, toujours un peu « langue de vipère », prend la parole au dessert et parle du roman de Roger Vailland, *La Loi*, qui tourne autour du « jeu du pouvoir et de la vérité » et qui venait d'obtenir le Goncourt. « On devrait jouer au jeu de la vérité, proposa Foucault. Qu'auriez-vous voulu faire si vous n'aviez pas été philosophe ? » Et je crois que c'est Canguilhem qui a dit : « D'accord, mais à bulletin secret. » Chacun a pris son papier, et pour ma part j'ai écrit : « Philosophe quand même. » Lorsqu'on a dépouillé les sept bulletins, tous sauf le mien portaient la même mention : « Ministre. »

Cela vous a choqué ?

J'ai trouvé cela tragique. Pathétique. Les types avouaient que finalement ils n'avaient qu'une envie : le pouvoir.

Mais l'histoire n'est pas finie. Canguilhem reprend la parole et demande à la cantonade: « Mais, enfin, ministre de quoi ? » Il y a eu discussion et il en est ressorti que le poste le plus intéressant était celui de l'Intérieur. Pas les Affaires étrangères, pas la Justice, pas l'Éducation nationale. L'Intérieur. À l'unanimité.

Personne ne s'est demandé qui avait écrit « philosophe » ?

Non... C'est peut-être ce jour-là que j'ai eu l'intuition d'un héros qui s'appellerait Pantope, voyagerait de par le monde, rencontrerait les hommes, apprendrait toutes les sciences et jamais, jamais, ne courrait après aucun pouvoir.

Comment se sont passées vos premières années après votre soutenance de thèse ? Vous vous mariez, vous avez des enfants, vous enseignez... Comment tout cela se met-il en place ?

On était très pauvres, ma femme et moi. Elle ne travaillait pas et on avait déjà trois enfants. Nous nous en sommes sortis parce que j'ai été professeur à l'École normale pendant plus de dix ans. Cela a été un de mes postes fixes.

Vous enseigniez quelle matière ?

Les programmes de l'agrégation de philo.

On a le sentiment, à lire vos textes de cette époque, que vous vous teniez à distance des grandes querelles intellectuelles entre l'existentialisme, le structuralisme, le marxisme...

Je m'intéressais à autre chose. Aux paysans et aux questions ouvrières. Mais vous avez raison ; globalement, j'ai travaillé dans une grande solitude. Je publiais des livres, mais pas un seul article n'est paru sur l'un d'eux pendant longtemps. J'étais tellement en dehors de ce qui se faisait que personne ne comprenait...

En même temps, à Clermont-Ferrand et à Vincennes, vous étiez proche de Foucault, qui était lui au cœur des grands débats de l'époque...

Oui, lui était dans la mode. Il avait été mon professeur à l'École normale supérieure et je l'ai retrouvé à Clermont. On mangeait ensemble toutes les semaines. On discutait beaucoup de son travail, d'ailleurs. J'avais quelques réticences, que j'ai toujours, sur la manière dont il tendait à réduire le savoir à un phénomène social. C'était le grand mouvement qui s'opérait alors avec Foucault : les sciences humaines, qui avaient toujours eu un sentiment d'infériorité par rapport aux sciences dures, se les réappropriaient. Elles grignotaient le territoire perdu. C'est l'argument central d'un livre comme *L'Histoire de la folie à l'âge classique*, qui soutient que la folie n'est pas un phénomène naturel mais un phénomène social, produit par la société. À un certain moment historique, la société a désigné le fou comme l'autre de la raison et l'a enfermé. La naissance de l'asile et de la psychiatrie, c'est-à-dire la folie moderne, est un événement social qui relève des sciences humaines, et non pas de la médecine ou de la psychiatrie. Cette thèse est en partie fausse : la folie est une maladie qui n'est pas entièrement déterminée par des raisons sociales. Dans *Les Mots et les Choses*, sur lequel il travaillait à cette époque – le livre est paru en 1966 –, Foucault généralise la démarche à l'ensemble des sciences humaines. Je lui faisais part de mes réserves, du point de vue scientifique. Mais c'était univoque : je l'aidais à son travail, lui ne s'intéressait pas au mien.

Avez-vous gardé des liens avec lui ensuite ?

Non, je ne sais plus trop pour quelles raisons… Dès qu'il est entré au Collège de France, en 1970, on s'est éloignés. Autre chose a joué par la suite dans nos relations : Claude Lévi-Strauss et François Jacob voulaient que je rentre au Collège de France, parce qu'ils appréciaient ce que je faisais. Et les philosophes s'y sont opposés !

Même en 1968, vous n'avez pas participé à des collectifs ?

Je me suis reconnu en 1968, comme individu. À un moment, à Clermont-Ferrand, on avait réuni la totalité des universités françaises pour réfléchir sur ce qu'on allait faire. Et je me suis retrouvé président de séance. J'ai été le président de toutes les universités pendant un mois. Cela s'appelait les « États généraux de l'Université », je crois. C'était moi le patron ! Je me suis bien amusé. Mais je n'ai jamais appartenu à un groupe quelconque.

Alors même que vous êtes très liant ! Comment expliquez-vous cette relative « solitude » intellectuelle pour un homme qui pratique la camaraderie comme vous ? Qui se départ rarement de sa bonne humeur ?

Pourquoi voulez-vous que je sois de mauvaise humeur ? J'étais content d'avoir ce métier de professeur. Je ne cassais plus les cailloux, et c'était déjà beaucoup. Je travaillais « dedans », comme les femmes, pas dehors. Non, j'ai toujours été très content de faire ce métier. Sauf que je n'avais pas d'amis dans ce milieu.

Qui étaient vos amis, alors ?

Les scientifiques, les matelots, les ouvriers, les agriculteurs… Pas les intellectuels. Quand je me suis marié, par exemple, j'ai invité tous les ouvriers de l'entreprise familiale. Et des agriculteurs. Je suis un fils du peuple, je n'y peux rien, c'est comme ça. J'ai toujours été un « petit ». Et mon cœur et mon âme sont parmi les « petits », je n'y peux rien.

Est-ce que le « petit » croit en l'amitié ?

Oui, j'ai des amis depuis mon enfance, bien sûr, que j'ai gardés. J'ai eu des amitiés extraordinaires avec Monod, avec Hergé. On était vraiment amis avec Hergé. Il m'appelait quand il était malade, on échangeait beaucoup. Je l'appelais mon « ami de vieillesse » ! J'ai eu des amis qui ont duré toute ma vie, ainsi Anne-Marie Delaunay pour nos exploits communs en montagne, Michel Authier ou Christiane Frémont, l'héroïne et l'âme du *Corpus des œuvres de philosophie en langue française* que nous avons construit ensemble pendant trente-cinq ans.

Comment vous êtes-vous retrouvé à enseigner la philosophie à Stanford, en Californie, après avoir « basculé » dans l'enseignement de l'histoire des sciences à Clermont-Ferrand et à Vincennes ?

Cela s'est fait un peu par hasard. J'enseignais à la fac de Vincennes – j'avais même acheté une petite maison dans cette ville, où je vis toujours. Et là, un jour, après mon cours, un monsieur est venu me voir et m'a dit: «J'ai lu votre *Leibniz* et j'ai beaucoup aimé ce que vous écrivez sur Pascal. Il y a un chapitre à la fin, sur Pascal et le "point fixe", qui remet en question notre vision de la modernité. C'est passionnant. Est-ce que vous viendriez comme professeur à Johns-Hopkins, à Baltimore, pour faire des conférences sur ce thème?» Alors, j'ai répondu: «Oui, pourquoi pas?» Et j'ai entamé ma première carrière américaine à Johns-Hopkins. J'y suis resté onze ans. Ils étaient tellement contents de mes cours qu'ils m'ont demandé de rester, d'être professeur à demeure. J'en ai beaucoup discuté avec ma femme. Toute la question était de savoir si on faisait de nos enfants des Français ou des Américains. Et ma femme n'a pas voulu. Je suis donc resté *visiting professor*. Et, à partir de Johns-Hopkins, je suis allé à Buffalo, à New York, puis à Irvine, en Californie, mais aussi à Austin, au Texas, un peu partout... Mais mes postes les plus importants ont été Baltimore, Buffalo et, pour finir, Stanford. J'y suis depuis 1982. Bref, j'ai commencé par la côte Est et puis j'ai basculé sur la côte Ouest.

Cette expérience américaine, comment l'avez-vous vécue? Avez-vous ressenti un choc en débarquant aux États-Unis? Une attirance ou un dégoût pour la culture et les mœurs?

Dégoût, c'est beaucoup dire. Une certaine distance, sans doute. Qui a joué dans mon refus de m'installer là-bas, comme a pu le faire mon ami René Girard. Je vous l'ai dit, ma femme et moi, nous avons dû choisir: aurait-on des enfants américains ou français ? C'est le dilemme qu'affrontent tous les immigrants. S'ils s'installent définitivement aux États-Unis et fondent une famille, ils feront de leurs enfants des citoyens américains qui ne connaîtront plus leur propre culture. Or je n'avais pas envie de faire de mes enfants des Américains.

Pourquoi ?

Je trouve cette civilisation plus différente de la nôtre qu'on ne le croit. Il faudrait avoir le temps de préciser la nature de la différence culturelle entre l'Europe et l'Amérique. Toute réponse trop courte risque d'être caricaturale ou injurieuse, c'est très compliqué. Mais il y a des choses que je ne supporte pas là-bas, en effet. Étrangement, quand je vais au Japon, je me sens mieux qu'aux États-Unis. Pourquoi ? Parce que, au Japon, il y a une tension très forte entre la modernité et la tradition, qui est vécue très différemment par rapport à la manière dont les Européens la vivent mais qui est présente. Elle donne à penser. Elle fonde une histoire. Aux États-Unis, ce n'est pas du tout présent. Il n'y a pas ce poids de l'histoire, de la culture, de la langue.

Le détour par l'Amérique semble tout de même vous avoir ouvert la porte de la reconnaissance médiatique… en France. Dans les années 1980, Les Cinq Sens, Le Contrat naturel *ou* Le Tiers-Instruit *trouvent un large écho médiatique, vous êtes l'un des invités préférés de Bernard Pivot à* Apostrophes, *vous recevez le prix Médicis en 1987, vous intégrez le projet d'une chaîne de télévision consacrée au savoir, etc. Comment avez-vous vécu cette reconnaissance ? Avec bonheur ?*

Vous savez, je ne suis rentré un peu dans les médias que très tardivement. J'en étais déjà à mon trentième livre ! Mais il est vrai qu'avec *Les Cinq Sens*, *Le Tiers-Instruit* et *Le Contrat naturel*, les choses ont commencé à changer. Ces essais ont eu un plus grand retentissement. Pourquoi ? C'est difficile à dire.

Dans Les Cinq Sens, *vous parliez du corps, de votre attachement aux « nourritures terrestres », des choses plus concrètes sans doute que les révolutions scientifiques...*

Vous savez que j'ai écrit ce livre parce que j'avais arrêté de fumer....

Ah, vous étiez fumeur ? Vous, l'alpiniste, le rugbyman ?

Grand fumeur. Et le sport n'empêchait personne de fumer à l'époque : tous les sportifs fumaient. Dans les vestiaires d'athlétisme comme au rugby, on fumait tous, partout. Même en cours. Je fumais sept cigarettes par cours. Aujourd'hui, ce serait impensable, mais alors, même aux États-Unis, on faisait cours en fumant ! Et j'étais un fumeur invétéré, gravement drogué. J'avais commencé après la guerre pour ne pas avoir faim. Mais là, à la quarantaine, j'ai décidé d'arrêter. Cela a été épouvantable. Un an de souffrances abominables ! Au fur et à mesure, je me suis cependant aperçu qu'une cuirasse tombait. Tout d'un coup, je sentais à nouveau, je pouvais toucher, goûter à nouveau le monde, les saveurs. Cela a été une redécouverte du réel tout à fait extraordinaire. Qui est donc à l'origine de ce livre, *Les Cinq Sens*. Aux fumeurs, on ne donne que de mauvaises raisons d'arrêter, des raisons négatives comme ne pas avoir le cancer, mais ce sont les raisons positives qui motivent les gens. Il faut leur dire : « Vous ne savez pas en réalité ce qu'est le vin, monsieur. Et c'est pareil pour tout le reste. En arrêtant de fumer, vous allez découvrir vos sens ! » Donc, c'est vrai qu'avec ce livre je traitais de choses plus concrètes.

Mais Le Tiers-Instruit *et* Le Contrat naturel *ont aussi rencontré, sinon un succès éditorial, du moins un large écho public, non ?*

Il est vrai que ces deux essais que j'ai publiés presque en même temps ont eu un grand retentissement. *Le Tiers-Instruit* pour de mauvaises raisons, parce qu'il est beaucoup plus difficile qu'on ne le croit. On a cru que je faisais seulement l'éloge du métissage. Et il est vrai que j'affirme qu'un homme cultivé, c'est toujours un métis Comme j'affirmais que le métis était celui qui associait plusieurs cultures, je ne pouvais plus marcher dans la rue sans qu'on m'interpelle en me disant : « Ma mère est argentine et mon père est sénégalais, je me suis toujours senti entre deux, vous m'avez permis d'être ce que je suis. » Le personnage du métis a été, à ce moment-là, très apprécié. Mais, en réalité, la réflexion sur l'éducation et l'apprentissage que je développais dans le livre était beaucoup plus complexe qu'un simple éloge du métissage – ce à quoi on l'a réduit dans les milieux intellectuels. On a mal compris *Le Tiers-Instruit*.

Et Le Contrat naturel *?*

Le Contrat naturel, lui, a été très bien accueilli pour une bonne raison : il tombait à un moment vraiment décisif.

À l'époque, la fin des années 1980, la question du défi écologique émergeait à peine. J'ai été un des premiers, sinon le premier, à faire de l'écologie, non seulement une urgence fondamentale, mais surtout une question philosophique et même métaphysique : le concept le plus ancien de la pensée philosophique, l'idée de nature, devait être réévalué. Mais c'est vite retombé, malheureusement. Même les écologistes n'ont pas mesuré l'ampleur de la question. Quant aux philosophes, n'en parlons pas...

Est-ce qu'après 1968 d'autres événements historiques ont compté comme celui-là dans votre pensée ? L'arrivée de la gauche au pouvoir, la fin de la peine de mort, la chute du Mur, le 11-Septembre... ?

La chute du mur de Berlin m'est apparue comme un événement-retard. À mes yeux, le marxisme était déjà mort quinze ou vingt ans auparavant. La révolution industrielle était à bout de course, la lutte des classes ne se passait pas du tout comme on l'attendait, etc.

Vous n'avez pas vécu cet événement dans l'euphorie ?

Ah ! j'étais bien content, évidemment !

Avant son effondrement, l'URSS n'apparaissait-elle pas comme un Léviathan inébranlable ?

C'est ainsi que les experts en sciences politiques se la représentaient. Mais tous ceux qui réfléchissaient un peu sur le marxisme avaient prévu sa fin. 1968, qui fut si intense pour moi, ne m'a pas non plus étonné. Je me rappelle que, dès 1963 ou 1964, les enfants du baby-boom sont arrivés dans nos classes : à Clermont-Ferrand, petite faculté, le nombre d'étudiants devant moi est passé de dix à mille cinq cents. Si les politiques avaient pris connaissance et tenté de comprendre les courbes démographiques, ils auraient compris que cela devait exploser un jour ou l'autre... Nous étions quelques-uns en tout cas à être convaincus depuis plusieurs années que cela allait exploser.

Cela veut-il dire que nous accordons trop d'importance aux événements historiques ?

Je vous répondrai par une anecdote. J'avais un copain qui était PDG de Philips, et il me disait : « Tu sais, Michel, je suis le cornac d'un énorme éléphant qui marche et court à toute vitesse dans l'herbe à éléphants. J'ai une pique, comme tous les cornacs, et je lui pique l'oreille pour qu'il aille à droite. Mais le temps qu'il aille à droite, il fait encore deux kilomètres. » Cela, n'importe quel marin le sait. Quand on dit : « À gauche 25 » sur un 40 000 tonnes, il ne va pas aller à gauche instantanément. Il y a de l'inertie dans l'éléphant, il y a de l'inertie dans les bateaux. Il en va de même pour les sociétés : elles ont d'énormes inerties. On peut anticiper les mouvements tectoniques de l'histoire, mais on ne peut pas dire quand ils vont produire leurs effets en termes d'événement. Aujourd'hui même, on peut s'attendre à une transformation radicale de nos institutions, qui ne tiennent plus debout, qui sont désuètes au regard du nouvel état de nos sociétés. Mais quand vont-elles s'effondrer ? Demain ? Peut-être. Dans cent ans ? Qui sait ?

Armstrong sur la Lune, le 20 juillet 1969 ? Sur le moment, vous le vivez comme un événement romantique, une simple prouesse technique ou quelque chose de plus profond ?

Ce qui m'a le plus frappé dans cet événement n'est pas ce qu'on en a retenu. Gagarine avait déjà quitté la Terre pour la contempler depuis l'espace, comme une planète parmi d'autres – ce qui était un événement considérable dont je traite dans *Le Contrat naturel*. Non, autre chose m'a marqué dans la conquête de la Lune. Pour le comprendre, permettez-moi un petit détour. Quand j'étais jeune et que je partais en bateau, je n'avais aucun contact avec ma petite amie. J'étais à Djibouti, elle à Bordeaux. Nous étions séparés. Ce qui m'a frappé avec Armstrong, c'est qu'en allant sur la Lune il ne nous quittait pas. C'est extraordinaire ! Et c'est Hermès, les nouvelles techniques de communication qui me permettent de le penser. Armstrong et Aldrin sont partis, mais ils sont restés constamment en communication avec nous. Ils étaient loin mais ils ne nous avaient pas quittés.

Autre événement important de ces années-là : la transformation du rapport hommes-femmes... Vous dites souvent qu'on mesure l'importance d'un événement en se reportant à la longueur de la séquence historique qu'il vient interrompre. Pour le coup, c'est une interruption radicale : toutes les sociétés connues de nous étaient instituées sur l'inégalité hommes-femmes...

C'est exact à une précision près : cet événement n'a pas eu lieu. Pas encore. Dans les sociétés comme les nôtres, le rapport hommes-femmes, du point de vue du salaire, c'est 20 % de moins pour les femmes, ce qui est encore très important ; et dans la représentation politique, dans le pouvoir entrepreneurial, c'est gigantesque. Lorsque je fais des conférences auprès des cadres d'entreprises, je commence systématiquement ainsi : « Messieurs les talibans... » Je vous assure que c'est vrai. Les gens se lèvent et disent : « Pourquoi ? » Je réponds : « Que les femmes se lèvent. » Et il n'y en a toujours que trois sur trois cents. Et les hommes en prennent conscience. « Messieurs les talibans », puis-je continue la conférence... ?

Les femmes ont tout de même acquis certains droits depuis la fin de la guerre : le droit de vote, par exemple.

1946, c'est une honte ! Nos manuels d'histoire célèbrent encore mensongèrement l'arrivée, au XIXe siècle, de ce qu'ils appellent le « suffrage universel ». Sans les femmes ! 1946 ! Quel retard !

Ma petite-fille qui est médecin me dit que, quand elle fait sa tournée dans l'hôpital – elle est chef de clinique —, ses patients lui disent : « Quand viendra le médecin ? » Si elle est une femme, c'est qu'elle est infirmière. Elle répond : « C'est moi le médecin. – Ah ! pardon ! » Voilà encore un exemple de ce que j'appelais l'« inertie sociale ». L'histoire est en retard.

Mais qui fixe l'horaire ou l'agenda de l'histoire ?

Qui a inventé l'histoire, au sens que donne Condorcet, à savoir une histoire fondée sur l'idée de progrès, grâce aux Lumières et grâce à la science ? À la vérité, l'idée n'est pas si neuve : cette idée de progrès est présente chez Newton – nous sommes « des nains juchés sur des épaules de géants » –, chez Pascal aussi, qui dit à propos des Anciens : « Nous voyons plus qu'eux », chez Bernard de Chartres, au XIIe siècle, qui est l'auteur de la parabole des nains et des géants… Et, de fil en aiguille, on s'aperçoit que les premiers à avoir dit cela étaient les prophètes-écrivains juifs. Les prophètes-écrivains d'Israël inventent, en effet, ce temps de l'histoire. Ils décrivent les aventures du peuple élu comme ayant un sens, comme la réalisation du projet de Dieu à travers leur vie collective, même si, parfois, elle se déroute de ce projet. En revanche, il n'y a rien de cela chez les Grecs, les Assyriens, les Égyptiens. Donc, notre histoire est née dans la tradition juive puis chrétienne, et s'est laïcisée au XVIIe siècle. Voilà l'histoire qui nous meut, nous. Aujourd'hui, cette conception est encore là.

Où est-elle encore active ?

Regardez les candidats à l'élection présidentielle, cette comédie… Ils disent tous : « Cela ira mieux si vous m'élisez. » Ce qui veut dire : l'histoire est avec moi, elle me pousse dans le dos. Mais plus personne n'y croit. Pourquoi ? Parce que cette notion de l'histoire s'éteint. Ce qui tue notre politique aujourd'hui, c'est que nous sommes appuyés sur une conception de l'histoire qui est en train de mourir. Avec la Shoah et Hiroshima, on a cessé de croire au progrès. Sauf qu'on en a tout de même gardé l'idée de la croissance économique : c'est faible, mais voilà tout ce qu'il reste de l'idée de progrès. Et même cela plus personne n'y croit. Par conséquent, nous sommes en panne d'histoire. Ce qui était notre moteur, notre croyance, notre culture, l'idée d'un progrès indéfini de l'histoire, c'est fini. Mais nous n'en avons pas encore pris la mesure.

Comment la repenser ? Voilà sans doute l'un de mes derniers grands projets philosophiques.

Chapitre 2

PANTOPE OU PENSER EN INVENTANT DES PERSONNAGES

D'Hermès à Petite Poucette, votre œuvre s'appuie sur une multitude de personnages que vous avez inventés ou réinventés. C'est la marque de fabrique de votre pensée, le geste intellectuel que l'on retrouve de livre en livre. On aurait d'ailleurs du mal à tous les nommer tant ils se multiplient : après Hermès, il y a eu l'Interférent, puis le Parasite, le Tiers-Instruit, Atlas, la Noise, les anges, l'Hominescent, le Pontife, le Malpropre, le Grand Fétiche…

Oui, je suis d'accord. On pourrait d'ailleurs s'amuser à faire des constellations ou des familles. Car chacun de mes grands personnages a généré toute une série d'autres qui lui sont liés. Dans la famille des Hermès, on pourrait inscrire les anges, qui sont des messagers, le Parasite ou la Castafiore, qui empêchent la communication, le Pontife, qui construit des ponts, c'est-à-dire des relations… Une autre constellation très importante est celle du Tiers-Instruit dont sont issus tous les personnages ayant trait à l'éducation : Arlequin et Pierrot, l'Hermaphrodite, l'Incandescent, etc.

CARTE D'IDENTITÉ

NOM : Pantope

SEXE : masculin

ÂGE : 83 ans

SURNOM : Passe-Partout

FAMILLE : les anges

PERSONNAGES ASSOCIÉS : Pia, le Joker, Martin Guerre

NATIONALITÉ : cosmopolite

DATE D'APPARITION : 1993

PROFESSION : pilote de ligne dans l'aviation civile

FORMATION : ingénieur

LIVRES : *La Légende des anges* (Flammarion, 1993), *Écrivains, savants et philosophes font le tour du monde* (Le Pommier, 2009)

DEVISE : « Aller partout ! »

Depuis que nous avons basculé dans une société de communication, nous ressemblons tous à ce personnage de La Légende des anges *qui travaille dans une compagnie aérienne, a rompu ses attaches avec telle communauté ou telle nation pour atteindre une forme d'ubiquité, voyage dans le monde entier, passe ses journées à échanger mails, SMS, coups de téléphone, plutôt qu'à produire des choses et a le sentiment de vivre dans l'espace virtuel des logiciels informatiques et du Web davantage que dans l'espace réel. Mais Pantope, c'est aussi la figure du philosophe qui, pour comprendre ce nouveau monde, ce nouvel espace-temps, a décidé d'embrasser la totalité des savoirs et des expériences, de faire le tour du monde.*

Avant de les aborder dans leur singularité et leur généalogie, pouvez-vous nous expliquer cette manière de penser à travers des personnages ? Comment l'idée d'incarner votre pensée dans des personnages a-t-elle surgi ? Comment pense-t-on en inventant des personnages ?

Je ne sais pas comment cela m'est venu... J'étais mal à l'aise avec les concepts. L'idée abstraite me paraissait toujours, dans sa formalité, relever d'une manière de penser complètement dépassée.

Penser rime pour vous avec anticiper, nous allons y revenir...

C'est essentiel, en effet.

... mais penser à travers des personnages, n'est-ce pas précisément incarner ce devenir qui nous attend, l'annoncer à travers eux ?

Prenez pour exemple le Zarathoustra de Nietzsche. Voilà un personnage qui ressemble aux miens. C'est un personnage qui existe déjà, il est issu d'un passé lointain – comme Hermès –, mais le philosophe le transfigure en un contemporain qui parle et annonce une vraie nouvelle.

Gilles Deleuze a avancé l'idée que les grands philosophes créaient des « personnages conceptuels » : le Socrate de Platon, le Zarathoustra de Nietzsche, l'Idiot de Nicolas de Cues... Mais la définition qu'il donne de ces figures ne correspond pas vraiment au profil de vos personnages. « Les personnages conceptuels, écrit-il dans Qu'est-ce que la philosophie ?*, sont les "hétéronymes" du philosophe, et le nom du philosophe, le simple pseudonyme de ses personnages. Je ne suis pas moi, mais une aptitude de la pensée à se voir et à se développer* *à travers un plan qui me traverse en plusieurs endroits. Le personnage conceptuel n'a rien à voir avec une personnification abstraite, un symbole ou une allégorie, car il vit, il insiste. Le philosophe est l'idiosyncrasie de ses personnages conceptuels.» Or diriez-vous qu'Hermès ou Petite Poucette sont les hétéronymes de Michel Serres ?*

Non, en aucun cas. C'est même exactement le contraire. S'il s'agissait de moi, ce ne serait pas intéressant. Ce que Deleuze définit, au fond, c'est l'équivalent d'un personnage de roman : « Madame Bovary, c'est moi », disait Flaubert. Or, dans mon cas, les personnages sont de vraies incarnations. Hermès, par exemple, c'est l'homme des temps nouveaux, quand le paradigme de la communication remplace le paradigme de la production. Il succède à Prométhée. Prométhée, c'était l'homme des cols bleus, des travailleurs, mais, à un certain moment, les cols bleus ont quasi disparu devant la croissance des cols blancs. Et les cols blancs, ce sont des messagers, des traducteurs, comme Hermès. Mes personnages sont comme des noms de code. Ils sont à la fois individuels, spécifiques et génériques.

En quel sens sont-ils « individuels » ?

Prenons Petite Poucette, par exemple. Petite Poucette, la jeune adolescente qui est née avec la révolution numérique et pianote sur son téléphone portable du matin au soir, est la fille du temps présent ; elle vient après Hermès, il n'y a aucun doute. Et elle peuple notre univers contemporain. Il s'agit donc d'individus, mais qui représentent une espèce : les travailleurs, les messagers, les enfants du numérique... Ils sont universels, génériques comme les médicaments, et ils peuplent notre monde ; ils sont partout autour de nous. Par conséquent, j'insiste : mes personnages n'ont rien à voir avec ma petite personne. Ils sont mes contemporains. Des individus contemporains. Ce sont des individus génériques, des spécimens.

Qu'est-ce que ces personnages vous permettent de penser que vous ne pourriez pas penser sans eux ?

Ce sont des opérateurs qui permettent de basculer du banal vers l'universel. La plupart du temps, les personnages que je construis ou qui m'intéressent sont des personnages minuscules, banals. Sauf qu'ils me permettent justement de saisir le moment où le minuscule bascule dans l'universel. Prenez Tintin par exemple, qui pourrait presque être considéré comme un de mes personnages tant il m'a marqué et donné à penser. Qu'est-ce que c'est Tintin, selon moi ? Une boule ronde, complètement blanche, un trou à travers lequel n'importe qui peut mettre la tête, comme dans les dessins de foire. Et le génie de cette bande dessinée, c'est précisément ce trou-là, ce blanc qui est la somme de toutes les couleurs. Tintin, c'est personne et c'est tout le monde. Le blanc n'est rien, mais il additionne aussi toutes les couleurs. Arlequin est un personnage de rien du tout mais lui aussi possède mille couleurs. Il me semble que cette dynamique-là, d'un passage de rien à tout, est ce qui importe dans mes personnages.

Est-ce que cela a un rapport avec votre désir de vous emparer de la totalité des choses ?

Oui, en effet. Mais je découvre en parlant avec vous que j'arrive à cette totalité par les choses les plus minuscules. C'est comme la bombe atomique : à partir de l'atome, on fait tout exploser. C'est une dynamique très précise, qui n'est pas celle de Hegel ou celle de Marx, qu'on ne trouve nulle part ailleurs, mais qui est décisive selon moi.

Un exemple ?

Un des personnages que j'ai forgés pour penser la communication est celui du Parasite. Dans la communication, il y a l'émetteur, le récepteur, mais entre les deux il y a ce parasite qu'on oublie toujours. Qui est au milieu. Il intercepte ou intervient dans la communication pour la brouiller. Prenez le rat par exemple, à partir de la fable de La Fontaine sur « Le Rat de ville et le Rat des champs ». Que nous dit cette fable ?

Autrefois le rat de ville
Invita le rat des champs,
D'une façon fort civile,
À des reliefs d'ortolans.

Vous vous souvenez, n'est-ce pas ?

Sur un tapis de Turquie
Le couvert se trouva mis.
Je laisse à penser la vie
Que firent ces deux amis.
Le régal fut fort honnête :
Rien ne manquait au festin.

Et, tout d'un coup, il arrive un accident :

Mais quelqu'un troubla la fête
Pendant qu'ils étaient en train.

À la porte de la salle
Ils entendirent du bruit :
Le rat de ville détale,
Son camarade le suit.

Le bruit cesse, on se retire :
Rats en campagne aussitôt ;
Et le citadin de dire :
« Achevons tout notre rôt.

– C'est assez, dit le rustique ;
Demain vous viendrez chez moi.
Ce n'est pas que je me pique
De tous vos festins de roi ;

Mais rien ne vient m'interrompre :
Je mange tout à loisir.
Adieu donc. Fi du plaisir
Que la crainte peut corrompre ! »

Que nous dit cette fable ?

Ce n'est pas le rat de ville qui a mis les ortolans « sur le tapis de Turquie », mais le propriétaire, derrière la porte, qui est endormi. Le riche, en somme, a fait préparer les ortolans et laissé les restes sur la table. Donc les deux rats ne sont pas les hôtes, mais ils sont les parasites de ce monsieur. Mais pas tout à fait en réalité : car c'est le rat de ville qui a invité le rat des champs. Le rat des champs est donc le parasite du rat de ville. Mais pas tout à fait en réalité, parce que, à un certain moment, le bruit du propriétaire les dérange, et c'est le bruit qui devient le parasite. Ce bruit fait peur aux rats. Alors qu'ils sont partis, le propriétaire regarde et ne voit rien. Donc il rentre se coucher. Les rats reviennent et la situation se rétablit. Mais pas tout à fait parce que le rat des campagnes explique que d'habitude il mange sans bruit, sans peur et sans crainte, et bref, que l'autre finisse s'il veut, lui rentre chez lui.

Qu'est-ce que cela veut dire ? Que pour pouvoir habiter en ville, il faut supporter les bruits, que l'invention de la ville se fait grâce au parasite. Et, dans la mesure où la situation se retourne, cela veut dire l'inverse aussi : celui qui est au milieu et qui intervient dans la communication est aussi celui qui crée la communauté, la ville. Il rompt la communication, mais il invente tout autre chose. La ville est rendue possible parce que les rats peuvent manger dans le désordre, dans le danger. Le rat des champs en est incapable. On a là cette dynamique fondamentale qui m'intéresse : à partir d'une situation banale, la révélation d'un événement extraordinaire, le passage d'un point minuscule à une invention inattendue et globale.

On retrouve cela dans votre analyse du ballon de football...

Oui, deux choses dans le football m'intéressent. D'abord le gardien de but face à un penalty : il attend, il sait que le joueur qui va tirer peut envoyer le ballon dans tous les coins ; il se met donc en position « blanche », c'est-à-dire dans une position qui le rend prêt à adopter toutes les positions possibles. Ensuite, il y a le ballon, auquel on ne prête pas assez d'importance. Au rugby ou au football, tout le monde regarde l'équipe, personne ne regarde le ballon. Or l'important, c'est le ballon, c'est lui qui fait l'équipe. C'est la passe qui fait la relation entre les gens, et une équipe n'existe que par le ballon, que par la passe. Voilà ce que j'appelle un « quasi-objet », un objet qui est fait pour circuler entre les membres d'un groupe : le ballon, l'argent, les paroles. De la même manière que je m'intéresse à des personnages minuscules, sans importance apparente, qui révèlent des choses fondamentales, de la même manière mes concepts ne sont pas des concepts au sens classique mais des concepts « opératoires », dynamiques. Comme le Joker. Tiens, encore un personnage !

Qu'est-ce que c'est qu'un joker ?

Un personnage qui n'a pas de valeur propre, mais qui peut avoir toutes les valeurs. Qu'est-ce que l'argent ? Marx l'appelle l'« équivalent général » : un euro peut valoir un œuf, un morceau de pain, une pièce détachée de voiture, etc. Il a toutes les valeurs, mais il n'a pas de valeur en soi. Comme un joker, comme le blanc que j'évoquais qui a toutes les couleurs. J'ai le sentiment d'avoir découvert là une dynamique très originale par laquelle un personnage banal – ou un événement unique – devient un opérateur universel. C'est une bombe, oui, vraiment. Mais une bombe miniature. D'où le fait que mes personnages soient toujours minuscules…

Hermès est tout de même un dieu…

C'est le messager des dieux. Or le messager est toujours un personnage anonyme. Dans la tragédie antique, il y a les rois, les reines, les généraux, les stratèges, etc., puis arrive un message qui porte un message. Et il se tait. Il est là, puis s'en va. Il ne dit rien. Oui, il n'est rien, mais si vous ouvrez le message, vous vous apercevez qu'il contient, sinon tout le sens de la pièce, au moins les coups de théâtre. Donc, le messager n'est rien dans l'action, mais, finalement, il fait toute l'histoire : la bataille de Marathon est gagnée ou perdue, la bataille de Salamine est une défaite ou une victoire ; et le message fait le coup de théâtre, c'est-à-dire la tragédie. Le messager est un type minuscule, mais qui fabrique tout. Mes personnages sont de ce type : c'est Arlequin, c'est-à-dire rien du tout ; c'est Hermès le messager ; c'est un gardien de but, n'importe quel gardien de but, un tennisman… Dans les représentations traditionnelles, ces personnages comptent pour du beurre. D'ailleurs, tout le monde peut jouer ce rôle à la Comédie-Française, même moi, sans avoir de formation d'acteur. N'importe qui – le passant, le quidam – peut jouer ce rôle minuscule et pourtant décisif.

Cet attrait pour le minuscule ne trouve-t-il pas sa source dans votre étude approfondie de l'atomiste antique Lucrèce et de sa théorie du clinamen ?

Exactement ! Il m'a sans doute servi de modèle. Lucrèce décrit le « clinamen » comme un événement infinitésimal. De quoi s'agit-il ? Lucrèce explique à travers lui la formation de l'Univers : au départ, une pluie incessante d'atomes et puis, soudain, se produit un événement minuscule qui incline la trajectoire des atomes. Et voilà que, grâce à cette inclinaison minuscule qu'il baptise « clinamen », le monde se forme ; le monde devient ce qu'il est. Au fond, le clinamen est une bifurcation. Hermès est le messager qui porte la bifurcation du cours des choses ; et le Parasite est encore cela ; le Tiers-Instruit, le Métis…, c'est encore cela, l'apprentissage par métissage. Mon intérêt pour les rameaux tient encore à une bifurcation, la bifurcation du rameau par rapport au tronc : un point sans dimension à partir duquel tout change de sens. Une rupture de symétrie. Quand j'écris *L'Hominescent* ou *L'Incandescent* (l'homme à venir), voilà ce qui m'intéresse : saisir un commencement à peine perceptible qui transforme l'humanité. Les verbes en *-esco*, en latin, sont inchoatifs. Ils désignent le plus petit commencement possible. C'est un commencement, mais on le voit à peine : « hominescent », comme on dit « luminescent », « arborescent », « adolescent ». L'adolescent, c'est un tout petit adulte. Sous la forme banalisée du premier venu, mes personnages préparent des bombes dont l'explosion touchera tout le monde, mes événements adviennent « comme un voleur dans la nuit ». D'où mon attrait pour le « soft », le « doux », incommensurablement plus petit que le « hard »…

Le « soft » au sens informatique ?

Oui, le « soft », c'est tout ce qui touche au logiciel, alors que le « hard », c'est tout ce qui touche au matériel. Dans les théories de l'information, on dit que le « hard », c'est la force. Et le « soft », le doux, c'est faible, comme un signal, comme la parole. Il est un milliard de milliards de fois plus faible que le « hard ». Rien du tout. Or, lequel est le plus important ? Les révolutions historiques portant sur le doux sont incomparablement plus importantes que les révolutions du « hard ». La révolution du dur, c'est quoi ? C'est la pierre taillée, le bronze, la révolution industrielle, etc. Mais les vraies révolutions n'opèrent pas là, elles passent par l'écriture, l'imprimerie, l'informatique..., toutes choses procédant du doux. Qu'est-ce que le doux ? C'est ce presque rien qui change l'univers entier. Nous y revoilà. D'ailleurs, tous les personnages historiques qui m'intéressent sont des personnages « faibles » en ce sens-là.

Qui par exemple ?

Alan Turing, par exemple, l'informaticien qui a largement contribué à la victoire des Alliés en 1945. Vous connaissez son histoire : c'était un mathématicien génial que le gouvernement anglais a fait travailler dès les accords de Munich sur les problèmes de cryptographie. Lorsque la guerre arrive, il est versé au service du Chiffre et entreprend de casser le code de la machine Enigma qui servait aux Allemands pour chiffrer leurs communications. Grâce à lui, les Alliés ont conservé une longueur d'avance sur les mouvements des U-Boot par exemple. Avec Turing, c'est le « soft » qui gagne la guerre. Il n'y a pas de doute là-dessus. Sa fin a été particulièrement sinistre. Il était homosexuel et ne s'en cachait guère, même si c'était réprimé par la loi anglaise. Mais, à la suite d'un cambriolage, l'un de ses amants l'a dénoncé, la justice est passée, et Turing a eu le choix entre la prison et la castration chimique. Il a choisi la castration avec des produits qui ont fait gonfler ses seins et changer son corps. Au final, il s'est suicidé au cyanure. On raconte que c'est la pomme à moitié mangée retrouvée à côté de son corps et qui aurait contenu le poison qui aurait inspiré le fameux logo d'Apple.

Steve Jobs a démenti…

Oui, il a expliqué qu'à une époque de vaches maigres il n'avait mangé que des pommes… Il ne voulait pas que son logo soit associé à un geste de suicide. Mais je ne suis pas le seul à voir dans cette pomme un hommage à Turing.

C'est un personnage extraordinaire, mais vos personnages à vous sont tout de même des personnages « conceptuels », en un sens différent de celui de Deleuze, sans doute, mais conceptuels tout de même ?

Non, je ne crois pas. Et c'est une question très importante. Pourquoi ces personnages ne sont pas conceptuels ? Faisons un petit détour pour le comprendre. J'ouvre un manuel d'anatomie datant des années 1950 à 1980 – nous sommes tous les trois étudiants en médecine. Nous voyons à la page 30 de ce manuel le schéma d'une hanche et il nous faut apprendre par cœur le nom de chacun des os qui composent cet ensemble. Ouvrons maintenant un manuel d'anatomie contemporain. Que découvre-t-on page 30 ? L'IRM de la hanche d'un vieillard de quatre-vingt-cinq ans. Et aux pages suivantes ? L'IRM de la hanche d'une jeune fille de quinze ans, puis l'IRM d'un adulte sportif, etc. Nous ne sommes plus en face d'un schéma conceptuel censé valoir pour toutes les hanches mais d'images particulières d'un individu donné. Eh bien, tous mes livres sont constitués comme les livres d'anatomie d'aujourd'hui : ils ne contiennent pas des concepts, mais des singularités. Il y a là deux manières totalement différentes de penser : d'un côté le concept, de l'autre la singularité.

Pouvez-vous préciser ce point ?

Je m'explique. Dans le dialogue intitulé *Hippias majeur*, Socrate discute avec son interlocuteur de la beauté. Qu'est-ce que la beauté ? Hippias lui répond : « La beauté, c'est un beau cheval, une belle fille, un beau paysage… » Socrate rétorque : « Tu ne vas jamais en finir si tu dois énumérer toutes les choses belles. Dis-moi plutôt ce que c'est que la beauté en soi, ne me cite pas seulement des exemples de choses belles. » Socrate procède ainsi parce que la philosophie grecque a inventé le concept. Et le concept, c'est une économie de pensée. En disant « cercle », on n'est plus obligé de citer la totalité des ronds de l'Univers. Cela fait une économie formidable ! On n'a pas le temps de parler de la belle fille, rousse ou blonde, qui a de jolis seins, du beau cheval ou du beau paysage. On dit « la beauté », cela fait une économie. C'est la vertu du concept : gagner du temps. Or, aujourd'hui, on a le temps. Avec un moteur de recherche informatique, je peux considérer tous les exemples individuels que je veux : je n'ai plus besoin de concepts. La pensée algorithmique, celle des ordinateurs, a pris le relais de la pensée conceptuelle. Cela permet de passer par toutes les singularités voulues, par tous les exemples ! J'ai le temps. L'ordinateur peut retrouver presque à la vitesse de la lumière toutes les énumérations qu'interdisait Socrate. La pensée philosophique d'autrefois pensait par concepts. Aujourd'hui, on peut penser par singularités.

Mais pour parcourir des beautés ou des cercles singuliers ne faut-il pas avoir en tête une sorte de concept du beau ou du cercle qui permette justement de reconnaître une beauté singulière ou un rond singulier ?

Je n'ai pas dit que j'éliminais entièrement les concepts. Lorsque vous faites une recherche sur Google, par exemple sur le scorpion, vous obtenez des renseignements absolument précis sur tel scorpion de telle région de l'Australie. Vous n'avez presque plus besoin de passer par le concept général de scorpion tel qu'on l'apprenait dans l'histoire naturelle. Voilà ce qui est nouveau. Toute ma philosophie est là : il n'y a pas de concepts, il y a des exemples et des événements, c'est tout. Si je m'interroge sur le corps, je ne considère pas le concept du corps, mais l'exemple du gardien de but qui attend la balle et se met en état de plonger dans toutes les directions. Cet exemple me permet de penser de façon concrète, individuelle et singulière la puissance blanche du corps.

L'universel serait dans le singulier…

Tandis que dans le concept il y a du général, mais pas d'universel. C'est ce qui me fait dire que nous avons basculé dans un deuxième âge des Lumières. Au XVIIIe siècle, on pensait que le modèle de la pensée, c'était la pensée claire, prise dans la lumière. Aujourd'hui, je pense que de la lumière nous prenons moins la clarté que la vitesse. En pensant à la vitesse de la lumière, on peut balayer toutes les singularités qu'on veut. Et il est inutile de les éliminer comme le faisait Socrate. Désormais, on peut parler de telle fille précise, de telle fleur, de telle maison. Donc, ma pensée n'est pas conceptuelle, elle est fondée sur la singularité et l'exemplarité.

La singularité permettrait d'éviter la simplification du concept ?

Oui, nous pouvons enfin rentrer dans le détail des choses. La pensée peut aujourd'hui pour la première fois dans l'histoire de la philosophie se payer le luxe de la singularité. Voilà pourquoi mes personnages ne sont pas conceptuels mais sont de « vrais » personnages, des personnages de récit, de littérature. Au-delà de mon œuvre personnelle, c'est ce qui fait d'ailleurs la grande révolution dans le monde de la science. La science a aujourd'hui suffisamment de moyens pour rentrer dans une singularité, elle peut se raconter comme un récit. Voilà pourquoi j'ai intitulé l'histoire des sciences le « Grand Récit », avec un grand G et un grand R. La science rejoint la littérature. C'est un récit, avec des coups de théâtre, avec des personnages, avec du tragique et du comique. Ma philosophie est une philosophie de la contingence, de l'événement. Et les concepts dont je traite sont des choses banales, minuscules, singulières. Ou des événements. Le clinamen est un événement. Et le point de bifurcation est un événement. Je vous remercie de m'avoir amené à réfléchir à cette question, parce que cela m'a permis de découvrir la dynamique qui fait qu'à partir d'une singularité on peut comprendre le monde.

N'est-ce pas une dimension que l'on retrouve jusque dans la théorie du big bang ?

Toute la science est là, actuellement, sur l'événementiel, sur le singulier. C'est la pensée algorithmique contemporaine. Autrefois, la pensée scientifique était déclarative : elle déclarait les concepts. On en a encore besoin. Le concept de cercle permet sans aucun doute de faire une économie formidable pour penser tous les ronds. Mais une autre porte s'est ouverte. Pour ma part, j'ai mis cinquante ans à l'ouvrir. Que sont tous ces personnages qui me viennent sans arrêt ? Une manière de marquer ce changement. Je me souviens, un jour, d'avoir fait un cours en disant que la grande question de la philosophie, c'est pourquoi existe-t-il quelque chose plutôt que rien, et pourquoi existe-t-il cela plutôt que ceci ? Si vous écrivez « existe » de façon convenable, « ex-iste », « -iste », c'est la stabilité, « ex- », c'est en dehors de l'équilibre : c'est par un infime écart à l'équilibre que les choses existent, que le monde est monde. Et pour revenir au big bang tous ses théoriciens expliquent que c'est une rupture de symétrie qui a donné la singularité qui est à l'origine de l'Univers. En cela, ma pensée est en profonde accointance avec ce qui se fait aujourd'hui dans les sciences de ce genre : l'événement, la singularité, la contingence, la rupture de symétrie.

Vous en étiez conscient au moment où vous forgiez vos personnages ?

Non, j'étais trop près de ce que j'étais en train d'inventer, j'étais trop près de ma propre contemporanéité. Et j'ai passé toute ma vie à me dire : « Le paysage, c'est une vraie notion. » Alors, j'ai fait des cours sur le paysage, sur le disparate. J'ai fait des cours sur des choses qui m'éloignaient de plus en plus de mes collègues philosophes. Et je sentais bien que j'étais dans le coup, sans savoir dire ni pourquoi ni comment. Mais je fais des progrès...

La position blanche du footballeur, la tête ronde de Tintin, la blancheur qui contient toutes les couleurs... : ne cherchez-vous pas inlassablement l'idée d'une place vide, d'une place qui ouvrirait sur toutes les autres ?

Une place minuscule, un point ponctuel qui serait en même temps une puissance, une potentialité universelle.

Est-ce qu'on peut réellement atteindre ce point sublime de tous les possibles ? N'est-ce pas un rêve ?

Oui, en un sens, c'est un rêve. Mais au fond j'ai envie de répondre par une autre question : qu'est-ce que c'est qu'un sujet ? La racine du mot, c'est *sub-jectus* : ce qui est jeté dessous. À peine existant. Caché. Jeté dessous. Quand vous sentez votre corps, vous ne sentez presque rien, juste le fait qu'il est là, c'est ce qu'on appelle la « proprioceptivité ». C'est cela le sujet, selon moi : il est minuscule, petit, doux. Alors cette position-là, on l'occupe à peine, mais elle est d'une puissance ! La notion de sujet n'a pas été assez étudiée en philosophie à mon avis. Sartre dit que c'est le néant – la formule est assez bonne. Ma pensée est presque une philosophie du néant, mais pas tout à fait. C'est un régime minimum. À peine… Vous me demandez : est-ce qu'on peut prendre cette place ? Oui, mais à peine.

Henri Michaux, le poète, dit quelque part que « nous sommes bâtis sur une colonne absente ».

Oui, quelque chose comme ça. Il dit avec une image ce que j'essaie de penser là. Et tous mes personnages, tous les événements que je fais voir, sont des « à peine », des choses que l'on peut appeler des « singularités » quasi imperceptibles.

Comment passer de l'idée d'un sujet conçu comme un néant à celle d'une multiplicité de personnages qui incarneraient le devenir historique ?

Je vais vous répondre par un nouveau personnage, celui de Martin Guerre. L'histoire, dont on a tiré un film, est en réalité racontée par Leibniz dans ses *Essais de théodicée*, qui sont pleins de personnages. Elle est très simple : un homme part à la guerre et revient onze ans plus tard, retrouvant sa femme et ses enfants. En réalité, Martin Guerre est mort à la guerre et c'est son copain qui a pris sa place : il est Martin Guerre, mais il n'est pas Martin Guerre. Il arrive, il joue le rôle de Martin Guerre, et tout le monde le reconnaît comme tel. Il est *sub-jectus*. Sujet ? Jeté, sous.

Il faut penser le sujet comme potentialité de substitution. Qu'est-ce que cela veut dire que la substitution ? C'est le même mot que « substance ». Tous les philosophes qui m'ont précédé ont fait une philosophie de la substance, et moi, je fais une philosophie de la substitution. Voilà pourquoi je m'intéresse aux rameaux et aux bifurcations. Voilà pourquoi j'ai été tellement fasciné par la théorie de René Girard sur le bouc émissaire : « victime », c'est le même mot que « vice versa » ou « vice-amiral ». C'est un substitut. Lorsque Abraham doit tuer Isaac, il lui substitue un bélier qui se trouve là. C'est un « tenant-lieu ». Mes personnages sont des « lieux-tenants » !

Cette expression est intéressante. Un tenant-lieu, c'est un symbole. Même si vous insistez sur leur singularité, vos personnages sont des symboles plus que des individus en chair et en os. L'individu au sens propre est un être irremplaçable, on ne peut le connaître qu'en racontant sa vie dans un récit ; il a une biographie qui est unique, imprévisible, insubstituable. À l'inverse, Hermès et Petite Poucette sont des tenant-lieu, des individus génériques. Et les récits que vous faites à leur propos ne sont pas des romans, ce sont des récits génériques. Malgré votre attrait pour la littérature et la singularité, ne restez-vous pas un philosophe en quête d'idéalités ?

Je suis d'accord. C'est pour cela que je dis aussi que mes personnages sont des « bombes ». Des individus, mais en même temps le genre humain. Au fond, Petite Poucette – je suis content de l'avoir appelée ainsi : elle est petite comme le Poucet et « -ette », c'est encore plus petit – est la représentante de la totalité de l'humanité. C'est un personnage aujourd'hui universel. Unique et universel. Et non pas général et conceptuel.

Mais ce n'est pas une singularité individuelle qu'on pourrait connaître en racontant où elle est née, ce qui lui est arrivé, etc.

Si, quand même. Parce que ce qui arrive à Petite Poucette, c'est ce qui arrive…

… à toutes les autres…

Oui, mais qui n'était jamais arrivé à personne ! Voilà sa singularité. Je voudrais répondre à vos réserves par un argument sur le temps. Prenons Hermès. Il était seul dans le Panthéon de la religion gréco-latine. C'était le messager, le messager des dieux. Il y avait plusieurs dieux, mais un seul messager. Avec le passage au christianisme, les messagers se sont multipliés, ils sont devenus des anges. Il nous en est tombé par milliers. Il y a un dieu complètement caché, qui n'est jamais là, mais peut-être est-il caché par ces millions d'anges ? Et du coup Hermès devient la totalité des anges. L'histoire véritable d'Hermès, c'est ce passage, l'explosion de ce personnage qui était unique à l'époque gréco-latine et qui pullule dans des myriades d'anges à partir de l'époque judéo-chrétienne. Cette explosion-là m'intéresse. Comme l'explosion des parasites. Si on connaissait l'histoire du rat de ville et du rat des champs, moi, je m'en empare pour pointer le moment de l'histoire où les parasites ont explosé. Les villes se sont construites grâce à l'explosion des parasites qui ont supporté et domestiqué le bruit. C'est ce moment-là de l'histoire que je tente de saisir en créant un personnage ou en m'emparant d'un personnage existant dont je reconfigure le récit.

D'accord… Mais il n'empêche que Petite Poucette n'est pas Julien Sorel…

C'est vrai. Les récits que je fais sont à cheval entre le schématisme conceptuel et la littérature ou le mythe. Et mes personnages ne sont pas des personnages romanesques. Leurs noms sont plutôt des noms de code. À la fois individuels, spécifiques et génériques. Ces noms de codes « pontent » le général et le particulier. Ce sont les noms anonymes de mes contemporains.

D'où la difficulté à les situer dans la tradition, puisqu'ils sont entre la littérature et la philosophie...

La place que j'occupe est en effet difficile à situer. Les philosophes ne m'y reconnaissent pas, parce que je produis des récits, et les littéraires ne m'y reconnaissent pas, parce que je ne fais pas vraiment de la littérature. Mais, en réalité, je m'inscris dans une grande tradition qui va de Montaigne à Pascal. Je me sens très proche de cette tradition de la philosophie de langue française où le récit est fondamental. Que sont les *Essais* de Montaigne ? Une galerie de personnages, avec leurs histoires. Zadig de Voltaire est un personnage philosophique. Jacques le Fataliste, chez Diderot, est un personnage formidablement philosophique. On retrouve même cette liaison secrète entre la philosophie et le récit chez Sartre : Roquentin est un personnage philosophique et *La Nausée* un roman philosophique. Le plus français des philosophes allemands, Nietzsche, n'a fait que décrire Zarathoustra, le jeune enfant. Il y a une grande tradition de personnages, et ces personnages-là ne sont pas des concepts. Ils sont des incarnations globales d'une synthèse de problèmes. Même Leibniz, qui est en partie un philosophe de langue française, recourt à de multiples récits, sans arrêt. Les *Essais de théodicée* en sont remplis. Les *Nouveaux Essais sur l'entendement humain* aussi. Voilà pourquoi les philosophes de langue française sont souvent rattachés aux lettres, et voilà pourquoi les lettres les renvoient en philo. Fondamentalement, je crois que je suis un philosophe de langue française. Plus près de nous, trois auteurs incarnent pour moi la poursuite de cette tradition : Michelet, Zola et Auguste Comte, dont j'ai réalisé l'édition scientifique complète.

Michelet, l'historien de la Révolution française ?

Oui, mais surtout, l'auteur de *La Sorcière* ! Voilà un personnage proche des miens. *La Sorcière* est un livre qui va la quérir dans la clairière des forêts la nuit, pendant le sabbat. Malgré cent persécutions mensongères subsiste cette femme belle, dont il dit qu'elle est l'origine secrètement féminine des sciences, c'est-à-dire de la pharmacie, de la biologie, de la botanique et même de la chimie. Michelet a la même intuition que moi : il va chercher une femme méprisée, victime des tribunaux, et il en fait l'héritière médiévale de Médée, la magicienne des philtres et des poisons de l'Antiquité. De la même manière, Comte voit dans les femmes, les prolétaires et les artistes l'avenir de l'humanité. Quant à Zola, avec ses Rougon-Macquart, il fait la généalogie des petits, des putains et des mineurs, des oubliés de l'histoire. Du point de vue de la taille, de la carte sociale, du nombre et du dynamisme, leurs personnages sont très proches des miens.

Est-ce que vous voulez dire par là que vos héros sont des héros « démocratiques » ?

Je n'ai pas prononcé ce mot-là, mais en un sens, oui. Mes personnages sont toujours issus du « peuple » au sens de Michelet. *Vulcum pecus*, de la petite valetaille. C'est aussi ce qui m'intéresse dans la Bible, surtout dans le Nouveau Testament. Parce que ce récit met en scène des personnages du peuple : des matelots du lac, des putains, des adultères. Les personnages royaux ou importants existent, mais, quand ils surgissent, c'est pour se livrer à des passions criminelles, pour tuer des victimes innocentes. Ils ont de sales rôles. Le bon rôle, c'est le berger ou le bon larron. Et le récit qui le concerne est un récit presque anonyme.

Et votre langue, est-elle philosophique ou littéraire ?

Quand un philosophe parle, il parle par concepts. Qu'est-ce qu'un concept philosophique ? Il se présente toujours comme un substantif ou un infinitif : l'être et l'avoir, la conscience, le néant, la pensée, la volonté... Des substantifs qui ne se déclinent pas, des infinitifs qui ne se conjuguent pas. C'est une philosophie nominative sans déclinaison, infinitive sans conjugaison, substantive sans substitution, prépositive sans préposition. Or, moi, ce qui m'intéresse dans la langue, ce sont les adjectifs qui sont jetés à côté – « ad-jectif » –, jetés à côté du nom ; ce qui m'intéresse, c'est l'adverbe, placé à côté du verbe, ou les prépositions qui sont posées avant. C'est avec les prépositions, les déclinaisons, les conjugaisons que l'on sculpte la langue et la pensée. J'ai toujours pensé que la philosophie avait tendance à parler en style télégraphique : « Moi arriver demain », « Moi être ego », « Être et néant ». Qu'elle jouait du piano avec des gants de boxe. J'ai pour ambition d'enlever ses gants de boxe à la philosophie. En déclinant ses noms, en conjuguant ses verbes, en introduisant des prépositions dans ses phrases, bref, en inventant des personnages, en configurant des récits, en plongeant les concepts dans des événements ou des circonstances. Le livre de mes rêves, que je n'ai jamais pu finir, porte sur les prépositions. J'avais intitulé un de mes cours aux États-Unis « La circonstance, trois ou quatre mots que je sais d'elle »...

Qu'est-ce qu'une circonstance ?

C'est tout ce qui est autour de la stance. « Circon- », « -stance » : tout autour de la substance. Durant ce cours, j'avais étudié la circonstance en grammaire, en logique, en physique, en thermodynamique, et jusque dans les choses littéraires. Le mot « circonstance » était un peu ma devise à cette époque. Au regard de la philosophie classique, je me considère un peu comme un éboueur de la philosophie. La philosophie ne parle que des substances nobles ou des infinitifs, et met à la poubelle tout le reste. Je ramasse les poubelles. Je prends au sérieux les déchets du langage et de la pensée. Mais je fais aussi les poubelles de la théologie, par exemple en consacrant un livre aux anges pour comprendre la communication. Qu'est-ce que c'est qu'un ange ? C'est un messager, un serviteur, un comparse de Dieu. D'ailleurs, Tertullien appelle les anges les « circonstances de Dieu ». Et j'avais été frappé par le langage des programmateurs d'ordinateurs, que je fréquentais beaucoup dans la Silicon Valley, qui recyclait tous les concepts de l'angélologie.

Une des critiques que l'on pourrait vous faire justement touche à votre pratique de la langue française, sur laquelle vous vous reposez pour penser – on vient de le voir avec le mot « circonstance » – mais à laquelle vous imposez souvent une tournure singulière, parfois obscure. De sorte que vos concepts, si inventifs soient-ils, sont parfois cachés derrière une prose un peu alambiquée. Acceptez-vous cette critique ?

Jean-Sébastien Bach est un auteur que j'admire énormément, comme nous tous, mais j'ai une petite critique à faire à ce monsieur : quand j'écoute ses fugues ou la grande toccata pour violon, qui est un monument absolu de la musique, il me donne le sentiment à certains moments d'afficher sa technicité. « Entendez comme je suis savant », nous dit-il. Alors que chez La Fontaine le talent est tout aussi incontestable, mais il ne s'affiche pas avec ostentation, comme chez Couperin ou Rameau. Il est caché. J'aime les auteurs qui cachent leur savoir-faire. C'est en partie pour cela que j'utilise le masque de mes personnages. Les personnages, c'est plus aimable, cela fait rire ma petite amie. La philosophie française, c'est toujours un peu pour plaire à la marquise. Tandis que la philosophie allemande, c'est pour plaire au professeur.

Mais n'avez-vous pas aussi l'ambition d'être un écrivain en même temps qu'un philosophe ? Et cette ambition littéraire ne vous joue-t-elle pas parfois des tours ? Ne fait-elle pas justement barrage à l'intelligence du philosophe ? Les concepts sont parfois perdus derrière un style trop foisonnant…

Oui, je crois que c'est vrai. Et cela m'a nui toute ma vie. Mais n'était-ce pas déjà le cas de Montaigne, de Voltaire ou de Diderot ? Et même de Bergson. Bergson écrit magnifiquement, mais les concepts, il faut vraiment aller les chercher. Sans me comparer à eux, je m'inscris en tout cas dans cette tradition.

Votre réponse est un peu une esquive. Que répondez-vous vraiment aux critiques qui disent : « Michel Serres est génial quand il pense tout haut, mais, quand il écrit, il se prend pour un poète et cela le rend illisible » ?

Je les entends depuis longtemps et je n'ai rien à leur dire. Si ce n'est que toute ma vie j'ai cherché la lisibilité. Je fais un gros effort en ce sens, je vous assure que c'est vrai. Mais l'illisibilité n'est pas un effet de style, c'est un effet de nouveauté. Il n'est pas facile d'être aux prises avec des problèmes inédits – le Tiers-Instruit, c'est un problème qu'on n'avait pas posé avant moi ; l'interférence ou l'hominescence non plus. Je me confronte avec des choses que je ne connais pas. Et pour les penser j'utilise les moyens du bord, je fais ce que je peux. Et j'essaie d'adapter la manière dont je parle et j'écris aux phénomènes que je peine à voir et à saisir. Ce Tiers-Instruit, quand j'ai commencé à le décrire, je ne le voyais pas bien, forcément. Ce problème ne se pose évidemment pas à ceux qui manient des concepts qui sont déjà connus. Là, je me bats avec l'inconnu. Si je suis illisible, c'est que je me bats comme un petit soldat contre un événement qui commence et que je ne vois pas bien. On met longtemps à conquérir sa propre clarté !

Votre style est comme une machette dans une jungle inexplorée...

Quelque chose comme cela, oui. Chaque fois que j'attaque un problème, ce problème est sans bibliographie. Je me défendrais volontiers en disant que j'ai toujours essayé de faire un livre sur des sujets nouveaux et que donc je suis démuni. Mais c'est moins banal. Cela tient au fait de chercher, avec le style, avec la langue, à cerner un phénomène que je ne vois pas très bien moi-même.

Est-ce que cela ne tient pas aussi à ce que vos livres sont des célébrations ? « Voici », dites-vous. Vous présentez une réalité nouvelle que vous célébrez. Vos livres sont des hymnes aux nouveaux visages du corps, de la nature, de la musique...

« Hymne » est un bon mot. Parce que, comme je découvre, je suis très content.

Vous pensez dans la joie ?

Je suis content et contrarié.

En recourant régulièrement à des personnages historiques ou bibliques pour penser des phénomènes contemporains, vous décontenancez parfois le lecteur. Dans Le Tiers-Instruit, *par exemple, vous vous servez de l'exemple du Christ pour penser l'idée d'une « place tierce » entre deux savoirs.*

J'essaie de trouver des aides. Quand vous vous coltinez avec le nouveau, vous cherchez des appuis à droite et à gauche, là où vous pouvez.

C'est donc pour vous quelque chose qui tient à l'exercice même de la pensée ?

Oui, bien sûr. Mais je suis très ennuyé qu'on me dise que je suis illisible. Je vous assure que j'essaie de tendre le plus possible vers la clarté.

Vous empruntez un chemin qui rompt avec les usages. Vos livres commencent souvent par des histoires emmêlées, parfois décousues, et puis, progressivement, le paysage s'éclaircit et les concepts apparaissent peu à peu sur le fond de ces histoires. Mais cela peut vous faire perdre un lecteur qui ne serait pas assez persévérant…

Ce que vous décrivez ressemble tout de même à un processus de compréhension progressif qui se retrouve partout ailleurs…, à une recherche, à une aventure…

Est-ce qu'à un moment de votre parcours votre style n'a pas fait obstacle à votre pensée pourtant si inventive ? De sorte que beaucoup de gens ont pu renoncer à l'effort de vous lire.

Oui, c'est possible.

Votre rapport à l'histoire est tout aussi singulier que celui que vous entretenez avec la langue. Quand vous vous attachez à des personnages ou à des événements minuscules, n'est-ce pas avec l'idée qu'il faut repenser l'histoire humaine ? En partant de circonstances minuscules et non plus des grands personnages politiques ?

J'ai une véritable fascination pour le personnage minuscule. Au sens où ce personnage minuscule est majeur dans la compréhension qu'on peut avoir, à la fois, de l'hominisation, de la domestication, de l'origine des sciences, de l'histoire humaine... Le personnage minuscule, c'est une bombe. Cet individu commun, c'est lui qui fait l'histoire. Il n'y a pas de doute. Ce ne sont pas Staline et Mao qui font l'histoire, ni César ou Alexandre, et pas plus le président de la République, c'est le petit personnage privé, chaque femme et chaque homme par sa conduite privée. Les héros, les grands de ce monde ne sont souvent que des tueurs.

Privé ? Vos personnages sont privés ?

Ce n'est peut-être pas le bon mot. Ce que je veux dire, c'est que ce ne sont pas des personnages publics au sens des grands personnages de l'histoire censés mettre en mouvement les sociétés. Or, s'il y a bien quelque chose que j'essaie de comprendre avec mes personnages, et qui m'échappe encore d'ailleurs, c'est ce qui fait que les individus font groupe. Nous ne savons pas pourquoi. Ce qui fait l'intégrale de ces différentiels, nous ne le savons pas. On croit que c'est le pouvoir qui tient tout ensemble, mais c'est une illusion. Une illusion sans doute efficace, mais une illusion tout de même.

Le pouvoir ne serait pas là où l'on croit ?

C'est ce que je pense depuis que je suis tout petit quand je voyais les images du roi assis sur son trône. Si le roi se levait, s'il soulevait son trône, il verrait qu'il donne sur un trou, sur un vide. Le pouvoir est une représentation, un théâtre qui fait croire qu'on le maîtrise. Il repose sur le regard, un regard qui dissimule une béance. Le pouvoir dissimule l'ignorance où nous sommes de la nature du collectif. Il s'assied dessus et on croit, du coup, que c'est lui qui comprend le collectif. Mais non, il est assis sur le secret, et on ne sait pas encore ce qu'est le collectif. Le jour où je comprendrai pourquoi ces personnages minuscules peuvent se mettre ensemble, je crois que j'aurai un peu avancé sur ce point. Mais je n'y suis pas encore. La politique est avec la religion l'une des choses sur lesquelles j'espère pouvoir écrire encore. C'est l'une des raisons pour lesquelles j'ai écrit *Petite Poucette*. J'ai la conviction que les nouvelles technologies vont déverrouiller tout cela. Elles vont faire pleuvoir le nombre, partout, et l'on va commencer à comprendre ce que c'est que le nombre comme tel. C'est un peu mon utopie, l'utopie d'une société nouvelle qui échapperait enfin au maléfice du pouvoir.

Vous n'êtes pas le seul philosophe de votre génération à opérer cette révision de l'histoire et de la politique. N'est-ce pas le sens des travaux de Canguilhem ou de Foucault, également, qui tentait de redéfinir le normal à partir du pathologique, la raison à partir de la folie, le droit à partir de sa subversion ?

Foucault et d'autres ont voulu en effet renverser l'ordre des raisons. Mais leur démarche m'a toujours fait penser à celle d'un enfant indiscipliné qui veut chahuter tout en restant dans la classe des grands dont il veut prendre la place. En renversant l'ordre des choses, ils ont maintenu la structure intellectuelle binaire, dualiste, de leurs prédécesseurs. Moi, je ne suis pas dualiste, je suis pluraliste. Ce sont les multiplicités que je cherche.

Vos personnages ne vous servent pas à renverser l'ordre établi de la rationalité, mais à penser les événements. Diriez-vous que vous faites une ontologie des événements ?

C'est la contingence qui m'intéresse : ce qui peut ne pas être. Est-ce que j'ai une ontologie de l'événement ? Je ne suis pas sûr de pouvoir répondre à cette question. J'ai du mal à trouver un concept qui résumerait ma démarche. Les philosophes ne deviennent pourtant célèbres que s'ils forgent un concept qui les définit : l'harmonie préétablie de Leibniz, la déconstruction de Derrida, etc. Cela leur sert presque de logo. Je serais content d'en trouver un pour moi !

Est-ce que ce n'est pas illusoire ? Si vous pensez en inventant des personnages non conceptuels, pourquoi vouloir trouver un concept qui les rassemble ?

Quand vous faites un geste, quand vous tournez la tête ou que vous marchez, votre corps fait quelque chose qui suppose des millions de réactions chimiques. Comme s'il y avait plusieurs étages et qu'à l'étage supérieur vous fassiez une synthèse inconsciente et incarnée d'une chose qui suppose une analyse extraordinairement raffinée d'une explosion combinatoire d'éléments. On pourrait dire que cette synthèse qui suppose une explosion combinatoire et quasi infinie d'éléments est la caractéristique de la vie. Mes personnages sont des synthèses de cet ordre. Les anges, le Parasite, le Tiers-Instruit, Petite Poucette… sont des synthèses qui mettent en sommeil tout le processus analytique qu'ils présupposent.

Ce sont des synthèses, mais des synthèses de phénomènes à venir ou en train d'advenir ?

Prenons l'exemple du physicien Maxwell qui voulait penser les milliards de molécules contenues dans un pot. Comment s'y conduisaient-elles ? Évidemment, il ne pouvait pas aller y regarder. Vous savez ce qu'il a fait ? Il a pris un personnage, un petit démon, qu'il a envoyé regarder dans le pot : « Moi, je ne peux pas voir les molécules, va les voir à ma place et reviens me dire comment cela marche. » Ampère a fait la même chose avec l'électromagnétisme : il a envoyé un homoncule, le « bonhomme d'Ampère », pour regarder comment l'aiguille d'une boussole s'oriente en fonction de la direction d'un courant électrique. Je fais exactement la même chose avec mes personnages, qui sont tous des « envoyés ». Hermès ? « Écoute, moi, je ne comprends pas bien la communication. Va à ma place et reviens me le dire. » On trouve déjà cela chez Platon au début du *Phédon*. « Tu étais à la mort de Socrate ? Je n'y étais pas. Tu devrais me raconter, puisque tu y étais. » Donc Platon envoie Phédon assister à la mort de Socrate et lui demande de lui raconter. C'est un envoyé. Même chose pour Calliclès. Que fait Platon ? Il dit à Calliclès : « Va dans la violence, et reviens me dire comment cela marche. » Tous les grands personnages de la philosophie sont des messagers. Voyez Nietzsche. Il ne connaît pas grand-chose à la philosophie iranienne mais il prend Zarathoustra et le missionne : « Va en Iran et reviens me dire. » Ce sont des anges. En un sens, ce n'est pas moi qui écris mes livres, ce sont mes envoyés. Je suis incapable de faire et de comprendre tout ce que fait Petite

Poucette. Je l'ai donc missionnée : « Va voir le numérique et tu reviendras me dire. » Tous mes personnages sont des envoyés qui reviennent me dicter mes livres. Ce sont eux les vrais auteurs de mes livres.

Chez vous, le personnage s'impose donc avant l'idée, avant le contenu dont il sera porteur ?

Oui, absolument. Je suis incapable, moi, de voir le monde entier, mais j'ai inventé un type qui s'appelle Pantope – ça veut dire « le monde entier »... « Va voir, et reviens me dire. » C'est le geste de l'ignorant, le geste originaire du philosophe : je ne sais rien et j'ai à ma disposition des gens que j'envoie à l'endroit où l'on peut savoir. C'est peut-être cela penser. En tout cas, c'est comme cela que je pense.

Votre réponse est très subtile. Cela revient à dire que vous n'êtes pas seulement le penseur de la communication, mais que la communication se pense en vous, jusque dans la manière dont vous concevez l'activité même de penser...

C'est en même temps très simple : je ne pense pas la communication comme un objet, je pense la communication avec un communicant que j'envoie dans le monde.

Oui, votre pensée est *communication.*

On peut dire que c'est un dédoublement de l'auteur. On peut toujours faire la psychanalyse du philosophe... Mais peu importe, seul compte le processus de pensée, qui est celui-ci : ignorant au départ, j'envoie quelqu'un qui peut savoir à ma place et qui me dicte à son retour ce que je pense.

Voilà pourquoi je dis ne pas être vraiment l'auteur de mes livres. Le titre du *Parasite*, j'aurais dû le mettre en signature: «Signé: Le Parasite». J'ai mis longtemps à comprendre ce geste-là, parce que je le faisais sans le savoir. Aujourd'hui, je comprends mieux *Jacques le Fataliste*: ils vont se promener, avec le maître, et ils rencontrent Mme de La Pommeraye, et ainsi de suite. C'est ce processus qui rend la pensée de la fatalité et de la liberté de l'homme lumineuse et non pas abstraite et conceptuelle. Le tsar reçoit Michel Strogoff, capitaine des courriers du tsar: «Va à Irkoutsk me dire ce que les Tatars font à mon beau-frère qui est patron de la Sibérie. Va. Et reviens me dire.» Ou le capitaine Nemo: «Tu vas plonger dans un sous-marin? Tu reviendras me raconter ce qu'il y a au fond de la mer, les pieuvres, les animaux marins...» Ou Hergé à Tintin: «Va-t'en sur la Lune, et reviens me raconter comment c'est.» Les personnages de la littérature surgissent comme cela aussi. «Va en avarice, monsieur Harpagon, et reviens me dire.» «Va en paternité, monsieur Goriot, et reviens me dire.» J'ai l'impression que l'on tient, avec ce processus, la nature même de la connaissance, aussi bien littéraire que philosophique.

La littérature et la philosophie procéderaient à partir d'une même opération de pensée?

À mon sens, il y a en tout cas un geste commun. Et si vous voulez savoir ce qu'est l'avarice, l'essence même de l'avarice, *L'Avare* vous le donnera à voir et à connaître mieux que nombre de manuels de philosophie morale.

Vos personnages sont par ailleurs des personnages de second degré par rapport aux singularités romanesques ou biographiques. Julien Sorel est un personnage unique ; Petite Poucette est une formidable invention, mais elle reste un personnage général dont il est difficile d'imaginer la psychologie et le caractère.

Mais ce qu'elle perd en incarnation, elle le gagne en intellection. En réalité, je crois que la distinction entre littérature et philosophie est en grande partie un artefact universitaire. Les œuvres des philosophes sont pleines de récits et celles des romanciers d'analyse conceptuelle.

Mais la philosophie ne se distingue-t-elle pas par une question qui lui est propre : qu'est-ce que penser ?

Je réponds : penser, c'est procéder à des synthèses avec des personnages qui sont des envoyés. Ce que les romanciers font également, et parfois beaucoup mieux que les philosophes… Lorsque je me saisis de personnages comme la Vierge Marie ou comme Arlequin, je les prends, parce que j'en ai besoin. Il y a là un procédé que j'ai systématisé, en effet. Pour me rassurer, je me suis dit qu'il y avait derrière moi une longue tradition. Mais c'est surtout pour me rassurer !

Hercule Poirot serait donc un personnage philosophique au même sens que Jacques le Fataliste ou Petite Poucette ?

C'est un envoyé en tout cas. Il est sans cesse envoyé dans telle ou telle affaire, et revient à nous lorsqu'il l'a résolue…

Il est envoyé, certes, et il nous parle de choses essentielles, sans doute…

Oui, l'exemple est bien choisi, de choses tout à fait essentielles. Qu'est-ce que la culpabilité ? Qu'est-ce qu'un coupable ? Qu'est-ce qu'une victime ? Qu'est-ce que la volonté dévastatrice de tuer ? Qu'est-ce qui vous intéresse tant dans la tuerie ?

Vous avez dit que vos personnages n'étaient pas vos représentants, vos hétéronymes. Mais, s'il fallait désigner celui qui se rapproche le plus de vous, lequel choisiriez-vous ?

Parmi tous ceux que j'ai inventés, le seul personnage qui ait un rapport avec moi, c'est Pantope. Car mon ambition a bien été celle-là : *pan* (tout) *topos* (les lieux), aller dans tous les lieux. Je peux dire « Pantope, c'est moi », comme Flaubert disait : « Madame Bovary, c'est moi. »

Se saisir de tous les savoirs, se mouvoir dans tous les espaces : votre pensée serait non pas utopique mais « pantopique » ? Est-ce là votre intention philosophique première ? Viser la totalité ?

Oui, fondamentalement j'ai eu deux grandes intentions. La première, c'est celle de la complétude. Étant donné que la philosophie n'est pas une spécialité, le philosophe doit parcourir tous les espaces du savoir et de l'expérience. Platon, Aristote, Leibniz ont tout fait : des mathématiques, de la géométrie, de l'art, jusqu'à la politique. Au Moyen Âge, cela s'appelle une « somme ». Au XVIIIe siècle, cela s'appelle *L'Encyclopédie*. Au XVIIe, cela s'appelle *mathesis universalis* (« science universelle »). Avec moi, cela prend la forme d'une *pantopie*. Tous les philosophes dignes de ce nom ont cette ambition de la totalité. Puisque j'étais décidé à devenir philosophe, il n'y aurait pas de territoires où je ne passerais pas !

C'est vraiment quelque chose que vous avez recherché dès le départ ?

Pas tout à fait. Les intentions ne se dégagent qu'au fur et à mesure qu'on avance. Mais j'ai été animé assez tôt par le refus de toute spécialisation. Le philosophe n'a pas de spécialité, il est partout chez lui.

Pouvez-vous nous dire plus précisément à quoi ressemble ce personnage de Pantope auquel vous vous identifiez ?

Il apparaît dans *La Légende des anges*. Ce livre met aux prises deux personnages de notre temps, Pantope et Pia, un homme et une femme, lui ingénieur laïc et sceptique, elle littéraire et émotive. Ils sont dans un aéroport et ils discutent sur ce monde des communications. Pantope travaille dans une compagnie aérienne et circule sans arrêt dans le monde entier. C'est un adulte des années 1990, quand le voyage s'est généralisé, quand l'idée de faire le tour du monde en moins d'une journée est devenue tout à fait pensable. Il pourrait être brésilien aussi bien qu'européen. De n'importe quelle couleur de peau et de n'importe quelle origine. C'est une nouvelle sorte d'ange. Je voulais à travers lui « recycler » ou séculariser la tradition scolastique de l'angélologie, de la connaissance des anges et de leur fonction telle qu'elle est apparue au Moyen Âge. L'idée étant qu'en traduisant l'angélologie dans les termes séculiers d'aujourd'hui on se donne un excellent moyen de comprendre la logique de la société de l'information contemporaine, structurée autour de l'envoi et de la réception de messages. Pantope incarne le voyageur d'aujourd'hui, voué à parcourir le monde en tous sens. Il incarne l'ubiquité contemporaine.

Ce n'est donc pas un personnage issu du Moyen Âge ou de la mythologie classique : c'est une invention.

Oui, c'est une création pure et simple. Il ne pouvait pas exister avant dans la mesure où le concept d'ubiquité n'était pas possible, n'était pas même pensable, réservé qu'il était à Dieu. On était athénien ou spartiate, mais pas de plusieurs lieux. Même les dieux avaient une spécialité : Neptune est de la mer, Ouranos des airs, etc. L'ubiquité n'existait que comme une tâche infinie. Tandis qu'aujourd'hui l'ubiquité est devenue possible, réelle. Dans *Le Tour du monde en 80 jours*, le héros de Jules Verne fait le tour du monde en quatre-vingts jours avec un valet, et ce valet s'appelle Passepartout. Eh bien, d'une certaine manière, Pantope, c'est Passepartout.

Pourquoi vous sentez-vous si proche de lui ?

D'abord parce que j'ai cherché à parcourir tous les lieux. J'ai été très tôt attiré par le voyage et par l'ailleurs. Mais surtout parce qu'il y a une dimension philosophique dans cette ambition. Aller partout, c'est le projet philosophique par excellence – la philosophie n'a pas de spécialité. Évidemment, cette exigence est en même temps une impossibilité, on ne peut pas aller partout, tout savoir. Mais tenter de surmonter cette impossibilité, voilà la philosophie même. Tous les grands philosophes, d'Aristote à Leibniz et à Kant, ont voulu aller partout : Kant, comme Aristote, a traité aussi bien de la géographie et de la géométrie que de l'astronomie et de la biologie. Si vous n'êtes pas partout, vous n'êtes pas philosophe. Pour prétendre au titre de philosophe, ou mieux, pour vivre vraiment en philosophe, je soutiens qu'il faut avoir fait trois fois le tour du monde. Plus précisément : il faut faire trois sortes de tour du monde. Il faut d'abord faire le tour du monde réel : aller du nord au sud et d'est en ouest, traverser les mers et les déserts, voir les volcans et les séismes. Il faut ensuite que l'apprenti philosophe fasse le tour de tous les savoirs, des mathématiques à la cosmologie, en passant par la biologie. Et, enfin, il faut faire le tour des hommes, faire droit à la multiplicité des langues, des cultures et des usages, et mesurer également la singularité absolue de chaque individu. J'énonce en détail ce programme au début du livre qui, justement, s'intitule *Tour du monde*... C'est la raison pour laquelle je me suis intéressé très tôt à la génétique d'un Jacques Monod ou, plus tard, aux travaux d'un anthropologue comme Philippe Descola. Voilà des avancées scientifiques qui nous permettent de voir la *singularité* des individus ou des cultures, sans renoncer à la *généralisation* scientifique et conceptuelle.

En même temps, vous dites que nous sommes tous potentiellement des philosophes...

Oui, nous avons tous ce vide en nous, ce que j'appelle la « position blanche », qui nous permet, potentiellement, de nous élancer partout. Nous sommes tous des Pantope potentiels. Et je dirais même que le monde moderne en particulier est une « pantopie ». Non pas une utopie, un lieu de nulle part, un non-lieu, mais un monde où chacun peut s'adonner à cette circulation en tous sens. La Pantopie, le pays que visite Pantope, j'aimerais en dessiner la mappemonde, où toutes les îles s'appelleraient « Utopie » !

Histoire de la philosophie et des sciences, mathématiques, physique, biologie, anthropologie, droit, morale, écologie... : vous avez parcouru tous les savoirs. Y en a-t-il qui vous soient restés fermés ?

Il manque une ou deux choses, dont je m'occuperai à la fin. Je pense en particulier au religieux. Non pas aux croyances ou aux religions comme telles – j'ai beaucoup écrit sur la Bible par exemple – mais à la dimension religieuse de l'humanité. À ce qui rend possible la croyance, à ce qui fait de nous des êtres de l'invisible. Cela dit, je crois que l'ambition encyclopédique qui était présente dès le départ a été respectée : je crois pouvoir dire que j'ai parcouru la totalité des sciences et construit une pensée qui prend ses appuis, ses étais, ses fondements partout.

Mais comment fait-on pour parler de tout ?

C'est impossible, c'est insensé, mais tous les philosophes l'ont fait – il faut le faire. C'est un projet stupide, irréalisable, mais sans ce projet-là il n'y a pas de philosophie. On n'est pas philosophe si on n'a pas ce projet un peu fou de saisir la totalité. C'est comme ça, on n'y peut rien.

D'autant que la science s'est tout de même énormément spécialisée depuis les Grecs... N'est-il pas devenu beaucoup plus difficile aujourd'hui, par rapport à l'époque de Platon, de faire le tour du savoir ?

Cela a toujours été aussi difficile. La preuve, c'est que peu de gens l'ont fait. Leibniz, qui est un des rares esprits à s'y être vraiment essayé, affirme dans certains textes que c'est impossible. Mais il y parvient quand même. Évidemment, aujourd'hui, la tâche est encore plus difficile. Sauf que, dans la masse des choses produites, il y a énormément de répétitions. Le nombre de savants a tellement crû qu'il y a plus de savants vivants que de savants morts, mais le nombre croissant de savants ne fait pas nécessairement croître le nombre de découvertes.

Vous avez évoqué la Somme *de saint Thomas, le* Système *de Leibniz ou* L'Encyclopédie *des Lumières. Mais quelle forme a prise l'ambition « pantopique » chez vous ?*

J'ai du mal à vous répondre. Je sais que j'ai eu très tôt cette idée de passer partout, et je crois que je suis passé partout. De là à savoir quelle forme cela a donnée à mon œuvre… Certainement pas celle du système. Je n'ai jamais voulu construire une pensée systématique où chaque proposition serait à sa juste place. Non, je dirais que mon intention globale a donné à mon œuvre la forme d'un hypertexte. Si vous prenez une série comme *Hermès*, qui compte cinq volumes, elle passe partout, des mathématiques à la physique en passant par Tintin. Mais il ne s'agit pas d'une succession de réflexions éparses. Chaque texte renvoie à d'autres et s'insère dans un ensemble plus vaste. Exactement comme dans un hypertexte informatique dans lequel il y a une série de liens qui renvoient à tous les autres, de manière presque infinie. Votre question me conduit à penser que j'aurai finalement donné une forme extrêmement contemporaine à la recherche assez classique de la totalité.

Mais vos premiers textes restent en même temps très académiques, ce sont des recensions et des critiques universitaires…

C'est vrai. À ma décharge, il faut dire qu'à cette époque-là je sortais de l'École normale et que je ne m'étais pas encore départi du modèle universitaire. Il y a toujours eu chez moi une sorte d'écart par rapport à la manière d'écrire et de penser qui nous était léguée par l'Université mais, en même temps, comme le modèle en question, basé sur un travail de restitution, de citation, d'honnêteté intellectuelle, est un bon modèle, j'ai mis du temps à m'en défaire. C'est beaucoup plus difficile d'abandonner un bon modèle qu'un mauvais ! Cependant, je sentais bien qu'il y avait, dans le modèle universitaire, quelque chose qui empêchait… de penser ? Non, pas de penser, d'inventer.

Vous évoquiez deux intentions philosophiques fondamentales. Si la complétude fut la première, quelle fut la seconde ?

Saisir le contemporain. Il se trouve que, par hasard, je suis passé très tôt de la science à la philosophie. Or j'avais alors été frappé par l'impression d'avoir un pied sur une bande transporteuse qui allait à quatre kilomètres à l'heure et l'autre pied sur une bande transporteuse qui allait à cent cinquante kilomètres à l'heure. Dès que je suis rentré à l'école des philosophes, j'ai eu le sentiment d'une désuétude fantastique de leur discours. J'avais affaire à des dinosaures au regard de tout ce qui se passait de l'autre côté. J'avais assisté à la révolution des mathématiques modernes, à l'arrivée de la théorie de l'information en physique, aux découvertes en génétique... : cela allait à toute vitesse ! Pendant ce temps-là, les philosophes en étaient encore à faire des commentaires sur Husserl, qui était très à la mode mais dont les textes dataient de 1902 ! Je me souviens très bien d'avoir eu la conviction d'une transformation gigantesque qu'il me fallait saisir parce qu'elle échappait aux autres. D'ailleurs, lors du premier cours de philo que j'ai donné en amphi à l'université de Clermont-Ferrand, j'ai traité la question : « Qu'est-ce que le nouveau, qu'est-ce que la nouveauté ? » C'était une préoccupation d'autant plus vive que j'avais compris que les changements importants de mon temps échappaient au discours philosophique dominant. J'étais décidé à y voir plus clair sur le contemporain.

Aviez-vous le sentiment de vous inscrire dans un mouvement intellectuel ?

J'ai toujours eu le sentiment d'être seul. Je n'appartenais à aucun groupe, à aucun mouvement de mon temps. En revanche, j'ai eu assez rapidement le sentiment de m'inscrire dans un mouvement plus vaste, une prise de conscience qui avait commencé dès le début du XXe siècle, au moment où l'on discernait une sensibilité nouvelle à l'instabilité : avec Poincaré qui démontrait l'instabilité du Système solaire et ouvrait la question du chaos, avec Bergson qui comprenait très vite la portée de cette question, avec Duhem qui s'intéressait à la contingence. Le tout s'accompagnant d'une transformation culturelle extraordinaire avec Debussy, Ravel, Fauré, Monet et les « Nymphéas », les impressionnistes, les cubistes... C'était un nouveau monde qui surgissait, une nouveauté extraordinaire par rapport au XIXe siècle. Et puis, tout d'un coup, les deux guerres mondiales sont arrivées, elles ont tout balayé et on est revenu aux certitudes du XIXe siècle, aux romantiques, à Hegel, etc. Comme si le monde découvert au début du siècle avait été englouti par les deux guerres. J'ai renoué avec ce continent englouti. Puisque vous m'interrogez sur mon inscription dans l'histoire, je dirais que je suis celui qui reprend cette poussée-là. Et j'en ai pris conscience très tard. Mon attirance pour tous les phénomènes instables, ma théorie de l'histoire assez proche de celle de la *Clio* de Péguy, mon attrait pour la théorie du chaos..., tout cela m'inscrit dans ce mouvement de prise de conscience de l'instabilité de notre condition.

Chapitre 3
Hermès ou la communication

Hermès, *votre premier opus, fait le relevé des révolutions scientifiques de votre temps – mathématiques modernes, physique de l'information, sciences sociales – mais en filigrane, c'est une révolution sociale et historique que vous cherchez à nommer et à penser, une révolution dont Hermès est le symbole…*

En rupture avec l'idéologie alors dominante qu'était le marxisme, j'affirmais que la société de communication était en train de prendre le relais de la société de production. Et par conséquent qu'il fallait changer d'outils conceptuels pour comprendre le présent. Hermès, le dieu des messagers, allait prendre la relève de Prométhée, le dieu de l'industrie.

C'est un personnage mythologique auquel vous donnez une nouvelle jeunesse.

Disons plutôt qu'il a connu une renaissance en notre temps. Hermès était un dieu de l'Olympe, c'est le messager

CARTE D'IDENTITÉ

Nom : Hermès

Sexe : masculin

Âge : immortel

Date de (re)naissance : années 1950 (XXe siècle)

Père : Zeus

Fille : Petite Poucette

Personnages associés : Prométhée (prédécesseur), don Juan (circulation des femmes), la Castafiore (circulation du « bruit »), le Parasite (brouille la communication), le Pontife (construit des ponts), l'Interférent (interrompt la communication).

Famille : anges (*Angelos*, en grec signifie « messager »)

Nationalité : grecque

Profession : ingénieur

Formation : Polytechnique, École centrale ou École des mines

Livres : *Hermès* (Minuit, 5 vol., 1969-1980)

Devise : « Je communique donc je suis. »

Hermès naît en même temps que la théorie de l'information. Il est un enfant lorsque la télévision surgit dans l'appartement familial, un adolescent lorsque Neil Armstrong pose un pied sur la Lune, un homme mûr quand survient la révolution informatique. Ingénieur, spécialiste des réseaux, il voit s'étendre, un peu anxieux, l'environnement numérique dans laquelle sa fille, Petite Poucette, évolue, elle, en toute quiétude. En moins de trente ans, sa génération a vécu la métamorphose, majeure, d'un monde centré autour de la production, depuis le Néolithique jusqu'à la révolution industrielle, – symbolisé par Prométhée volant le feu aux dieux – à un monde centré sur la communication. Hermès, le messager des dieux de la mythologie grecque, est devenu Monsieur Tout-le-monde.

des dieux, mais aussi le dieu des voyageurs, le gardien des routes et des carrefours. En grec, le mot désignait une sorte de borne kilométrique, une masse de pierre qui scandait l'espace, qui permettait de repérer les miles. En général, c'était un bloc de pierre avec un sexe en érection – on ne sait pas vraiment pourquoi. Mais j'ai mon idée…

Hermès ne s'oppose-t-il pas également à Hestia, la déesse du Foyer ?

Oui, il est précisément celui qui franchit les limites du foyer, le voyageur, le messager. Or, le messager, en grec, se dit *angelos*, c'est donc un ange. Et c'est pourquoi j'ai consacré un livre entier aux anges, parce que le vocabulaire de l'angélologie du Moyen Âge permet de comprendre notre univers de la communication. Dans le langage courant, on dit souvent que le problème philosophique le plus idiot, c'est celui du sexe des anges. En réalité, c'est tout le contraire, c'est le sujet le plus sérieux possible ! Pourquoi ? Parce que si Martin a un sexe, si je lui confie un message pour ma bien-aimée, il risque de tomber amoureux d'elle lorsqu'il lui délivrera mon message. Par conséquent, il est très important que le messager n'ait pas de sexe, que le canal soit « lisse ». La plupart des tragédies de l'histoire sont liées à des messages mal compris, brouillés, truqués ou non délivrés. Contrairement à ce que l'on dit, donc, le problème du sexe des anges est un problème majeur de la communication. C'est même le problème central de la communication ! Et se moquer de ce sujet-là montre une sottise énorme. La circulation des messages obéit à des lois particulières qui sont les lois de l'angélologie. Et c'est aux chrétiens que l'on doit d'avoir eu cette idée géniale de « couper » le sexe des anges. Hermès avait un sexe. Cela posait plein de problèmes lorsqu'il devait délivrer ses messages. Les anges n'ont pas de sexe. La suppression du sexe est un opérateur technique et philosophique fondamental. C'est amusant, mais très important. Au final, toute la discipline dite « traitement du signal » traite en fait du sexe des anges.

Il s'agit d'une castration, en somme…

Oui, c'est une tentative de résoudre la question épineuse du bruit de fond. Si le bruit de fond est trop fort, le message ne passe pas.

À quoi ressemble le nouvel Hermès, non pas la figure mythologique, mais celui que vous avez réinventé ?

C'est le grand spécialiste des télécommunications.

Il a un sexe, lui ?

Sans conteste. Et il peut en user librement, grâce à la pilule. C'est important, la pilule dans la généalogie d'Hermès. Parce que cela permet de faire l'amour comme un ange ! Du point de vue de l'histoire de la sexualité, nous sommes devenus des anges à ce moment-là. Il n'y avait plus de risque. Et pas seulement grâce à la pilule, pour la reproduction, mais aussi grâce aux antibiotiques, pour la vérole. Il y avait deux dangers majeurs : il y avait le danger de la reproduction, d'avoir un enfant, et le danger d'attraper la chtouille ! Tout d'un coup, la sexualité est libre, non pas grâce à des raisons morales ou sociologiques, non, d'abord grâce à la pilule et aux antibiotiques. « Si tu n'as pas peur de Satan, disait mon curé, tu as peur de la syphilis, de toute façon. » Et puis l'arrivée de la pilule coïncide avec la fin du puritanisme des années de guerre. Brigitte Bardot est alors promue docteur *honoris causa* de plusieurs universités en vertu de l'ouverture à la sexualité qu'elle symbolise...

Hermès a-t-il une famille ?

Hermès est le fils d'Atlas, le dieu des réseaux, et le père de Petite Poucette, l'enfant de l'informatique. Il est né dans les années 1950-1960, au moment du développement exponentiel de toutes les techniques du type téléphone, télévision – la télévision, c'est dans les années 1955 ; le téléphone explose aussi à ce moment-là –, etc. On voit très bien que les réseaux commencent à s'étendre. Les chaînes de radio se multiplient.

Et il a un frère ennemi, que vous appelez le Parasite.

C'est l'anti-Hermès, l'obstacle à la communication. Le Parasite est intéressant parce qu'il emporte une logique à deux valeurs. « La langue est la meilleure et la pire des choses » – c'est le théorème d'Ésope. Les anges peuvent être des démons. Le Parasite, c'est pareil. Il est un obstacle à la communication, mais il peut faire émerger une nouveauté. C'est lui le facteur de nouveauté. Par exemple : le Parasite va tuer son hôte, mais va vite s'apercevoir qu'à force il ne va plus avoir de quoi se nourrir. Et, à un certain moment, il va changer de stratégie, pactiser avec lui pour devenir symbiote. À partir de ce pacte se créera un nouveau vivant. C'est exactement la même logique qu'avec le vaccin. Tu prends un parasite, tu l'inocules, et tu crées un nouvel organisme. Hermès est un inventeur parce que c'est le message qui fait bifurquer l'histoire. Mais le Parasite peut aussi être un inventeur parce qu'il crée un nouveau vivant. Au fond, Hermès, les anges et le Parasite sont déjà des opérateurs d'invention, des opérateurs de nouveauté. Il suffit de se plonger dans une pièce de théâtre classique, une tragédie ou une comédie, pour découvrir que le coup de théâtre arrive toujours via le messager. C'est lui qui fait bifurquer l'histoire.

On retrouve la figure du Parasite dans votre texte sur Les Bijoux de la Castafiore ?

C'est à la suite de la parution de ce texte que j'ai rencontré Hergé et noué avec lui une amitié longue. C'est aussi ce texte qui m'a valu d'être définitivement rejeté par mes pairs de l'Université – vous pensez bien, accorder une importance philosophique à une BD, c'était inimaginable pour eux ! Et pourtant je persiste et signe : *Les Bijoux de la Castafiore* constituent selon moi un véritable traité de communication. Très intelligemment, Hergé met au jour dans cet album les fondements de l'échange… par le biais de ses ratés. De l'escalier au téléphone en passant par la télévision, aucune des techniques, aucun des moyens de nouer un rapport avec autrui ne fonctionne plus. L'escalier par où tous circulent est cassé et jamais réparé, le Capitaine a la jambe dans le plâtre, le téléphone aboutit immanquablement à la boucherie *Sanzot* quand on cherche le marbrier Boulu, etc. Le perroquet, prosopopée du langage, est un des personnages principaux de l'intrigue. Quant à la Castafiore, qui est au sommet de la chaîne de communication, elle parle à tous et n'écoute rien. Ce qui fait la puissance comique de l'album, c'est que tous les échanges sont tronqués, manqués, mal interceptés. Mais, derrière l'humour, il y a en réalité une compréhension très profonde de ce qui rend possible et impossible la communication.

Le château de Moulinsart est en effet envahi par le bruit. On ne sait plus qui parle, qui écoute, qui répond…

Le château est envahi par des bruits de gammes et de vocalises ; le Capitaine répond au téléphone où l'on demande la boucherie *Sanzot* mais s'adresse en fait au perroquet Coco – « Allô-ô-ô-ô j'écoute ! » – en le traitant de vieille perruche ; la demanderesse prend l'insulte pour elle, se dispute avec le Capitaine qui se fait mordre par le perroquet… Bilan : erreur à l'émission, faux dialogue, quiproquo, blessure à la réception, victoire finale du bruit. La communication est nulle et non avenue. Du brouillage de la télévision à la déformation des noms par la Castafiore, l'album est un véritable traité du parasitage. Parfois, comme quand Wagner enregistre ses gammes pour s'échapper du château, le message couvre l'absence de celui dont il atteste la présence… Quel est le sens de ce brouillage généralisé ? Il est sombre et profond : le sujet de la parole s'est évadé, le langage en miettes défait l'homme. C'est le paradoxe de la société de communication, elle est une société de l'incommunicable. Dans *Les Bijoux de la Castafiore,* les professionnels de l'information et de la communication, journalistes et hommes de télévision, envahissent l'espace, mais du maximum de communication possible résulte en fait un minimum. C'est le visage sublime de la communication ratée, le visage absurde de la communication : tout est parasité.

Est-ce qu'il vous arrivait souvent de prendre des « terrains » d'analyse de la communication qui sortaient du champ classique de la philosophie, comme la Castafiore ?

Ah ! j'aimais beaucoup cela ! Un jour, Canguilhem, à l'époque où il était mon patron de thèse, me dit : « Vous pourriez faire une conférence sur votre travail ? » C'était à la Sorbonne, dans le grand amphi. « Oui. – Sur quel sujet en particulier ? me demande-t-il. – Je verrai. » Et j'ai choisi comme sujet... les échangeurs d'autoroutes. Vous auriez vu leur tête ! Mais en réalité, pour penser Hermès, c'est un formidable sujet.

Est-ce qu'ils ont apprécié, à la fin ?

Oh, non, pas du tout ! Bien sûr que non, ce n'était pas un objet philosophique, voyons ! Alors que c'est un vrai sujet. On venait de les construire, ces échangeurs d'autoroutes. C'était juste un exemple contemporain, que j'avais choisi comme j'avais utilisé la demoiselle du téléphone pour comprendre la monadologie de Leibniz.

C'est quoi, un échangeur d'autoroutes ?

C'est un nœud sans intersection qui reçoit et redistribue, trie sans mélanger et simule la totalité du réseau. On peut l'emprunter dans n'importe quel sens sans jamais rencontrer aucune des autres directions. C'est à la fois un point courant sur une ligne unique, un point d'inflexion, un point de rebroussement et de retour. C'est un nœud de circulation, une ganse, une boucle, un objet essentiel pour qui veut penser la communication.

Comment cette idée que les communications supplantent la production, qui apparaît aujourd'hui comme une de vos grandes anticipations, a-t-elle été accueillie à l'époque ?

Louis Althusser, qui régnait alors encore sur l'École normale et sur le monde intellectuel, était furieux. Il m'a foudroyé, a prétendu que j'étais devenu fasciste : « Michel, tu es devenu n'importe quoi ! À quoi cela correspond en politique ? » Cela ne correspondait évidemment à aucun cadre de l'époque, ni d'aujourd'hui d'ailleurs.

*Dans le premier volume d'*Hermès*, publié en 1969, l'idée qu'Hermès prenait la relève de Prométhée n'était pourtant pas formulée très explicitement.*

Je n'ai pas osé dire la chose frontalement dans l'Introduction : « Voilà, messieurs, Prométhée, c'est fini. Maintenant, la société va entrer dans l'ère d'Hermès. » Si je l'avais annoncé comme cela, je n'aurais pas été publié. Le climat d'intimidation général a fait que j'ai usé d'une expression un peu ésotérique pour formuler une thèse qui rompait avec l'idéologie ambiante. Il fallait d'abord procéder à un travail souterrain de sape. Quand j'ai apporté le manuscrit à Jérôme Lindon, qui dirigeait les éditions de

Minuit, il a été un peu désemparé. Il m'a dit : « Ni cul, ni Marx, ni langue, pauvre Serres ! » Les trois grandes autorités de l'époque – la psychanalyse, le marxisme, la linguistique – étaient absentes. C'était tout dire.

Vous procédez là au relevé d'une série de percées dans les savoirs, mais également dans la littérature ou la musique, qui poussent toutes à comprendre que le modèle dialectique hérité de Hegel ne permet plus de comprendre l'histoire présente. Et qu'il faut donc un nouveau modèle, celui du réseau, pour analyser ce qui se passe…

Le modèle dialectique hégéliano-marxiste m'apparaissait en effet comme une brouette à côté de ce qui était en train de surgir et qui n'était rien d'autre que l'informatique et l'ordinateur.

Qu'est-ce qui vous a permis de saisir, dès la fin des années 1960, cette révolution dont nous commençons à peine à prendre la mesure aujourd'hui ? Quels étaient les indices qui vous ont permis de l'anticiper ? Et où êtes-vous allé les chercher ?

J'ai envie de répondre loyalement, vraiment loyalement. Parmi les clients de mon père, je vous l'ai dit, il y avait les « blancs » qui travaillaient avec le ciment, et les « noirs » qui travaillaient avec le goudron. Toute mon enfance a été guidée par ce type de distinction. Or, dans les années 1960, c'est précisément une distinction de ce type qui s'est mise à bouger : le centre de gravité de l'économie a basculé des « cols bleus » vers les « cols blancs ». J'ai été le contemporain, entre 1945 et 1970, de deux phénomènes fondamentaux : une classe ouvrière qui a fondu comme neige au soleil et des gains de productivité quasiment verticaux. Le maçon auquel on livrait du sable après-guerre finissait la maçonnerie d'une maison en un seul jour. Une maison par jour ! Cent maisons dans la semaine ! Ce qui par rapport à mon expérience de la maçonnerie pendant ou avant la guerre était absolument miraculeux. Il y avait l'arrivée du béton et des « banches » (les coffrages à béton), l'arrivée des machines pour creuser la terre, etc., alors qu'autrefois on faisait tout à la main. Je ne sais pas si vous savez ce qu'est un « barber-green » : c'est une machine qui « chie » la route – elle est peinte en vert. On y met du goudron et des gravillons, ça va tout doucement et la route se fait derrière. Moi, je me souvenais des routes qu'on faisait à la main, avec la pelle et la pioche, et où on avançait de trois mètres par jour. Là, ils faisaient dix kilomètres par jour avec trois ouvriers pour accompagner le barber-green. Une maison par jour et dix kilomètres de route par jour ! Je me rappelle avoir rencontré des ingénieurs : tous avaient le sentiment que les questions de production étaient réglées et que la question centrale était dorénavant de savoir comment communiquer et comment vendre. C'est d'ailleurs une des raisons pour lesquelles je n'ai jamais été communiste quand tout le monde ou presque l'était à l'École normale : non seulement les communistes disaient des absurdités sur la science, mais, en plus, ils ignoraient complètement ce qui se passait dans le monde du travail, ils ne voyaient pas comment on construisait une route ou une maison. Voilà pourquoi je suis passé du côté d'Hermès : parce que dès le plus jeune âge je n'ai plus cru à Prométhée.

Pourtant, dans les années 1955, le parti communiste est encore le premier parti de France…

Il y a, dans les sociétés, ce que je pourrais appeler une sorte de « principe d'inertie » ; tandis que la réalité socio-économique et technique avance, les partis politiques sont retenus par l'inertie ou la pesanteur du passé. Cela se voit aujourd'hui de façon encore plus dramatique. C'était déjà vrai à l'époque : le parti communiste restait dominant alors que son discours était totalement déphasé par rapport à la réalité. À l'École normale, je n'osais pas dire ce que je savais du travail. Cela ne comptait pas de toute façon, puisqu'il n'y avait pas beaucoup de fils du peuple autour de moi…

*Paradoxalement, cette révolution que vous anticipez, vous proposez de la penser avec les outils de la raison classique. Vous dites, dans l'exergue d'*Hermès I *: « À revenir sur terre ou plonger dans le courant du sens, communiquer, c'est voyager, traduire, échanger, passer au site de l'Autre, assumer sa parole comme subversion, moins subversive que transverse, faire commerce réciproque d'objets gagés. Voici Hermès, dieu des chemins et carrefours, des messages, des marchands. Nous n'avons pas quitté l'universel de la raison classique. » Et c'est avec le très classique Leibniz que vous proposez de penser le nouveau monde des réseaux.*

La raison est à la fois contingente et nécessaire. Contingente, parce que je suis tombé sur Leibniz un peu par hasard pour ma thèse. Nécessaire, parce que Leibniz est celui qui permet de penser ces changements. Au départ, je voulais faire une thèse sur la révolution dans les mathématiques contemporaines, les mathématiques dites

« modernes ». Cette révolution avait eu lieu sous mes yeux à l'École normale. Il s'agissait de mettre la structure au centre des mathématiques. Si vous vous intéressiez, par exemple, aux polyèdres réguliers, vous preniez conscience que les questions importantes portent sur les groupes de symétrie de ces solides – par exemple, le groupe des transformations qui laisse un cube invariant –, donc sur leur structure. Moi, je voulais essayer de comprendre les implications de cette révolution avec l'appui de la philosophie. Chemin faisant j'ai découvert que Leibniz avait anticipé en partie certains raisonnements des mathématiques modernes. Je l'ai donc lu pour la préface de ma thèse dans l'idée de dire : voilà, il y a un philosophe du XVIIe siècle qui avait plus ou moins prévu ce type de raisonnement. Or la préface m'a pris huit cents pages ! Elle a remplacé ma thèse. C'est en me plongeant à cette occasion dans Leibniz que j'ai découvert qu'il avait également forgé les outils qui permettent de penser la communication. C'est d'ailleurs lui qui utilise le premier l'expression de « communication philosophique ».

On a du mal à imaginer que sa monadologie, qui met aux prises des individus « sans portes ni fenêtres », permette d'analyser la communication au sens moderne…

Tout au contraire, la solution de Leibniz est géniale et précieuse. C'est en radicalisant le problème qu'il a trouvé le chemin de la solution. Comme les monades ne peuvent jamais communiquer entre elles, elles doivent passer par un tiers qui assure la transmission. Chez Leibniz, ce tiers, c'est Dieu. Mais cela peut tout aussi bien être la demoiselle du téléphone… Chez Leibniz, la demoiselle, c'est Dieu ! Il ne raisonne pas en bigot, mais en mathématicien : dès lors que l'on est plus de trois, il est plus économique d'en passer par un tiers qui répercute l'information que de nouer une relation individuelle avec chacun. Entre deux personnes, il n'y a qu'un chemin possible. Entre quatre personnes, il y a déjà six chemins possibles. À mesure que le nombre d'acteurs augmente, les diagonales se multiplient. Pour n personnes, il y a $\frac{n(n-1)}{2}$ chemins. En passant par Dieu, on simplifie tout. Pour n personnes, il y a n chemins. Une communication directe entre une infinité de monades aboutirait nécessairement à une infinité de relations possibles ; si chaque monade est reliée à Dieu, qui transmet à toutes la même information, le nombre de relations à établir est nettement moindre… On est dans une logique d'efficacité, de calcul de l'optimum. Chez Leibniz, « meilleur » signifie toujours « optimal » au sens mathématique ou économique du terme, et non « parfait » au sens moral.

Mais en l'absence d'un grand tiers, comme Dieu, de quelle utilité est la théorie de Leibniz ?

En fait, Leibniz pose l'alternative décisive : soit la communication fonctionne grâce à un pôle comme Dieu qui relie tous les points, soit il faut inventer un réseau qui assure la fonction de Dieu en son absence. C'est le prodige de la technologie moderne d'avoir inventé un tel modèle avec le téléphone, les ordinateurs, puis l'Internet. Internet, c'est une monadologie sans Dieu ! Tous les internautes sont des monades sur un pied d'égalité, à la fois autonomes et connectées, qui surfent sur le même univers, la Toile, et ainsi le reflètent.

Un jour, alors que je travaillais encore sur ma thèse, j'avais été invité par un camarade qui sortait de Polytechnique et qui était rentré à France Télécom. Il m'a invité à visiter les labos et en sortant il m'a demandé : « Qu'est-ce que tu en penses ? – Oh, on est en plein XVIIe siècle ! » Il a été très vexé ! C'était pourtant tout à fait exact : le monde de la communication est un monde leibnizien. C'est précisément cela que je voulais dire dans l'exergue d'*Hermès* que vous citiez. « L'universel de la raison classique », il est là, maintenant, ça y est ! Cette raison classique, telle que Leibniz l'a pensée, on a trouvé le moyen de…

… la matérialiser.

Exactement ! Toute ma thèse sur Leibniz était fondée sur l'idée de réseau. Elle est elle-même construite sur le modèle des réseaux : le dessin, les points d'intersection, les fils… Lorsque, par la suite, j'ai été confronté à des réseaux réels, comme ceux des télécommunications, je ne pouvais pas m'empêcher de penser : « C'est le XVIIe siècle ! »

C'est surprenant de prendre le chemin de la « raison classique » au moment où vos contemporains – Heidegger, Sartre, Merleau-Ponty – cherchent à rompre avec la métaphysique au nom de l'expérience vécue ou de l'existence.

Cela me faisait rire, cette prétention de revenir aux « choses mêmes », de procéder à la « phénoménologie de la perception ». Le corps de Merleau-Ponty ne quitte pas sa table de travail ! S'appuyer sur une table, c'est tout ce qu'il sait faire, ce corps ! Il est d'une abstraction gigantesque ! Et sa perception se réduit à celle d'un arbre qu'il voit par la fenêtre d'un appartement du Ve arrondissement de Paris.

Ou de la montagne Sainte-Victoire, de temps en temps...

Oui, peut-être. La seule chose qu'ait rencontrée Sartre dans sa vie, c'est une racine sur laquelle il a vomi : ça fait peu de chose ! Je n'étais pas du tout attiré par ces descriptions-là. C'était un retour aux choses sans choses, un retour au corps sans corps. Cela me faisait l'impression de jeunes étudiants un peu turbulents qui voulaient chahuter le professeur...

L'une des autres théories en vogue, à l'époque, était le structuralisme, qui prétendait également penser de manière neuve la communication, non pas à partir du concept de réseau, mais à partir de l'idée de structure : des structures inconscientes censées régir l'échange des mots, des biens et des femmes dans les différentes formes de sociétés. Avez-vous été influencé par Lévi-Strauss ?

Je ne l'avais pas lu au moment d'écrire *Hermès*. J'étais tellement préoccupé par les questions algébriques, à cette époque-là, que j'étais convaincu que la véritable révolution concernant les structures, c'était l'algèbre. Le structuralisme pour moi était mathématique. Mais ce que les gens appelaient « structure » dans les sciences humaines, c'était, au sens classique, des « constructions ». En revanche, j'avais lu et trouvé plus intéressant Dumézil.

Qu'est-ce qui vous avait intéressé chez lui ?

Le comparatisme. Par exemple, il prend le forum de Rome, et il y distingue un temple rond et un temple carré. Dans le temple rond, il y a un feu perpétuel ; dans le temple carré, il y a le feu du sacrifice, etc. Et puis, au fond, il y a quelque chose qui n'est pas un temple et où, dès qu'on fait un feu, on l'éteint. Et Dumézil passe au rituel védique, et, dans le rituel védique, il se trouve qu'il y a des bûchers ronds, des bûchers carrés, etc. De sorte que des structures communes se dégagent. Qu'est-ce que ça veut dire, le rectangle ? Qu'est-ce que ça veut dire, le stable, l'instable, le continu et le discontinu ? Ce type de réflexion m'est apparu beaucoup plus puissant que le structuralisme de Lévi-Strauss. Cela ressemblait beaucoup plus à ce qu'on appelait une « structure » en algèbre. Et puis avec Dumézil j'avais l'impression qu'on pouvait contrôler les textes qu'il manipulait. Le latin, le grec, les racines védiques, ce sont des sources écrites auxquelles on peut confronter ce qu'il en dit. Tandis que, lorsque les ethnologues parlent des mythes des Nambikwara ou des Bororo, il n'y a aucun moyen de contrôler la pertinence de leurs analyses..

*Le grand mot de l'époque, c'est aussi celui de la « dialectique », au sens de Hegel et de Marx, une dialectique qui est censée rendre compte du devenir historique en le rapportant à une lutte à mort entre le maître et l'esclave, qui doit se résoudre dans une société sans classes. Or, dès les premières pages d'*Hermès*, vous prenez un malin plaisir à formaliser de manière presque géométrique cette dialectique pour montrer qu'elle est en réalité très « pauvre » :*

« L'argument dialectique est ce cas pauvre et singulièrement restreint d'une lutte continuée selon une direction constante, quoique brisée entre deux points uniques et équidistants, c'est-à-dire entre deux éléments séparés par une distance donnée et constante selon une direction privilégiée, entrant en conflit ouvert au moment déterminé où l'un d'eux parvient à l'équipuissance par l'intermédiaire du travail et de la culture (ce qui montre curieusement qu'il ne voit pas dans le jeu de l'autre), ce conflit se terminant par la prise de position d'un point privilégié (ce qui est une impasse, ce qui brise la séquence linéaire) occupé par le prédécesseur, vaincu. » À ce schéma, vous opposez celui, beaucoup plus riche, du réseau, où il est possible de multiplier les combattants, de différencier les forces, de varier à l'infini les ruses. N'était-ce pas une remise en question, certes subtile et ironique, mais frontale du schéma idéologique dominant ?

On ne peut pas s'opposer à la dialectique en disant simplement : « Je m'oppose absolument à ce qu'a dit Hegel, etc. » En faisant cela, on resterait soi-même enfermé dans le schéma dialectique que l'on met en question. Et, par conséquent, on se contredirait soi-même !

Je n'ai jamais eu envie, dans toute ma vie intellectuelle, de faire de la polémique. Jamais. C'est une décision que j'ai prise dès le départ. Par souci d'économie d'abord. Quand on a le projet de passer partout, on n'a pas le temps de polémiquer. Cela prend un temps fou et une énergie considérable de se confronter à des adversaires, d'autant plus s'ils vous paraissent sans intérêt. Il vaut mieux inventer tout dc suite. Ensuite, je suis convaincu sur le fond que le débat, le conflit d'arguments n'a jamais été productif dans l'histoire. Je le pense très profondément. Le débat n'a jamais fait avancer le schmilblick nulle part, jamais. Dans l'histoire des sciences, par exemple, cela n'a jamais rien donné. L'inventeur est celui qui sort des sentiers battus et pose d'un coup une proposition qui n'a rien à voir avec ce dont tous les autres discutent. C'est Semmelweis, l'obstétricien austro-hongrois du début du XIXe qui introduisit les fondements de l'hygiène dans la pratique médicale en demandant tout simplement à ses étudiants de se laver les mains après avoir découpé les cadavres et avant d'accoucher les mères, et qui, grâce à cela, sauva les femmes de la fièvre puerpérale. Sur le coup, personne n'y croit, tout le monde le critique et il meurt fou à l'asile. Mais c'est lui qui invente l'hygiène médicale. C'est Évariste Galois, le tout jeune mathématicien français à qui l'on doit la théorie des groupes et qui meurt à vingt et un ans en duel. C'est Alfred Wegener, le climatologue allemand, qui invente la tectonique des plaques et meurt gelé dans le Groenland. Autre exemple : Pasteur et Pouchet se battent sur les microbes. Qui a raison ? Pasteur. Ah bon ? Je croyais que c'était Pouchet qui se posait la question de savoir d'où venait la vie à partir de la matière. Et quel est le grand problème aujourd'hui de la biologie, sinon celui de Pouchet ? Alors, je veux bien que Pasteur ait gagné, mais Pouchet aussi a gagné. À quoi cela leur a-t-il servi de se battre ? Ils ne traitaient pas du même problème, en réalité. Le premier cherchait à découvrir ce qu'était un microbe, c'est-à-dire l'organisme monocellulaire. Et le second cherchait à savoir d'où venait la vie. Mais pourquoi vous vous battez ? Vous n'êtes pas sur le même terrain.

Même si, a posteriori, cela semble vide de sens ou inutile, n'est-il pas nécessaire, sur le moment, de passer par une exposition contradictoire des théories, par des disputes et des confrontations entre les chercheurs ?

Cela n'a en réalité aucun intérêt inventif. C'est la vulgate de dire le contraire. Mais moi, je ne crois pas que ce soit vrai. Je me rappelle avoir dit à l'École normale, à cette époque-là : « Je vous donne la moitié de mon salaire si vous me trouvez un exemple dans l'histoire où la dialectique a inventé quelque chose. Donnez-moi un exemple significatif et démonstratif au cours duquel, à partir de la dialectique, quelque chose est apparu. » Le résultat, c'est que j'ai été rejeté de l'École normale, mais que l'exemple n'est jamais arrivé…

Est-ce que vous diriez la même chose de la vie politique de nos sociétés, qui sont en réalité organisées autour du conflit ? N'est-ce pas ce qui est au cœur de la vie démocratique ?

Tout est organisé autour du conflit, c'est certain ! Cela suscite des passions, mais cela se réduit à du spectacle, sans jamais résoudre aucune question.

Oui, pour le mettre en scène, le structurer, le commenter…

En réalité, cela relève du religieux. C'est un rituel dont on a besoin pour cimenter la société. Cela permet aux acteurs d'être ensemble au travers même de leur désaccord. Mais cela n'a jamais rien produit. Ce qui se produit de nouveau passe par des canaux autrement plus complexes, inattendus, aléatoires, extérieurs aux questions posées. Je le répète, je ne connais pas un grand inventeur qui ait inventé quelque chose de nouveau grâce à une confrontation avec d'autres.

Et en philosophie ? Prenons le personnage de Socrate tel qu'il apparaît dans les dialogues de Platon. Tous les dialogues platoniciens ne sont-ils pas constitués autour d'une dispute, mise en scène par Platon, sur la définition d'un concept : la justice, le courage, l'amour… ?

De mon point de vue, il s'agit d'une théâtralisation de la découverte.

D'une théâtralisation a posteriori ?

Oui. Cette théâtralisation insuffle une passion dans le dialogue. Qui est en effet très vivant et très intéressant. Mais je ne crois pas que le théorème du Ménon sur la duplication du carré ait été inventé lors d'une discussion avec le petit esclave, comme essaie de nous le faire croire Platon dans le dialogue du même nom.

Revenons à Hermès, si vous voulez bien. Pour penser la communication, vous ne mobilisez pas seulement Leibniz, mais également la théorie de l'information telle qu'elle émerge alors dans les travaux de l'ingénieur américain Claude Shannon (1916-2001) et du physicien français Léon Brillouin (1889-1969). De quoi s'agit-il ?

Alors que j'essayais de formaliser l'idée de réseau avec Leibniz, je me suis mis à réfléchir à ce qui circule dans le réseau. Et c'est dans cette optique que je me suis intéressé aux travaux en physique de l'information de Shannon et de Brillouin, dont j'ai été un des premiers à parler en France. Qu'est-ce qui passe dans le canal de communication ? Du bruit.

Du bruit ? C'est quoi, le bruit en physique ?

Imaginons que vous téléphoniez à votre petite amie. Est-ce que vous n'entendez pas, quand aucun d'entre vous ne parle, une sorte de grésillement sur la ligne ?

En effet, mais cela arrivait surtout avant le téléphone portable.

Eh bien, c'est le mouvement thermodynamique des atomes que vous entendez. On appelle cela en physique le « bruit blanc ». C'est un chaos, un bruit hasardeux, aléatoire, atomique. C'est le bruit de fond des choses et du monde. Dans ses *Phythoprakta*, Xenakis cherche à le faire entendre.

Qu'on entend dans le téléphone ?

On l'entendait. Maintenant, comme c'est numérisé, on ne l'entend plus. C'est un genre de bruit de mer. Et j'interprétais le dialogue interhumain à partir de cette donnée-là. Le dialogue entre deux individus – prenons Michel et Martin, qui discutent en s'opposant sur un sujet –, c'est en réalité l'alliance de Michel et de Martin contre le bruit. Par le détour de la physique du bruit, la communication apparaît comme une association de deux opposés contre un monstre extérieur qui est le bruit.

C'est ce que vous appelez aussi le Parasite ?

En effet. D'ailleurs, ce qu'on disait pour dire « bruit » avant qu'on ait une théorie physique sur le bruit, c'était : « Il y a des parasites sur la ligne. » On a continué à le dire dans les langues latines et on s'est arrêté de le dire en anglais – avant ils disaient *parasite*, aujourd'hui ils disent *noise* – mais c'est exactement la même idée. Elle permet de renverser le point de vue sur la discussion, qui n'apparaît plus comme une opposition entre deux termes, mais comme une alliance des deux premiers termes contre un troisième terme. On retrouve là mon approche des dialogues de Platon. Aussi opposés soient-ils, il faut qu'il y ait entre Socrate et son interlocuteur un accord sur la langue, un accord sur la signification des mots, un accord sur la syntaxe – ces accords conditionnent la réussite du dialogue. Et quel est l'opposé contre lequel ils se battent ? Tout ce qui boucherait le canal entre eux. Et, à certains égards, dans les dialogues de Platon, souvent, certains personnages jouent le rôle du bruit. Dans *La République* par exemple, Calliclès se met en colère à un moment donné, ce qui oblige les autres intervenants à s'allier contre lui... Mais on peut aller encore plus loin et faire apparaître à partir de là la singularité du langage mathématique, qui est un langage sans bruit justement.

Un langage sans bruit ?

Prenons une proposition du langage ordinaire : « Je t'aime », par exemple. C'est une proposition apparemment évidente pour tout un chacun. En réalité, il y a mille pour un que la personne à qui je dis : « Je t'aime » ne comprenne pas vraiment ce que je veux dire par là. Tous les ennuis entre les hommes et les femmes ne viennent-ils pas du fait qu'ils ne comprennent pas de la même manière cette proposition ? Mais si je dis maintenant : « La somme des angles du triangle est égale à deux angles droits », dès lors qu'on comprend la proposition, il n'y a pas de bruit. Le langage mathématique est simple mais difficile alors que le langage ordinaire est complexe mais facile. La facilité et la complexité jouent ensemble. Il est facile de dire : « Je t'aime », mais c'est d'une complexité folle. Il est extrêmement difficile de comprendre les mathématiques, mais c'est d'une simplicité absolue. Pourquoi ? Parce qu'il n'y a pas de bruit.

Le bruit, c'est l'ambivalence, l'ambiguïté ?

Le bruit, c'est l'ensemble des forces qui empêchent la communication et contre lesquelles les communicants sont obligés de se lier l'un à l'autre, quoi qu'ils en disent. Quand je suis rentré dans la problématique de la communication, j'ai été forcé d'identifier les techniques de la communication, les formes de la communication et les oppositions à la communication. Et la première de ces oppositions, c'est le bruit, au sens technique du terme. Mon livre qui a pour titre *Genèse* s'intitulait *Noise*, à l'origine. L'éditeur m'a obligé à changer. J'en suis encore blessé.

C'est un pas de côté que l'on retrouvera régulièrement dans votre œuvre : faire surgir ce qui nous lie derrière ce qui nous oppose. Par exemple, sur l'écologie, sur laquelle nous aurons l'occasion de revenir, vous dites que nous sommes embarqués sur un bateau qui coule et qu'il n'est donc plus temps de se disputer entre nous, qu'il faut s'allier pour lutter contre la voie d'eau. Cela pourrait laisser penser que vous refusez le conflit ou la dialectique. Que vous êtes un penseur peut-être pas antipolitique mais apolitique…

Non, non, pas du tout. Je dis simplement les choses comme elles sont, sans souci d'organiser un spectacle.

Vous tentez plutôt d'inverser notre rapport au conflit : nous ne sommes pas en inimitié, nous sommes liés par le conflit. Et, si nous l'ignorons, cette ignorance même est peut-être ce qui nous lie le plus fortement.

Quel est l'ennemi ? Dans le dialogue, quel est mon véritable ennemi ? Évidemment, à première vue, c'est celui qui n'est pas d'accord avec moi. Mais rien n'est moins sûr. Il y a à Rhodes un extraordinaire vase du Ve siècle où l'on voit, vers le col, deux personnages en train de discuter comme nous en ce moment. Et, en dessous, il y a deux monstres gigantesques qui se crient dessus. Les deux du dessus croient qu'ils ne sont pas d'accord, mais les vrais ennemis sont en dessous. Ce sont eux qui empêchent la discussion. On retrouve la même configuration dans la traduction. Si je rencontre quelqu'un qui parle coréen, j'ai besoin d'un traducteur. Quel est son boulot ? C'est lui qui se bat contre la difficulté que nous avons, mon interlocuteur et moi. Il va pacifier notre rapport, il va traduire le coréen en français et réciproquement. C'est lui qui va se battre contre le bruit. C'est notre allié. Il faut donc avoir les conditions de la bataille en tête. Or elles sont dix fois plus positives que négatives. Il faut un accord préalable sur la langue mais, là, mon interlocuteur est coréen, donc on n'a pas d'accord sur la langue ; il nous faut alors un traducteur qui peut être un traître, et ainsi de suite. C'est pour cela que je parle des anges. *Angelos*, cela veut dire « messager », « traducteur ».

Qu'est-ce qu'un ange ? C'est ce qui rend possible le dialogue. Mais le traducteur peut devenir traître et l'ange un démon.

Je ne sais pas si vous avez déjà fait cette expérience, extraordinaire : vous parlez à quelqu'un qui parle une langue qui vous est totalement étrangère, mettons le coréen ; le traducteur est si bon, il va si vite – et il a les mêmes intentions que vous – qu'il disparaît et que vous avez bientôt l'impression de parler directement avec votre interlocuteur. Tout se passe comme si le traducteur disparaissait, comme s'il devenait invisible : c'est un vrai ange. Avec un mauvais traducteur, c'est l'inverse : à mesure qu'il se trompe, il est de plus en plus présent, il se transforme en un véritable démon qui vous empêche de dialoguer. Vous voyez, l'angélologie est une théorie très intéressante, beaucoup plus que la dialectique. Elle dit des choses beaucoup plus vraies et profondes sur le dialogue. Cette dialectique a été inventée par un philosophe, Hegel, qui a intitulé le livre dans lequel il l'invente *Phénoménologie de l'esprit*. C'est-à-dire que c'est du phénomène. La dialectique, c'est de l'apparence, c'est du théâtre. Je le pense vraiment. Toutes les oppositions que nous voyons autour de nous, c'est du théâtre.

Permettez-nous d'opposer un peu de résistance à cette dernière proposition…

Oui, résistez, bien sûr !

Est-ce que vous voulez dire qu'en fin ultime, il n'y a aucun vrai différend entre les hommes ? Que tous les antagonismes ne sont qu'apparents ? Qu'il n'y a que des perturbateurs d'une paix qui est promise aux hommes de bonne volonté ?

Ce n'est pas ce que je veux dire. Je cherche à penser l'affrontement autrement que comme une opposition duelle entre deux adversaires qui se font face. J'essaie de penser le bruit comme ce qui s'interpose entre eux dès lors qu'ils s'opposent. Je ne nie pas les vrais antagonismes. Ni le fait que certains ennemis peuvent vouloir ma mort. Mais cela va dans mon sens : la mort n'invente rien.

Cela existe, mais ce n'est pas fécond. C'est cela votre point de vue. Vous refusez l'idée dialectique que la conflictualité puisse être féconde. Selon vous, le conflit est nécessairement stérile.

Les guerres font des millions de morts, mais pour faire avancer quoi ? Pour Napoléon, aller en Russie a servi à quoi ?

À répandre le Code civil en Russie ?

Cela a servi à faire quarante-cinq mille morts du côté russe et trente-cinq mille du côté français dans la bataille de la Moskova : dix mille morts à l'heure ! Et le résultat, c'est le retour de la Grande Armée sous le commandement du général Hiver et ensuite la Restauration... Pourquoi les millions de morts de la guerre de 14 ? Pour recommencer en 39 ?

Contre le modèle agonistique qui voit dans la lutte un facteur de progrès, vous proposez de penser la confrontation à partir du modèle du jeu. Toujours dans Hermès, *vous écrivez : « Sur un échiquier, on assiste à la lutte de deux réseaux différenciés de différends par compénétration fine de ces deux réseaux Dans l'espace-temps du jeu, il y a transformation de chaque réseau, chacun pour soi, et chacun selon la transformation de l'autre.» Le jeu, d'échecs en particulier, permet de penser une compénétration mutuelle des espaces mentaux de chacun des joueurs…*

En effet. Pour être précis, John Von Neumann (1903-1957), mathématicien américano-hongrois, et Oskar Morgenstern (1902-1977), mathématicien américano-allemand, avaient publié en 1944 *Théorie des jeux et comportement économique.* Et la théorie des jeux était autrement plus intéressante que la dialectique. Elle permettait une vue d'ensemble beaucoup plus riche et complexe de l'interaction entre les mondes de chaque adversaire.

Il y a cette idée très simple et très stimulante que, quand on bouge une pièce, c'est l'ensemble des valeurs qui bouge…

Oui, c'est cela. Toutes les valeurs se redistribuent dès qu'on se déplace. On retrouve cela dans la finance aujourd'hui. On prend des positions sur un échiquier qui bouge à chaque déplacement. On n'est plus dans le modèle «pauvre» du duel, on est dans des situations d'interdépendance.

Êtes-vous joueur ?

Jamais de la vie ! Je n'ai jamais joué de ma vie.

Même aux échecs ?

Non. Mais beaucoup au rugby !

Vos réflexions sont donc purement intellectuelles ?

Ce sont des choses que j'ai analysées, mais très peu pratiquées. Pour être joueur, il faut avoir du temps.

Ne retrouve-t-on pas également cette redistribution permanente des valeurs dans la manière dont votre propre œuvre ne cesse de se recomposer à mesure que vous avancez ?

Tout à fait. C'est ce que j'exprimais précédemment à propos de l'idée d'un hypertexte. Chaque fois que j'ai écrit un livre qui me semblait important, j'ai eu le sentiment qu'il restructurait et remodelait l'ensemble. Chaque livre recompose le puzzle constitué par l'ensemble de ce qui précède. Tout bouge en même temps. C'est un modèle abstrait qui s'applique parfaitement à mes écrits. Par exemple, *La Légende des anges* reprend autrement ce que j'ai pu dire dans *Hermès*. Un livre comme *Habiter* reprend ce que j'ai pu dire dans *Le Parasite*, mais c'est l'espace complet qui évolue en même temps, un peu comme avec un kaléidoscope : chaque fois que vous bougez l'objectif, tout se remet en place avec des couleurs différentes, comme le Système solaire, comme l'atmosphère et le climat, comme une foule, comme un collectif, comme un vol d'étourneaux ou un banc de harengs…

*Nous avons quitté un peu trop tôt votre réflexion sur la dimension physique, et non pas sociale ou intellectuelle de la communication. Tout ce que vous avez écrit dans le deuxième tome d'*Hermès, *intitulé* L'Interférence. *De quoi s'agit-il ?*

La notion d'interférence est une vieille notion, à la fois d'optique et d'acoustique, une notion portant sur les ondes : comment deux ondes qui se rencontrent se superposent et s'additionnent, ou se retranchent. C'est une vieille notion que j'ai reprise parce qu'elle est compréhensible pour tous.

Étymologiquement, *inter* veut dire « entre » et *fero* « porter ». C'est l'idée que les sciences ne sont pas séparées par des frontières rigides, comme les pays ou les nations, mais qu'elles ressemblent plutôt à des océans, dont les frontières sont plus floues, plus liquides – entre l'Atlantique Sud et l'Atlantique Nord, le Pacifique et l'océan Indien, la limite bouge, cela circule. Mais ma référence scientifique principale d'alors, c'est *La Science et la Théorie de l'information* de Léon Brillouin, paru en 1956 en anglais. C'est ce que la physique théorique faisait de mieux à l'époque.

Qu'est-ce que la physique de l'information ?

Premièrement, c'est une théorie de la communication, c'est-à-dire de tout ce qui relève de l'analyse du signal, de la transmission des signaux, du transport de l'information via le télégraphe et le téléphone. En s'inspirant de la thermodynamique et de son concept d'entropie, Brillouin et Shannon ont le génie de découvrir qu'il y a une relation directe entre l'information et l'entropie.

Pouvez-vous préciser ce qu'est l'entropie ?

La thermodynamique est une théorie de la chaleur et des systèmes en équilibre, qui est fondée sur deux grands principes : primo, le principe de conservation de l'énergie – « Rien ne se perd, rien ne se crée, tout se transforme », aurait dit Lavoisier. Secundo, le principe d'irréversibilité des phénomènes dans un système fermé : si vous lâchez une balle elle ne va pas rebondir à hauteur de votre main parce qu'une partie de l'énergie aura été dissipée en frottements avec l'air et le sol. Je prends un autre exemple classique : celui de la combustion de l'essence dans le moteur d'une voiture. La combustion transforme de l'énergie chimique en énergie mécanique (en faisant tourner les roues) et dissipe une partie de l'énergie en chaleur par le pot d'échappement ou via le système de refroidissement. Même en recyclant une partie des déperditions thermiques, il est impossible de tout récupérer : le rendement d'un moteur ne saurait être égal à 100 % ; mettons qu'il soit de 35 % pour une voiture. Cela signifie que tout se dégrade et que ce processus est irréversible : on ne se baigne jamais deux fois dans le même fleuve... Plus profondément, si l'on regarde ce qui se passe au niveau microscopique, un système fermé a tendance à être de plus en plus désordonné. Cette tendance, c'est l'entropie, qui est une quantité globalement croissante et positive. C'est le cas de l'entropie de l'Univers. Mais vous en faites l'expérience tous les jours. Allez voir comment s'emmêlent les fils de votre chaîne hi-fi auxquels vous n'aviez pas touché depuis des mois !

Qu'est-ce que cela donne en théorie de l'information ?

C'est la question que pose Brillouin sous l'influence du célèbre livre d'Erwin Schrödinger *What's Life ?* et de celui du mathématicien Norbert Wiener *Cybernetics or Control and Communication in the Animal and the Machine*. Brillouin publie un article en 1949 dans lequel il note, après Wiener, qu'un peu d'information, c'est finalement le négatif d'une quantité identique d'entropie. Brillouin s'empare de cette équivalence entre information et entropie négative. Il remarque que plus un système est désordonné, moins il est observable et moins on a d'informations sur lui. En revanche, plus il est ordonné, plus on apprend sur lui en l'observant…

L'entropie négative, c'est la néguentropie ?

Exactement. Si l'entropie est une grandeur qui mesure le manque d'informations sur un système, la néguentropie mesure en quelque sorte une injection d'information. Regardez Fabrice à Waterloo. Il est complètement perdu et ne comprend rien à ce qui se passe ; pour le dire d'une façon imagée, l'entropie est maximale. Mais envoyez Fabrice dans un ballon au-dessus du champ de bataille et le voilà qui découvre que Grouchy, c'était Blücher, etc. Donc l'entropie diminue, l'acquisition d'information entraîne une baisse de l'entropie. Corollaire : l'information, dixit Brillouin, est de la néguentropie.

La théorie de l'information de Brillouin ne porte donc pas sur l'information des journaux…

Plutôt le contraire ! Encore qu'il pose une question amusante et profonde en comparant une édition du *New York Times* avec son poids équivalent en papier brouillon et remarque que, selon la physique classique, l'un et l'autre ont la même entropie. Pourtant, pour un lecteur, la quantité d'informations contenues dans l'un n'est pas la même que dans l'autre ! Alors comment tenir compte de cette nouvelle contribution à l'entropie ? Vous voyez que les questions soulevées par Brillouin sont nombreuses et, à ce jour, d'ailleurs, pas toutes tranchées. Mais il faut surtout retenir que la théorie de Shannon et de Brillouin est au carrefour de la thermodynamique issue de la révolution industrielle du XIXe siècle et de la théorie des communications du XXe. Et cela fait un court-circuit extraordinaire ! *Hermès* est au bout de ce mouvement. Il fallait une théorie de l'information pour penser la communication. Voilà comment *Hermès* est né. Hermès, le dieu de la communication, a pris le relais de Prométhée, qui incarnait l'industrie. Mais Prométhée, c'était la thermodynamique justement : il avait volé le feu, c'est-à-dire l'énergie aux dieux. Et par conséquent, tout le XIXe siècle, c'était Prométhée. Et la thermodynamique finissante se terminait en transmission de l'information. Voilà le passage.

À partir de ces travaux qui appartenaient à la physique, vous élaborez une ontologie *de l'information, une pensée générale de l'être du monde comme circulation d'information. Vous en appelez même, dans* Hermès, *à une révolution philosophique qui consisterait à mettre entre parenthèses l'opposition du sujet et de l'objet pour ne plus considérer que la relation d'information entre des « objets » ou des « corps » mis à plat les uns à côté des autres…*

La théorie de l'information nous permet en effet de basculer dans un autre monde, ou du moins d'observer le monde autrement. On cherchera à analyser tout phénomène à partir de quatre opérations de base : émettre de l'information, recevoir de l'information, stocker de l'information, traiter de l'information. Quand je vous parle, par exemple, j'émets de l'information. Quand vous me parlez, je reçois de l'information. Quand je me souviens de ce que vous m'avez dit, je stocke cette information ; mais, à l'intérieur de ma cognition, cette information n'est pas morte, elle vit. Et je peux, grâce à ce que vous m'avez dit, en traitant l'information, découvrir d'autres choses. J'émets, je reçois, je stocke, je traite l'information. La question est de savoir : qui d'autre que nous fait ça ? Ne faut-il pas admettre que le Soleil émet de l'information, que la Lune, que la rivière, etc., le font. Je ne vois pas d'objets qui soient incapables d'effectuer ces quatre opérations. Par exemple, un cachalot émet de l'information, reçoit de l'information, stocke de l'information et la traite. Et c'est vrai d'un oiseau, d'un monocellulaire, c'est vrai aussi de la Terre… Mais c'est aussi vrai d'une ville. Une ville émet de l'information, reçoit de l'information, traite de l'information, stocke de l'information. Qu'est-ce que c'est qu'une ferme agricole ? Qu'est-ce que c'est que ma maison ? Ma maison reçoit de l'information, émet de l'information, stocke de l'information et la traite. Je ne connais pas dans le monde d'objets, moi compris, qui ne soient pas soumis à ces quatre opérations. Par conséquent, la distinction sujet-objet disparaît complètement puisque je ne connais pas d'objets physiques, d'êtres vivants, ni de communautés humaines qui ne soient pas analysables selon ces quatre opérations. C'est un bouleversement total de notre manière de percevoir et de comprendre le monde. Et c'est d'une simplicité absolue.

Cela remet aussi en cause de manière frontale la culture du sujet…

Peut-être, oui. C'est une autre vision du monde, qui n'est pas du tout la vision de la philosophie occidentale depuis le Moyen Âge. C'est au Moyen Âge que nous devons la distinction sujet-objet, *subjectus-objectus*. Mais avant les stoïciens pensaient comme moi. Leibniz n'est pas loin non plus, puisque, pour lui, toutes choses sont « causées et causantes ». Pascal n'est pas très loin de moi non plus. Il y a là une vision du monde, à la fois complètement nouvelle mais aussi très archaïque. Au fond, si le lapin que je vise, quand je suis à la chasse, est comme moi émetteur d'informations, récepteur, etc., c'est mon frère, et ça s'appelle l'« animisme ». Eh bien, pourquoi pas ? Je ne refuse pas cette idée… Parce que, tout d'un coup, cette cognition, cette connaissance, est tellement large qu'elle accueille tous les êtres en elle.

Quand je perçois la chaleur du soleil, je la capte sur ma peau, mais en tant que sujet je suis aussi capable de penser cette information.

Certes.

Est-ce que les choses, elles, traitent vraiment l'information ?

C'est une question de degré, d'intensité. Lorsque je pense que je traite l'information, je la traite vraiment très différemment de la paramécie, minuscule unicellulaire qui utilise ses cils pour se déplacer, ou de la souris ou de la roche. Mais il reste que la paramécie, la souris ou la roche la traitent bel et bien, de façon sommaire, pauvre, en deçà de la perception, mais elles la traitent. Et l'informatique est la science qui nous permet de penser ces interférences. D'ailleurs, son outil, l'ordinateur est le premier outil universel au sens de la théorie de l'information. Un marteau ne me sert qu'à taper, un arc qu'à lancer des flèches, quand l'ordinateur est une machine universelle qui émet de l'information, reçoit de l'information, traite de l'information et stocke de l'information. L'informatique est la première science réelle de la connaissance parce qu'elle mime tous les objets possibles qui obéissent à cette loi-là. Il y a un universel de l'information que nous avons « réalisé » dans la cognition, mais aussi dans la pratique, mais aussi dans la machinerie. C'est une machine universelle.

Dans ce cadre nouveau, vous définissez la pensée comme le fait d'intercepter, justement…

Oui, mais l'opération n'est pas exclusive à *Homo sapiens*. Tous les êtres interceptent de l'information. Le chat est bien obligé d'intercepter de l'information pour attraper sa souris. L'interception de l'information est assez universelle. Nous avons évidemment amené cette fonction à un niveau extrêmement élevé, mais, à leur échelle, tous les êtres interceptent de l'information. Comment recevoir celle-ci, sinon en l'interceptant ?

Vous écrivez : « Il existe quelque chose, et moi qui partage la même détermination, qui la fait exister comme chose expérimentable, la chose est expérimentable parce qu'elle existe comme conservateur et émetteur d'information. » Est-ce que les objets se transmettent de l'information les uns aux autres indépendamment de nous ? Ou est-ce que nous rendons expérimentables les choses entre elles ?

Si nous pouvons connaître les choses, c'est parce que nous sommes de la même nature qu'elles. C'est le premier moment. Ensuite, évidemment, comme il y a différents degrés dans le traitement de l'information, je suis un récepteur plus sophistiqué.

Vous utilisez une formule très sophistiquée à cet égard : « Quand l'épistémologie réflexive devient intrinsèque, le champ transcendantal passe à l'objectif. » Le « champ transcendantal », cela voulait dire, chez Kant, chez Husserl, que les conditions subjectives de possibilité de l'expérience des choses modèlent les choses. Et là…

Elles passent dans le monde. Ce n'est plus nous qui informons le monde avec nos schèmes et nos catégories subjectives, le monde est information.

C'est renversant ! Le cerveau passe dans le réel : c'est Matrix *!*

C'est un nouveau réalisme. Un « retour aux choses mêmes » très différent de celui de Husserl qui utilisait cette formule pour définir la démarche de la phénoménologie. Mais c'est qu'entre Husserl et Brillouin on a appris beaucoup sur les choses. La nouvelle science des choses fait qu'on est bien obligé de faire cette philosophie-là. Mais une précision tout de même : les choses ne sont pas qu'information. Prenez les fleurs, par exemple. Elles portent en elles une constitution « hard », avec de l'énergie qui fait, par exemple, qu'elles peuvent capter de la lumière et la transformer en énergie – c'est toute une machine énergétique – et d'autre part de l'information. Et cette information-là, elle est décisive pour le transfert de l'énergie. C'est parce que précisément, la chlorophylle a telle et telle formule chimique, qui est de l'ordre de l'information, qu'elle peut transformer la lumière en matière.

À partir de cette nouvelle ontologie, vous redéfinissez notre expérience des choses en des termes très intrigants : « Mon expérience est une relation intermittente à ces corps qui entretiennent entre eux une relation fondamentale et continue ; (...) l'expérience est intermittence de leur communication réciproque, interruption et intervention. » C'est comme s'il y avait une sorte de communication permanente entre les choses et que nous intervenions de temps en temps...

Oui. Le monde est un tissu d'interférences et de communications continues, et, quand j'interviens, j'essaie d'intercepter. Alors que les choses communiquent entre elles, j'interviens dans cette communication-là. Transposons : Martin parle coréen et Sven parle allemand, et moi, je suis au milieu, je suis l'interprète. Donc je reçois du coréen et je reçois de l'allemand. La connaissance, c'est cela : la traduction de deux langages. Ils essayaient de communiquer directement, et moi, j'interviens comme intercesseur... Un de mes volumes consacrés à Hermès s'appelle d'ailleurs *La Traduction*. Mais c'est aussi ce que fait un éthologiste qui s'occupe des baleines. Quel est son métier ? Il intercepte des signaux entre les baleines. Que fait Galilée quand il interprète la chute des corps ? Il y a une zone de dialogue entre les corps qui s'appelle l'« attraction », et il intervient pour déchiffrer ce dialogue, le traduire. Toute connaissance est, à un certain point de vue, une sorte d'interférence de notre observation dans ce circuit général d'informations.

Et nous-mêmes, ne sommes-nous pas également un flux permanent d'informations ?

Absolument ! Un réseau perpétuellement bruissant de communications et d'informations. Et cela pose une question, d'ailleurs : étant donné la masse des communications entre les milliards et milliards de cellules qui forment notre corps et notre cerveau, comment se fait-il que nous n'en entendions pas le bruit ? C'est un vrai problème. Comment cela se fait-il que nous n'entendions pas le bruit de notre communication interne ? On tient là le début d'une théorie de la maladie. Peut-être qu'on n'entend le bruit du corps que lorsqu'on est malade.

Ne parle-t-on pas du « silence des organes » ?

Le « silence des organes », c'est en effet la formule du chirurgien René Leriche (1879-1955), spécialiste de la douleur. Quand on n'entend rien, c'est qu'on est en bonne santé. La douleur pourrait être le bruit que fait une communication ratée. Une maladie pourrait être une communication ratée entre les organes. J'ajouterais cependant qu'il y a deux formes de santé : le silence des organes et le bien-être qui fait entendre la musique harmonique du corps

Mais vous allez plus loin encore : à propos de cette communication généralisée entre les choses, vous parlez d'une « écriture ». Vous affirmez en des termes presque contemporains : « Un monde plein de tables de la loi, de styles et de calames, d'objets qui sont les uns pour les autres tables et calames, centres gravants… » Le monde grave-t-il de l'information comme nous en gravons aujourd'hui sur nos disques CD… ?

Qu'est-ce qu'une vague ? C'est une partition musicale qu'écrit le vent sur la mer. Qui écrit ? C'est le vent. Vous dites :

« Est-ce que je suis le seul à écrire ? » Mais non, regardez : le vent écrit. Et vous pouvez voir cela partout : l'eau écrit sur le solide, la vallée du fleuve.

Ainsi, tout serait signe ?

D'une certaine manière, oui. Tout est signe, tout est information. Le fait que le ruissellement de l'eau suive le talweg, c'est une information, c'est une information même rarissime. Donc, les objets écrivent les uns sur les autres. Bien sûr.

Vous écrivez : « Si l'histoire a commencé avec l'écriture, alors il n'y a plus de préhistoire, l'histoire des objets a commencé au matin même du monde. »

Elle a commencé au big bang, bien sûr. Au moment où j'écrivais cela – je m'en souviens très bien, j'étais à Clermont-Ferrand à l'époque –, un collègue spécialiste de cristallographie démontra pour la première fois que les roches volcaniques conservaient le magnétisme de l'époque où elles avaient solidifié. Quand elles passent de l'état chaud à l'état froid, de l'état liquide à l'état solide, elles conservent le magnétisme. Par conséquent, il reste une écriture sur cette table rase. Et il suffit de la lire. Au fond, toute notre science, depuis quelque temps, consiste à lire ce qui est écrit sur les choses. Et je me demande si ce n'est pas l'idée qu'exprimait Galilée quand il disait que le monde était écrit en langue mathématique. On ne savait pas trop ce que cela voulait dire. Maintenant, on le sait parce que le monde a un langage informationnel. La roche a gardé en elle le magnétisme de cette époque-là, celle de la solidification. Donc on peut la dater avec certitude. Tel magnétisme, donc telle époque. Et ainsi de suite. Pour toutes les roches. On le sait maintenant, avec la radioactivité, etc. Toute la théorie des plaques vient de cette lecture-là. Et, finalement, mon idée d'un Grand Récit qui permet de rassembler tous les savoirs (voir chapitre 9) vient de là. C'est parce que toutes les sciences ont réussi, par cette lecture, à dater leurs objets, qu'elles peuvent être rassemblées dans un seul récit qui court des origines à nos jours.

N'était-ce pas un peu la boutade du physicien Georges Charpak selon laquelle les poteries du temps du Christ seraient en surface comme des 45 tours et permettraient peut-être d'entendre ses dernières paroles gravées en elles ?

C'est l'idée des ondelettes. Si l'on avait les techniques nécessaires, on pourrait en effet entendre les dernières paroles du Christ ou les discours de Cicéron. Parce que l'information est encore là. Gravée dans la terre. De la même façon que je peux lire le magnétisme de la roche, je ne vois pas pourquoi je ne pourrais pas lire, ou entendre, les discours de Cicéron. Le problème que je me posais pour ma part, c'était celui de la limite de la communication, de la limite temporelle. On devrait, à un certain moment, s'apercevoir qu'il n'y en a pas : on jette un caillou dans l'océan, il fait des vagues ; jusqu'où vont-elles aller, ces vagues ? Si on regarde infinitésimalement, peut-être jusqu'à l'île de Pâques ?

Est-ce qu'on ne retrouvera pas ultérieurement cette idée d'une archi-écriture dans la génétique ?

Tout à fait. La génétique nous apprend en effet que ce n'est pas seulement le monde, mais la vie qui est une écriture codée, un codage. Du « soft ».

« Nous ne sommes plus des sujets, nous devons nous regarder comme des choses parmi les choses, nous ne sommes plus des introducteurs de l'histoire dans le cours du temps, l'histoire nous a précédés, nous ne sommes plus les introducteurs de la connaissance, la connaissance est partout. » Quand vous écriviez cela, est-ce que vous aviez l'idée de détrôner une forme d'humanisme naïf avec les outils de la science de l'information ?

Peut-être. Mais il y avait surtout là une première formulation de l'idée du Grand Récit : que nous pouvons enfin dater, et ainsi raconter toute l'histoire de l'Univers.

Dans une note de L'Interférence, *vous écrivez que « le milieu technologique substituant lentement la communication à la production, il vient qu'à la notion de travail se substitue sur le même rythme la notion de contrôle ». Est-ce que cela veut dire que le contrôle remplace le travail ? Est-ce une anticipation de l'idée de société de contrôle au sens de Foucault ?*

J'avais l'intuition, à cette époque-là, que le travail allait complètement changer. Et c'est vrai que les cols bleus sont devenus des cols blancs. C'est ça que je voulais dire. Le travail, c'est une force multipliée par un déplacement, donc il faut de l'énergie pour produire cette force, et le déplacement se fait dans un environnement lourd, et donc le travail va être défini en termes de « hard », d'énergie à l'échelle entropique. Ce travail-là, si Prométhée perd la partie, ne va plus structurer la société. C'est le « soft » qui va structurer la société. Mais quel est le sens que va prendre le travail, à ce moment-là ? Travailler va consister à émettre de l'information – ça recommence ! –, à recevoir de l'information, à la traiter surtout. Et une fois qu'on aura traité de l'information, toute la question sera de savoir comment la diriger, comment l'évaluer, comment l'« intercepter », au sens que j'ai donné à ce mot, etc., et j'ai appelé cela le « contrôle ».

C'est la gestion des flux informationnels…

Que font aujourd'hui un postier, un banquier, un informaticien ? Et même un pilote d'avion, d'une certaine manière ? Ils contrôlent des flux d'informations. Quand vous pilotez un avion, ce n'est pas vous qui faites marcher l'avion : le travail est fait par les réacteurs. Mais que fait le pilote ? Il a des flux d'informations sur l'environnement, sur les autres vols, et il contrôle de la manière la plus optimale les flux d'informations qui lui parviennent. Piloter un avion, c'est ça. D'ailleurs, on n'a pas pris assez conscience que le chômage, aujourd'hui, est en partie lié à cette énorme transformation. On s'aperçoit que plus personne ne travaille au sens classique, au sens d'une force multipliée par un déplacement. Qui travaille en ce sens aujourd'hui ? Les ouvriers du bâtiment, quelques mineurs, quelques agriculteurs. Mais la plupart des gens, même les travailleurs manuels, ne font que des contrôles de flux de communications. Je parlais d'un pilote d'avion, mais la même remarque vaut pour un pilote de poids lourd.

Comment cela ?

Je me souviens, quand je conduisais des camions – parce que je n'ai pas le permis voiture, j'ai le permis poids lourd, forcément, étant donné le métier de ma famille –, rien que pour débrayer et changer de vitesse, il fallait être drôlement costaud ! Et, dans les années 1960, c'est devenu un jeu d'enfant, parce qu'il y avait des cerveaux mécaniques partout. On change désormais les vitesses avec le petit doigt, alors qu'avant, pour appuyer sur le frein, il fallait être d'autant plus costaud qu'on voulait s'arrêter vite. Aujourd'hui, le travail au sens « hard » tend à disparaître.

La désindustrialisation dont on parle tant aujourd'hui, c'est l'effet « Hermès », donc ?

La révolution industrielle qui a commencé dans les années 1800, 1780 si vous voulez, est en train de s'achever.

Mais est-ce que le grand « atelier » du monde ne s'est pas déplacé ailleurs qu'en Occident ?

L'atelier se ferme peu à peu. Pour deux raisons au moins : l'épuisement à terme des énergies fossiles et les ravages environnementaux.

Aujourd'hui, en Chine, en Russie, etc., les conditions de travail ressemblent à celles du XIXe siècle en Europe.

Oui, je vous accorde que les conditions de travail dans ces pays sont exécrables. Mais je ne parle pas des conditions de travail, je parle du principe industriel en tant que tel. De l'industrie comme activité humaine. Celle-là est finie, je pense. Les techniques productives ne sont plus le lieu privilégié de l'innovation. On y importe des solutions apparues ailleurs. Et je vois arriver une seconde révolution industrielle fondée sur les SVT (les sciences de la vie et la Terre) et le numérique. C'est là que se situe le lieu électif de l'innovation, dorénavant.

Mais n'a-t-on pas besoin d'un atelier quelque part qui produise les objets manufacturés du monde ?

Il y aura des robots pour cela. Le travail en tant que travail industriel se termine.

Hermès aurait tué Prométhée… Mais a-t-il tué également le savoir ?

La société de communication, je l'ai souvent dit, devient une société pédagogique. Le monopole du savoir, qui était détenu par l'école et l'Université, a été capturé par la télévision, la radio et les médias au sens large. C'est la cause première de la crise de l'enseignement. Petite Poucette va bientôt faire ses études dans des universités complètement renouvelées.

Pour achever cet inquiétant tableau, diriez-vous qu'Hermès a absorbé la politique également ?

Oui, il a pris le pouvoir. La communication a pris le pouvoir. Vous dites « inquiétant » alors qu'il s'agit de l'avènement du doux ! Je dirais plutôt : « joyeux » !

Chapitre 4

LE THANATOCRATE
OU LE POUVOIR DE LA MORT

En mars 1972, à l'occasion de la recension dans la revue Critique *d'un livre de Robin Clarke,* La Course à la mort ou la Technocratie de la guerre, *consacré à la mainmise du complexe militaro-industriel sur la recherche scientifique, vous forgez un nouveau concept qui doit permettre de saisir la forme que prend le pouvoir à l'heure de la bombe atomique : celui de « thanatocratie » – littéralement, le « pouvoir de la mort ». De quoi s'agissait-il ?*

Nous étions en pleine guerre froide et je voulais dire que le pouvoir était désormais entre les mains de fous dangereux capables d'éradiquer toute vie terrestre. Dans cet article, je précisais que cette situation ne tenait pas seulement au fait que tel ou tel pouvait sous le coup d'un accès psychotique momentané enclencher le cataclysme. Non, la situation était la conséquence d'une architecture rationnelle, d'une logique

CARTE D'IDENTITÉ

Nom : le Thanatocrate

Sexe : masculin

Âge : senior

Date d'apparition : 9 août 1945

Surnom : Dr Folamour

Personnages associés : De Harry Truman (qui décida de lancer les deux bombes d'Hiroshima et de Nagasaki) à Kim Jong Il, en passant par Staline, Jules César, etc.

Nationalité : russo-américaine

Date de naissance : la nuit des temps

Profession : chef d'État, stratège ambitieux

Formation : L'art de gouverner et la science politique

Livre : *Hermès III, La traduction* (Minuit, 1974)

Devise : « La mort est ce qui fonde ultimement le pouvoir. »

Nous connaissions jusqu'ici deux types de mort : la mort individuelle et la mort des civilisations. Nous avons découvert une troisième mort possible après Hiroshima : la destruction de la vie sur Terre après un conflit nucléaire. Cette perspective révèle, par sa radicalité, une des dimensions cachées mais fondamentales du pouvoir : le fait qu'il s'autorise en fin ultime de la mort. La thanatocratie, le « pouvoir au nom de la mort », a été l'une des figures les plus structurantes du pouvoir sur l'échelle la plus longue. Appartient-elle au passé ? Avec la réduction des armes stratégiques, la suppression de la peine de mort, mais aussi la délégitimation de l'idée de donner sa vie pour un collectif, nous vivons peut-être, au moins en Occident, le crépuscule de la thanatocratie.

rigoureuse. La fin du monde et de l'espèce humaine était à l'horizon de la politique et de l'histoire. Indépendamment de l'usage réel de la bombe, le simple fait qu'on avait pu imaginer la produire et la préparer suffisait à faire planer une incertitude radicale sur la rationalité des dirigeants politiques et de la logique politique. Les fous dangereux n'étaient plus à redouter : ils étaient déjà au pouvoir ! Ce dont il fallait avoir peur n'était pas la folie d'un seul mais la logique même du système.

Vous mettiez en cause la stratégie de dissuasion nucléaire ?

J'énonçais des faits, rien de plus. Et d'abord que nous avions vécu, que nous vivions toujours et que nous allions vivre pour longtemps encore à la suite de Hitler. Un quart de siècle après la victoire des Alliés, il me semblait que les nazis avaient finalement gagné la guerre, comme on l'avait dit des Grecs dès après leur défaite face aux Romains. La paranoïa hitlérienne avait gagné tous les États, investi toute la politique internationale.

La culture des vaincus s'était transférée dans celle des vainqueurs ?

Tous ces chefs d'État des grandes puissances victorieuses ne se conduisaient pas autrement que Hitler en détournant la science à des fins de mort. Ils préparaient avec rigueur et méthode la fin du monde, l'holocauste ! Sur cette question en tout cas, pas un ne se conduisait différemment de lui. Qu'ils soient français, anglais, américains, russes ou chinois, tous obéissaient à la même logique, au-delà de leurs différences idéologiques ou stratégiques ! Car chacun d'entre eux possédait des missiles intercontinentaux équipés de têtes thermonucléaires et chacun d'entre eux était prêt, le cas échéant, à appuyer sur le bouton. Je ne disais pas : « Il y a des fous dangereux au pouvoir et un seul suffirait à assurer notre destruction », je disais bien : « Il n'y a, au pouvoir, que des fous dangereux. Tous jouent au même jeu, et cachent à l'humanité qu'ils aménagent sa mort. Sans hasard. Scientifiquement. » La science avait fait l'objet d'un rapt pur et simple au nom de la puissance. C'est cela que j'appelais « thanatocratie » : le gouvernement de la mort par le rapt de la science. Et c'est pourquoi j'ai forgé ce nouveau personnage, le Thanatocrate…

Impressionnant néologisme. À quoi ressemble ce personnage politique ?

Le Thanatocrate est un personnage hégélien. En règle générale, je suis très éloigné de la pensée de Hegel. Son idée de la dialectique, notamment, me semble faible et fausse. Cependant, il touche à quelque chose de fondamental lorsqu'il montre à propos de la lutte entre l'esclave et le maître que c'est celui qui a le moins peur de la mort qui domine. Pour Hegel, la mort est au cœur de l'histoire. Et je crois qu'il a raison. Car les thanatocrates, ce sont précisément les maîtres de l'histoire. On peut en faire la liste : Achille, qui a tué tellement de gens que la rivière dans laquelle il jetait les cadavres débordait ; Jules César, qui, durant la campagne de la Gaule, avait exterminé tellement d'adultes qu'il ne restait plus que des vieillards et des enfants ; sans parler d'Alexandre le Grand, de Napoléon, de Hitler ou de Staline… Toute notre histoire a la mort au cœur. Et peut-être que la qualifier de « thanatocrate » est l'accusation la plus forte que je puisse opposer à l'histoire passée.

Qu'est-ce qui distingue le chef d'une puissance nucléaire et un despote sanguinaire ?

Généralement, on définit le pouvoir ou l'État comme l'instance qui détient le « monopole de la violence légitime » selon la formule de Max Weber. C'est donc la légitimité qui est censée faire la différence entre les deux figures du pouvoir que vous opposez. C'est précisément ce que je cherchais à mettre en question. Car la vieille idée de violence légitime venait d'atteindre un maximum invivable.

Votre texte dans Critique *s'intitule « Trahison : la thanatocratie ». Vous y portez le fer contre une science qui n'a pas compris qu'elle courait un risque « mortel » en s'alliant aux thanatocrates…*

J'ai inventé le concept à une époque où les questions de déontologie scientifique n'étaient pas encore de mise. Je me rappelle que pour mes professeurs d'épistémologie, Gaston Bachelard ou Georges Canguilhem, la question ne se posait même pas. Par exemple, Bachelard publie *L'Activité rationaliste de la physique contemporaine* en 1951. Il n'y dit pas un mot des rapports entre science et société. La mécanique quantique conduit tout de même à la bombe atomique mais il n'y a pas la moindre allusion à Hiroshima, ni là ni dans aucun ouvrage qui ait suivi ! Il faut avouer que dans le monde de la philosophie très peu de gens avaient une vraie culture scientifique. En conséquence, il y avait peu d'épistémologues en France, et, parmi ceux-ci, aucun n'avait compris ce qui s'était joué à Hiroshima. Le rapport entre la science et sa déontologie n'était pas explicité.

Vous avez évoqué cette question avec Gaston Bachelard ou même avec Georges Canguilhem, qui avait été votre directeur de thèse ?

À vrai dire, mon intérêt pour les rapports entre science et société marque également le début de mes difficultés avec la philosophie et, au premier chef, avec Canguilhem et Bachelard. Ils n'étaient plus de leur temps. Comment pouvait-on enseigner l'épistémologie de la physique en omettant la déontologie ? Moi, j'affirmais que l'épistémologie, c'était aussi l'éthique. Et je me fondais sur un constat simple : les dizaines ou les centaines de milliers de morts provoquées par l'application directe d'un principe de physique fondamentale.

Au-delà des philosophes, quel accueil a reçu votre article ?

« La thanatocratie » a eu beaucoup d'écho, d'abord parce que, aussi étrange que cela puisse paraître pour un événement déjà vieux d'un quart de siècle, il s'agissait d'un point de vue assez nouveau sur Hiroshima. Ensuite parce qu'on commençait à se rendre compte que les questions éthiques ne concernaient plus seulement la physique, mais également la chimie – chacun avait en tête à ce moment les photos des enfants victimes des rejets de mercure de

Minamata au Japon –, et la biologie pointait déjà son nez avec la question des manipulations génétiques. Autrement dit, lorsque j'ai écrit mon article, il y avait urgence à soulever les problèmes nouveaux d'éthique des sciences.

Les scientifiques partageaient-ils votre inquiétude ?

Il y avait un malaise diffus chez beaucoup de physiciens de ma génération, qui voyaient bien que la physique nucléaire était, côté face, la magnifique exploratrice de la structure de la matière et, côté pile, un cavalier de l'Apocalypse à travers les applications militaires qui en découlaient. C'est probablement l'une des raisons qui ont détourné de jeunes physiciens vers la biochimie. Ils ne se rendaient pas encore compte, les malheureux, que c'était reculer pour mieux sauter et que leur domaine de recherche n'allait pas moins que les autres échapper au questionnement éthique. Mon ami Jacques Monod m'a ainsi confié, peu avant sa mort, à quel point il était fier d'être biochimiste à ses débuts à l'Institut Pasteur : pas de problèmes de conscience, il se sentait infiniment plus léger que ses collègues physiciens ! Et voilà qu'au crépuscule de sa vie, il se rendait compte que, comme pour tous ses collègues biologistes, son tour était venu de sentir peser sur ses épaules le poids terrible des questions éthiques. Mais regardez comme tout cela a évolué : ces questions qui étaient réservées à quelques cénacles sont aujourd'hui monnaie courante pour tout un chacun ! Demandez à un passant ce qu'il pense du nucléaire ou des mères porteuses, il aura une réponse, pas forcément élaborée, mais une réponse tout de même. Tout le monde est devenu épistémologue au sens où je l'entends. Tout le monde a une idée sur la science, sa valeur, sa technicité, ses avantages et ses inconvénients, sa nocivité. Je ne dis pas que cette opinion est forcément motivée, mais simplement qu'elle existe. Le fait mérite d'être souligné. Le statut de la science s'est transformé de façon majeure en trente ans. Il n'y a plus une seule science, sauf l'astronomie peut-être, qui ne pose pas de problèmes moraux. Et encore, même l'astronomie... Pour le meilleur et pour le pire, la science est devenue un fait social total.

Heidegger, au cours de son séminaire de 1952, affirme que « la science ne pense pas » et que c'est à la philosophie de penser les problèmes moraux posés par l'évolution des sciences et des techniques.

N'était-ce pas tout simplement une forme de corporatisme ?

Oui, mais diriez-vous vous-même que la science permet d'élaborer elle-même la pensée de sa pratique ? N'a-t-elle pas aussi besoin de la philosophie pour se réfléchir ?

En sciences, les gens qui inventent, les créateurs, ne peuvent inventer sans avoir une réelle réflexion sur ce qu'ils sont en train de faire. Et, à cet égard, le savant est mieux placé, à mon avis, que le philosophe, qui réfléchit après coup. L'un travaille quand le soleil se couche, l'autre quand le soleil se lève. C'est plus intéressant à l'aurore...

Concernant l'éthique justement, vous accordez une place immense à Hiroshima mais vous parlez peu d'Auschwitz...

Oui, j'en parle peu. Parce qu'il me semble qu'Auschwitz et Hiroshima ne sont pas du même ordre. Hiroshima marque une rupture et retentit encore sur notre histoire.

Et Auschwitz pas ?

Certes, mais Auschwitz n'a pas trait à l'épistémologie au point où Hiroshima y a trait. Auschwitz est une catastrophe anthropologique totale, Hiroshima est une catastrophe épistémologique. Mais, pitié ! Ne m'obligez pas à comparer, c'est-à-dire à énoncer des horreurs. Car tout le mal du monde vient de la comparaison.

Mais, tout de même, il y a cet échec de la culture, de la culture allemande en particulier, qui s'est montrée incapable d'empêcher la Shoah... N'y a-t-il pas là une question « épistémologique » fondamentale ?

C'est un problème majeur que je n'ai jamais su résoudre. Étant donné ce qu'était devenue l'Allemagne depuis la fin des guerres napoléoniennes, avec les meilleurs mathématiciens, les meilleurs physiciens, les meilleurs philosophes, les meilleurs musiciens..., étant donné qu'au début des années 1930 elle était la première nation du monde, culturellement parlant, comment expliquer qu'en un an à peine, entre 1933 et 1934, l'Université allemande soit devenue totalement nazie ? Il y a là quelque chose de parfaitement mystérieux. Cela prouve en tout cas que la culture ne protège pas de la barbarie.

Mais pourquoi donner ce poids immense à Hiroshima et ce poids secondaire à Auschwitz ?

Pitié, encore ! Assez de ces comparaisons ! Si Hiroshima pèse autant, c'est pour deux raisons. Jusqu'à la Seconde Guerre mondiale, on peut grosso modo considérer qu'il y a une confiance aveugle de l'Occident dans les progrès de la science. Cette confiance-là est mise à l'épreuve de façon dramatique le 6 août 1945 puisque la bombe Little Boy concrétise alors la pensée de certains des plus grands savants du monde, en tout cas de ceux qui sont derrière le projet Manhattan, du nom de code du projet de recherche scientifico-militaire américain qui aboutit à la création de la première bombe atomique. Jusque-là, on pouvait considérer que la médecine, la physique ou la biologie relevaient d'une connaissance bonne et seulement bonne. Et c'est d'ailleurs ce que l'on enseignait à l'école et dans les universités. À compter de l'instant où l'on a vu s'élever le champignon atomique, nul ne pouvait plus croire que chaque savant œuvrait pour le bien de l'humanité. Jusque-là, je le répète, la science apparaissait exclusivement comme une corne d'abondance, et le scientisme pouvait passer pour un invariant culturel général. L'onde de choc de l'explosion s'est exercée aussi sur les mentalités et a fait voler en éclats ce fantasme d'une science au service d'un monde toujours meilleur.

D'où le mot de Kenneth Bainbridge, l'un des directeurs du projet Manhattan, lors du premier essai de la bombe A : « Maintenant, nous sommes tous des fils de pute… »

Il était bien placé pour le dire.

Quelle est l'autre raison qui fait d'Hiroshima un événement à part ?

C'est une raison plus subtile. Hiroshima n'implique pas seulement une mise en cause radicale de la science. L'événement équivaut aussi à l'invention d'une troisième mort, à côté des deux types que nous connaissions déjà. La première mort, c'est la vôtre ou la mienne, la mort individuelle. Nous allons mourir, nous ne voulons pas le croire, mais c'est ainsi. La deuxième mort est celle dont parle Paul Valéry lorsqu'il écrit en 1924, au lendemain de la Première Guerre mondiale: « Nous autres, civilisations, savons maintenant que nous sommes mortelles... » Et, en effet, on a vu périr la civilisation égyptienne, la civilisation babylonienne, grecque, romaine, etc. On peut imaginer que des collectivités disparaissent ou se détruisent, comme les sociétés de l'île de Pâques. Donc, première mort: la mort personnelle; deuxième mort: la mort collective.

Et la troisième ?

Je me souviens d'avoir participé à une émission de télévision avec Vladimir Jankélévitch et Eugène Ionesco, qui venaient tous les deux de parler de la mort, et de leur avoir dit: « Il y en a une troisième qui apparaît à l'horizon de Hiroshima, c'est la mort de l'espèce. C'est la mort de l'humanité et de la Terre. Et il s'agit d'une mort, ou plutôt d'un suicide collectif, que la philosophie n'a pas pensée encore. Cela n'empêche pas mille dissertations nouvelles sur le vieux problème de la mort individuelle, bien sûr, mais les vrais problèmes sont autres. Nous n'y pouvons rien : je mourrai, vous mourrez vous aussi. Mais, au-delà de cela, nous serons peut-être responsables de la mort de l'humanité. »

Et comment ont réagi Jankélévitch et Ionesco ?

Ils étaient interloqués : ils n'y avaient jamais pensé. C'était la génération d'avant, celle pour laquelle seules la mort personnelle et la mort collective étaient envisageables. Et encore, de façon limitée pour la mort collective. Mais Hiroshima, c'est l'horizon d'une éradication possible de l'humanité, par notre propre volonté. Voilà une nouveauté historique pleine et entière. À partir de Hiroshima, on peut affirmer que l'humanité tient sa survie entre ses mains. Pour la première fois, nous tenons le monde entre nos mains. Je m'émerveille d'ailleurs encore que la guerre froide se soit passée comme ça, sans accident. Cela reste pour moi de l'ordre du miracle.

Pour réintégrer Auschwitz dans le tableau que vous dressez, est-ce qu'on ne pourrait pas dire, en compliquant un peu le scénario, qu'entre le deuxième et le troisième concept, entre la mort d'un peuple et la mort du genre humain, il y a eu cet événement très singulier, qui est la tentative d'éradication de l'humanité dans un peuple : détruire l'humanité d'un peuple, dénier le droit de ce peuple à faire partie des peuples de la Terre. C'est un événement où les deux exterminations que vous distinguez sont fondues l'une dans l'autre.

Pitié encore pour la comparaison ! Ne croyez pas que je minimise Auschwitz. Pour ma part, je me suis axé sur

Hiroshima parce que j'étais épistémologue, parce que je m'apercevais que, philosophiquement, il y avait là un problème absolument nouveau qu'on n'avait pas du tout intégré en philosophie.

Il y a eu Camus, tout de même avec son fameux éditorial dans Combat *le 8 août 1945 et, en 1961, la correspondance entre le philosophe Günther Anders et Claude Eatherly, le pilote de l'avion de reconnaissance météo présent à Hiroshima.*

Oui, Camus en a parlé. Sartre un peu. Et Günther Anders, bien sûr. Mais pas du point de vue de l'interrogation de la raison. Pas du point de vue de l'analyse du rapport entre science et éthique. Lorsque, au Vᵉ siècle avant Jésus-Christ, Hippocrate commence à faire de l'anatomie, des observations physiologiques et nosocomiales, il constate que le médecin a la vie d'autrui entre ses mains, et il s'aperçoit que cela pose un problème moral considérable : d'où le serment d'Hippocrate. L'idée que j'ai eue à mon tour, c'est qu'il n'y avait plus un seul pan des sciences qui ne soit pas concerné par l'obligation éthique. Et que cette obligation éthique, qui était dans la génération précédente « chose nulle et non avenue », occupait tout le terrain des sciences à compter de Hiroshima. Évidemment, le problème qui se pose immédiatement tient à la difficulté de légiférer éthiquement pour les chercheurs. Si vous légiférez avant la recherche il est trop tôt. Et après la recherche, il est trop tard. C'est ou trop tôt ou trop tard, c'est donc jamais… sans oublier que l'évolution de la science fait elle-même évoluer la morale. Donc il est impossible de légiférer éthiquement sur la recherche scientifique. Voilà pourquoi j'ai proposé, il y a environ vingt ans, un serment pour les scientifiques qui s'engageraient, comme le médecin, sur cette nouvelle responsabilité. C'était une manière de dire que l'on ne peut répondre qu'individuellement à une question insoluble sur le plan collectif.

On peut en tout cas questionner collectivement les conséquences de la recherche scientifique. À ce propos, Hiroshima, est-ce pour vous un crime contre l'humanité ?

Auschwitz a été jugé d'un point de vue juridique et le concept de crime contre l'humanité a été inventé à Nuremberg. Il n'y a pas eu l'équivalent avec Hiroshima alors qu'il est clair que la disparition de l'humanité se profile à l'horizon de la bombe atomique. Cela dit, il y a dans le concept de « crime contre l'humanité », un dispositif latéral qui est l'imprescriptibilité et auquel je suis opposé : la prescription, pour moi, est le fondement du droit. S'il n'y a pas de possibilité d'éteindre une poursuite, alors on ouvre la voie à une vengeance éternelle et il n'y a plus de possibilité d'établir un droit. Et même pas une histoire. À un certain moment, à la fin de la prescription, l'histoire recommence.

Mais, comparativement à Hiroshima, est-ce que le bombardement de Dresde était un crime d'une nature différente, et sur quel plan ?

La Seconde Guerre mondiale est le moment même où l'action de guerre devient un objet de droit. C'est la première fois. On ne peut pas imaginer que la bataille de Crécy ait posé ce problème, ou même la bataille de Verdun, et pourtant elle était horrible.

Qu'est-ce que la guerre ? La guerre est déclarée juridiquement, elle est arrêtée juridiquement, avec un traité d'armistice, un traité de paix, et au milieu il y a le droit des gens. Donc, depuis les fétiaux latins, depuis la guerre de Troie même, la guerre, par définition, est un phénomène de droit. Disons plutôt un phénomène légal : elle se déroule dans un cadre juridique déterminé. C'est la raison pour laquelle la guerre préserve la paix.

C'est une formule très paradoxale !

Laissez-moi le démontrer… Il était une fois deux villes qui se faisaient la guerre : Albe et Rome – Tite-Live le raconte. Comment s'affrontaient-elles ? C'était la guerre de tous contre tous. Tout le monde s'y mettait, les femmes, les enfants, les vieillards, tous. Et puis le dictateur d'Albe et le roi de Rome se disent un jour : « Quand même, c'est fou ce que nous faisons ! On pourrait inventer un combat sans les femmes : on en a besoin pour la reproduction ; sans les enfants : ils sont vraiment trop jeunes ; sans les vieillards : ils ne savent pas tenir l'épée… » Bref, ils décident de ne conserver que les jeunes gens de vingt à trente ans. Et là, qu'inventent-ils, ou que réinventent-ils ? L'armée. L'invention de l'armée est donc un processus pacifique qui permet de ne pas tuer les femmes, les enfants, les vieillards. Mais l'histoire ne s'arrête pas là. Tite-Live raconte comment les deux chefs adversaires finissent par se dire que c'est quand même idiot de trucider les gens de trente ans, qui sont les laboureurs, les forgerons, et tous ceux qui font la richesse d'un peuple, et ils décident alors de désigner chacun trois champions : les Horaces et les Curiaces.

Vous voyez bien là un processus de « soustraction », un processus qui prend son origine dans la guerre de tous contre tous. Les théoriciens de la guerre de tous contre tous comme Hobbes et Rousseau n'ont jamais pensé le problème ainsi. Ils ont cru que c'était le contrat qui venait mettre fin à la guerre, du moins à l'intérieur de la société. Or, en réalité, qu'est-ce que la guerre ? C'est un processus de paix, la soustraction de la guerre de tous contre tous, la limitation à l'armée et, avec les Horaces et les Curiaces, la limitation à trois, puis à deux, à un, à zéro. Admirez le processus de descente. Mais déroulez maintenant le film à l'envers et vous verrez le processus normal de la propagation de la violence qui commence à un, puis se continue à deux, puis à trois, comme dans n'importe quel bistrot : un Belge se bat contre un Français, le copain du Belge vient l'aider, et la mêlée devient générale. Ça, c'est la propagation de la violence. Et l'idée de Tite-Live, c'est d'inverser cette propagation, de soustraire ce qui peut l'être à ce processus de croissance de la violence. On pourrait croire que l'armée est un opérateur de violence, mais non, c'est le contraire : c'est un opérateur de soustraction.

Mais, en admettant qu'un tel processus ait existé, n'a-t-il pas été interrompu par les guerres modernes, qui sont des guerres totales ?

Le processus de soustraction de la violence est un processus juridique et philosophique qui a plus ou moins bien régulé les guerres jusqu'à la Révolution française. Ensuite, il y a eu la conscription qui a fait repartir la croissance de la violence. À partir de là, on a pu tuer de plus en plus. Et, si vous regardez la guerre en termes de nombre de morts, ce dernier ne cesse plus de croître à partir de la Révolution française. C'est avec la Seconde Guerre mondiale qu'intervient une prise de conscience de l'urgence de réintroduire le droit dans cette affaire-là.

Il y aurait eu une deuxième vague de juridisation de la guerre ?

Voilà. La notion de « crime contre l'humanité » est une invention juridique qui marque l'acte II de cet acte I oublié que j'ai remis en lumière dans *La Guerre mondiale*.

Et donc, d'un point de vue juridique, comment jugez-vous Hiroshima ?

Je ne juge pas l'événement d'un point de vue juridique, mais du point de vue de la science. Dans le désert du Nevada, un groupe de scientifiques, les meilleurs de leur temps, associés à des généraux et à une puissance étatique, ont libéré l'énergie de l'atome. Voilà où est la rupture introduite par Hiroshima, au-delà du nombre et de la nature des victimes, pour la plupart civiles.

Cette rupture a-t-elle été à l'origine d'un crime contre l'humanité ?

J'aimerais bien l'affirmer, mais je ne sais pas si j'aurais des arguments juridiques suffisants. C'est ce que, pour ma part, j'ai éprouvé. Et ce que je sais, c'est qu'aujourd'hui toutes nos réactions contre le nucléaire civil viennent de là. Il y a un péché originel dans le nucléaire qui n'est pas effaçable et qui ne s'est pas effacé.

Diriez-vous qu'en mettant sa propre raison au service de la mort, l'humanité sème les germes de sa propre destruction ?

Je n'ai aucun doute là-dessus. Avec Hiroshima, l'humanité a montré qu'elle pouvait s'autodétruire. Et que, si elle continuait dans la voie qui l'avait a menée là, elle s'autodétruirait.

Il faudrait cependant imaginer un conflit généralisé avec l'emploi massif d'armes nucléaires pour que la planète entière soit menacée…

Bien sûr, mais je vous parle du principe. Peu après Hiroshima et Nagasaki, on a beaucoup discuté pour savoir si l'énergie développée par la bombe atomique, et plus tard la bombe thermonucléaire, était comparable à celle d'une éruption volcanique, d'un séisme ou d'une tornade. C'est à cette occasion que j'ai élaboré l'idée d'objet-monde.

De quoi s'agit-il ?

C'est quelque chose que nous avons fabriqué et dont l'une au moins de ses dimensions a une dimension du monde. Un objet aux dimensions du monde, au sens spatial ou temporel. Exemples : les satellites, les missiles balistiques, les déchets nucléaires, les bombes atomiques… Avec les objets-monde, nous devenons vraiment « maîtres et possesseurs de la nature », pour parler comme Descartes : capables de produire des machines équipotentes à la nature, d'« adégaliser » le naturel et l'artificiel.

C'est l'équivalent du fameux levier d'Archimède pour soulever la Terre ?

Oui. Dès lors qu'on avait la bombe atomique, on était susceptible de concevoir un objet qui pouvait être équipotent à la puissance du monde.

Le trou dans la couche d'ozone, n'est-ce pas aussi un objet-monde ?

Oui, tout à fait, mais il y en a beaucoup d'autres. Les objets-monde se sont mis à pulluler et, au premier rang d'entre eux, il y a le téléphone portable, qui est l'objet-monde par excellence : il équipe plus de trois milliards de personnes.

Finalement, qu'est-ce qui a changé depuis 1972 et « La thanatocratie » ? Aujourd'hui, vous diriez encore que « des fous dangereux sont au pouvoir » ?

Oui, mais pas dans les mêmes pays. Un Hollande ou même un Obama n'appuieraient pas sur le bouton, alors que leurs prédécesseurs l'auraient fait. Mais ce qui a profondément changé, c'est l'idée de la mort.

L'idée de la mort a changé ?

La mort a perdu une grande part de son pouvoir d'attraction, de fascination et de légitimation. Pourquoi vivons-nous à peu près en paix en Occident depuis 1945 ? Cela tient à un nouveau rapport à la mort. L'Allemagne et la France, plus que l'Angleterre et les États-Unis d'ailleurs, sont dans un régime idéologique ou intellectuel, qui fait que la plupart des gens ne pourraient plus supporter de prendre les armes. Même aux États-Unis, l'armée n'est plus traditionnelle : on emploie des professionnels, on fait appel à des armées privées. Je n'y avais pas songé lorsque j'écrivais « La thanatocratie », mais ce décalage était déjà en cours. Avant cette époque, personne n'aurait songé dire en passant devant une statue d'Alexandre le Grand ou de Jules César : « Tiens, voilà un tueur ! » Aujourd'hui, si j'affirme que le maréchal Foch était un boucher, beaucoup de gens seront d'accord. Par conséquent, ce qui est en marche dans l'histoire des mentalités mondiales, c'est ce refus de la mort. Je reviens sur Hiroshima : pensez qu'au moment de l'événement on en parlait non comme d'un crime, mais comme d'une victoire, d'une formidable réalisation technique et scientifique ! Aujourd'hui, ce serait inacceptable d'en parler ainsi. Et puis ouvrez un journal... Tenez, aujourd'hui, deux morts au Mali. C'est à la une. Je sors d'une époque où deux mille cinq cents morts par jour ne faisaient pas la une des journaux. L'émotion devant la mort a considérablement changé.

Vous voulez dire qu'elle est devenue insupportable ? Ou qu'elle s'est effacée de notre expérience ?

Non, elle est toujours dans le paysage mais elle n'a plus la même fonction. Elle est omniprésente : il n'y a pas un instant de télévision qui n'évoque une mort ou une autre, mais elle est devenue spectacle, représentation. Sacrifier sa vie volontairement, donner sa vie au pouvoir, cela a perdu sa raison d'être. Nous n'en avons pas encore pleinement pris conscience. Si l'on regarde les chiffres de la mortalité dans le monde, que voit-on ? Une classification récente des causes de mortalité dans le monde place les maladies tropicales en tête, suivies des maladies cardiovasculaires, des accidents de la route, et loin, très loin en queue de peloton, la guerre et le terrorisme. Or c'est de cela dont nous continuons à parler le plus : la réalité est retournée.

En Occident aujourd'hui, on ne gouverne donc plus au nom de la mort ?

La thanatocratie, qui est le secret profond de l'histoire occidentale, est peut-être en train de disparaître. Ce serait une très bonne chose. C'est peut-être utopique de le penser mais j'espère que la thanatocratie n'aura été qu'un long moment de l'histoire, commencé avec la guerre de Troie et se terminant à Hiroshima. Si vous interrogez les jeunes d'aujourd'hui, plus personne n'envisage de porter les armes et de donner sa vie à la nation. C'est totalement nouveau. Avant, on récitait *Horace* avec enthousiasme… Un jour, j'ai récité en public les vers suivants, tirés d'*Horace* :

Mourir pour sa patrie est un si digne sort
Qu'on briguerait en foule une si belle mort.

Et tous les assistants se sont écriés : « Mais qui a écrit de telles horreurs ? »

Celui qui n'est plus capable de risquer sa vie pour quelque chose n'est-il pas un homme qui ne croit plus en rien ? Ce qui est une libération pour vous pourrait être interprété comme une figure du nihilisme par d'autres…

C'est ce qui les condamnerait à mes yeux. Si vraiment, pour vivre, il faut avoir la mort devant les yeux, alors tant pis pour eux ! Spinoza dit : « Le sage pense à la vie et non point à la mort. »

Si la thanatocratie meurt, à quel nouveau régime politique laisse-t-elle la place ? À quelle « -cratie » ?

Celui qui inventera la politique de demain sera un grand philosophe. Car c'est l'une des questions béantes d'aujourd'hui : qu'est-ce que le pouvoir ? Et où est-il ? Une hypothèse et un espoir : que le pouvoir ne s'autorise plus de la mort.

Qu'est-ce qui donnait à la mort une telle puissance ?

C'est la peur fondamentale de l'humain. Ce qui nous sépare des animaux, c'est ça. L'humain est peut-être né de cette évidence : qu'il allait mourir.

Y a-t-il un rapport entre l'hominescence, l'avènement d'un nouvel homme qui a prolongé sa durée de vie et éloigné la mort et la douleur, et la fin de la thanatocratie ? En somme, depuis que la mort ne fait plus partie de notre vie quotidienne, qu'on l'a en partie maîtrisée, on ne pourrait plus aussi facilement gouverner au nom de la peur de la mort…

Oui, probablement. Enfin, je dirais que les deux événements sont parallèles. Ils ne sont peut-être pas la cause l'un de l'autre, mais ils sont au moins parallèles.

La fin de la légitimité de la peine de mort joue-t-elle dans le même sens ?

Oui, tout à fait. J'y ai d'ailleurs contribué aux côtés de Robert Badinter, que j'ai soutenu avec mes moyens.

Apparue en 1945 avec Hiroshima, la thanatocratie serait en train de disparaître aujourd'hui. Elle n'aura pas duré très longtemps ?

En réalité, dans mon esprit, la thanatocratie ne commence pas avec Hiroshima. Je dirais plutôt que l'événement a révélé, par sa radicalité – l'horizon de la destruction totale –, une des dimensions implicites cachées et pourtant fondamentales du pouvoir : le fait qu'il s'autorisait ultimement de la mort. La capacité toute neuve acquise par les dirigeants des puissances atomiques de presser sur le bouton pour déclencher la catastrophe a produit un choc en retour sur le pouvoir qui est apparu dans son essence nue. On a alors compris que la thanatocratie, le gouvernement de la mort, fut un des traits les plus structurants du pouvoir sur l'échelle longue. Mais c'est au moment où l'on sort de l'âge de la thanatocratie que l'on peut prendre pleinement conscience du concept. L'éclipse du phénomène permet de le saisir en totalité. Nous devons désormais inventer autre chose. Une utopie ? Un collectif qui ne se collerait pas ? qui ne s'associerait pas au moyen de cette passion mortelle ?

Chapitre 5

LE TIERS-INSTRUIT OU QU'EST-CE QU'APPRENDRE ?

Le personnage qui incarne dans votre œuvre l'éducation et l'apprentissage, vous l'avez nommé d'un nom très étrange : le Tiers-Instruit. Qui est-ce ? C'est un professeur ?

Non, je ne crois pas.

Un élève ?

Pas tout à fait. C'est un de mes héros fondamentaux, il incarne l'humaniste de demain. Celui qui sera capable de faire la synthèse entre l'éducation littéraire et l'éducation scientifique.

C'est un passeur, alors ?

C'est un peu l'image que je m'en fais… C'est un avatar de Pantope. Pantope passe partout ; le Tiers-Instruit en est une application locale, particulière, élémentaire. Il n'est pas

CARTE D'IDENTITÉ

Nom : le Tiers-Instruit

Sexe : hermaphrodite

Âge : 33 ans

Date d'apparition : 1991

Surnom : le Troubadour du savoir

Famille : les métis

Personnages associés : Atlas, Arlequin et Pierrot, Pénélope, le nageur, le gardien de but, le tennisman, l'Hermaphrodite, Pontifex

Nationalité : brésilienne

Profession : éducateur

Formation : lettres et sciences

Livres : *Le Tiers-Instruit* (Bourin, 1991), *L'Art des ponts* (Le Pommier, 2006)

Devise : « Il faut accepter de désapprendre ce que l'on sait déjà si l'on veut trouver ce que l'on ne sait pas encore. »

À l'image du gardien de but qui se met en position de plonger dans toutes les directions pour arrêter un penalty, à l'image de l'enfant qui se lance dans le monde du langage ou commence à écrire, apprendre consiste moins à accumuler des connaissances qu'à se mettre dans une position de déséquilibre et d'instabilité : la compétence que je cherche à acquérir n'est pas encore là mais je l'anticipe sous le mode d'un possible. Pour inventer, il faut passer par une tierce place, entre le savoir et le non-savoir, entre l'être et le néant. Le Tiers-Instruit invite d'abord à ne pas séparer la culture humaniste et l'apprentissage des sciences.

encore passé partout mais il a compris que c'était ce qu'il fallait faire. Il découvre sur lui-même, sur son propre corps et sur son propre esprit, que l'instruction est essentiellement un processus de métissage.

C'est un métis, donc ?

Bien entendu. Pas seulement au sens du métissage de la peau et des origines, mais surtout parce qu'il pratique le métissage des savoirs. S'il fallait lui choisir une nationalité, ce serait un Brésilien. Mieux, ce serait sans doute un fils adoptif, dont l'origine serait différente de celle de ses parents. Son père pourrait être un ingénieur français et sa mère une littéraire brésilienne, ou le contraire. D'ailleurs, le pays où *Le Tiers-Instruit* a eu le plus de succès, c'est le Brésil, justement. Parce qu'il y a une querelle entre l'Argentine et le Brésil. L'Argentine dit : « Nous sommes un pays blanc ». Le Brésil, lui, a honte parce qu'il est métis. Au Brésil, pour dire « métis », il y a plus de vingt mots, selon que vous parlez d'un quarteron, d'un octavon, etc. Alors, lorsque je suis arrivé au Brésil et que j'ai dit : « L'apprentissage, c'est un métissage », les gens m'ont sauté au cou en disant : « Ce n'est pas possible, un truc pareil ! Quand on fait un progrès, on devient métis ? – Oui. Et plus on est métis, plus on fait de progrès. » Pour eux, c'était une révolution ! Un terme négatif devenait positif et symbole de progrès.

C'est quoi le métissage au sens fort où vous l'entendez ?

C'est le phénomène qui est au cœur de l'apprentissage. Quand j'apprends l'anglais, je garde le français, mais je deviens un peu anglais. Quand j'apprends l'allemand, je deviens un peu allemand, etc. Les Anglais ne s'y sont pas trompés : ils ont traduit *Le Tiers-Instruit* par *The Troubadour of Knowledge*, « le troubadour de la connaissance ». Je tiens à l'idée du métissage, qui est très profondément inscrite en nous. Nous sommes tous des métis. Il y a toujours, dans nos ascendants, quelque chose qui nous métisse. Et, au-delà de nos origines, nous métissons sans cesse les choses. Quand je suis arrivé en Allemagne pour la première fois, par exemple, je trouvais un peu étrange qu'ils n'aient ni couverture ni draps bordés, mais une simple couette pour dormir. Je trouvais cela mal ficelé. Et puis, en huit ou dix jours, je me suis dit que c'était la meilleure manière d'abriter le sommeil. Depuis, je n'ai plus qu'une couette : à cet égard, je suis devenu allemand. De la même manière, en arrivant aux États-Unis, je me suis aperçu qu'on y utilise un carré de bain, beaucoup plus pratique et hygiénique que le gant qu'on utilise en France. J'ai adopté le petit carré américain. Dans la vie courante, on se métisse à toute vitesse. Tous nos usages sont le fruit de métissages : nos façons de nous habiller, de dormir, de manger… La façon de faire la queue, par exemple, est très intéressante : aux États-Unis, on respecte une distance minimale entre chaque personne de 1,50 m. En Asie, on est collés l'un derrière l'autre. Et en France il y a toujours quelqu'un qui dépasse les autres ! On n'est donc pas seulement « tiers-instruit » avec la tête, mais d'abord au travers des mœurs, des coutumes. C'est la raison pour laquelle l'un des avatars du Tiers-Instruit est Arlequin, ce personnage de la commedia dell'arte dont le costume est constitué de losanges multicolores. Il faut penser que notre corps et notre esprit sont tissés de mille morceaux rapiécés, comme la tunique d'Arlequin. La culture est arlequine.

Le livre consacré au Tiers-Instruit s'ouvre sur une expérience étrange, celle de la traversée d'un fleuve – la Garonne sans doute – à la nage. Pourquoi partir de là ?

C'est une expérience que tout le monde a pu faire. J'ai en effet passé ma jeunesse à traverser la Garonne. Or, lorsqu'on traverse un fleuve à la nage, au début on pense : « S'il m'arrive un pépin, je suis sûr que, derrière moi, j'ai une rive où je pourrai toujours faire retour. » Et puis, passé un certain seuil, on se dit : « Cette fois, c'est bon, s'il m'arrive quelque chose, je n'aurai qu'à rejoindre la rive qui me fait face. » Mais il y a un endroit très angoissant, au milieu, où on se dit qu'on ne peut plus faire marche arrière, mais où, en même temps, on est encore loin de l'autre rive. C'est un espace intermédiaire, un lieu de déséquilibre, et c'est à partir de ce point de déséquilibre qu'il faut penser l'apprentissage et peut-être l'invention. Deux gestes corporels très intéressants se rapprochent de cette expérience…

Oui, celui du gardien de but…

… devant le penalty. Il attend la balle partout et il se met en position de s'élancer dans toutes les directions possibles. Il pose son corps de sorte à pouvoir s'élancer en haut, en bas, à droite, à gauche. Je viens de dire : poser ; je rectifie, mieux vaut dire : il expose son corps.

Ce que vous appelez une « position blanche ».

Voilà. Vide. C'est du néant, d'une certaine manière. Ou plutôt un écart complet à tout équilibre.

Et l'autre geste ?

C'est celui du joueur de tennis qui est monté au filet pour volleyer et qui attend la balle qui peut arriver n'importe où, donc dans une position instable ou, mieux, métastable.

Quel est le rapport avec l'apprentissage ?

Apprendre, c'est se mettre dans cet état métastable : la compétence ou le savoir que je cherche à acquérir ne sont pas encore là mais je les anticipe sous le mode d'un possible, je cherche à les faire advenir. Et cette position est aussi celle de l'inventeur, ou plutôt la position préalable à l'invention, celle dans laquelle il faut se mettre pour susciter l'invention.

Pour apprendre comme pour inventer, il faut donc se mettre en déséquilibre ?

Il faut chaque fois passer par le blanc du milieu du fleuve. Voyez l'enfant qui fait ses premiers pas dans un état de déséquilibre équilibré, observez-le quand il commence à parler, à lire ou à écrire. Il est dans une sensibilité extrême à l'espace, à la langue ou à l'écriture, alors même qu'il ne maîtrise pas encore ces compétences, il est à la fois dedans et dehors.

Loin de l'image de l'accumulation, l'apprentissage passerait donc par un état d'indétermination du savoir ?

« Indétermination » : le terme est bien choisi. Le lieu au milieu est en effet indéterminé. Il est déjà loin de la rive qu'on a quittée et la rive d'en face n'est pas encore à notre portée. Depuis, j'ai précisé cette image-là. Je crois qu'au début de l'existence, quand on est jeune, on va vers la rive qu'on voit au loin et qu'on a envie d'atteindre, comme s'il y avait un but. Et même, il y a des gens qui font la course, qui font la course à plusieurs, pour savoir qui sera le premier qui arrivera. Et ils ne se rendent pas compte que la détermination majeure, c'est le courant du fleuve qui les emporte et qui fait que, à un certain moment, ils auront dépassé l'embouchure, qu'il n'y aura plus de rive en face. Le comprendre, ce serait peut-être ça, l'âge adulte.

Mais une autre image me vient à l'esprit. Il y a en Suisse un col qui s'appelle l'Albula. C'est un endroit très intéressant, au carrefour des différents glaciers qui dévalent vers la Méditerranée via le Rhône, la mer Noire via le Danube, et enfin la mer du Nord via le Rhin. Devant cette eau qui se déverse vers trois grandes mers, on se dit : « Cette goutte-là, où va-t-elle ? Elle ira en mer Noire, en Méditerranée ou en mer du Nord ? » Évidemment, elle sort de la neige. Mais pour moi sa blancheur a une autre signification : cette goutte est en état métastable. Elle ne sait pas très bien si elle va être entraînée vers une de ces trois destinations possibles. Elle est complètement en équilibre instable.

Le personnage du Tiers-Instruit étant assez abstrait, vous en utilisez de nombreux autres pour incarner cette instabilité créatrice…

Oui, une foule de personnages qui m'ont toujours fasciné : le marcheur, qui est en déséquilibre ; la danseuse, qui répète ses mouvements ; le marin, qui est debout dans le tangage et le roulis ; l'aviateur, qui est secoué par les coups de vent ; le sauteur en rouleau dorsal ; l'équilibriste sur son fil ; les lutteurs... aussi bien que les amoureux. C'est l'idée du Tiers-Instruit qui m'a permis de comprendre ce qui me fascinait en eux.

Vous utilisez également les personnages du grimpeur ou du musicien, qui doivent répéter inlassablement une sorte de « gymnastique » avant que, soudain, quelque chose se décoince et qu'ils trouvent enfin le bon passage...

L'alpiniste comme le pianiste doivent souvent faire de très nombreux essais infructueux avant de trouver le bon passage sur la paroi ou dans une partition. Le moment qui m'intéresse est précisément celui où, tout d'un coup, un espace nouveau s'ouvre. C'est l'instant où des années d'entraînement, de volonté, d'acharnement entrent enfin dans le schéma corporel. Le moment où la capacité est intégrée. L'apprentissage se situe d'abord dans cette incorporation du possible.

Mon fils est instituteur. Et chaque fois qu'il se retrouve devant une classe de CP, il voit le miracle se répéter : « On travaille, on travaille, et ils ne savent toujours pas lire... Et tout d'un coup, toc, il y en a un qui passe dans la lecture, puis un autre, puis un troisième qui n'y arrive pas, mais le 23 juin, à la veille des vacances, toc, il passe ! » Et il ajoute : « C'est magnifique et désespérant, je me demande ce que j'ai fait. »

Tout apprentissage est-il d'abord corporel ?

Oui. On continue de négliger le corps. En particulier pour penser l'apprentissage. Regardez les sciences cognitives. On a l'impression que tout se passe pour elles uniquement au niveau du système nerveux et du cerveau. Le corps y a une place marginale. Il semble réduit à un phare qui porte la lumière du cerveau. Ou à un porte-bagages. C'est contre cela que j'ai voulu réagir. Car le corps est un fournisseur de connaissances aussi inventif que le cerveau. Il est à l'origine des connaissances. En quel sens ? On apprend en commençant par imiter le maître dans ses gestes, dans sa manière de parler, de prononcer les mots, d'écrire les phrases, de dessiner les formes, etc. C'est quelque chose que les neurosciences ont découvert récemment avec les neurones-miroirs : lorsque je vois quelqu'un danser ou jouer du piano, les neurones dévolus à ces gestes s'allument dans mon propre cerveau, comme si je faisais moi-même ces mouvements... J'apprends donc à plonger en voyant les autres le faire, en les imitant sans nécessairement bouger moi-même. Un natif d'Agen apprend à jouer au rugby en tétant sa mère ! Pourquoi ? Parce qu'il ne voit que du rugby autour de lui ! Moi, quand j'étais petit, je ne voyais que du rugby. Par conséquent, dès que j'ai touché un ballon, je savais déjà jouer au rugby. On sait toujours déjà... C'est vrai pour tout apprentissage. Socrate expliquait cela par sa théorie de la réminiscence : tout savoir est un ressouvenir. En réalité, il n'est pas besoin de la théorie métaphysique de la pérégrination des âmes, le corps suffit. Il sait avant nous.

On le comprend bien pour les disciplines qui impliquent le corps, mais diriez-vous la même chose des savoirs comme la science ?

Prenons Thalès. Comment a-t-il calculé la hauteur des pyramides d'Égypte ? Non pas avec son cerveau, mais avec son corps. Puisque l'ombre de son corps à midi, à une certaine époque de l'année, faisait la taille de son corps, l'ombre des pyramides à midi devait lui permettre de mesurer leur taille exacte. Pour que cette mesure ait pu faire l'objet d'un calcul géométrique, il fallait d'abord que le corps intervienne : l'ombre portée est la base du triangle et la tête le sommet. Dans une classe, le professeur d'éducation physique devrait être le professeur principal. C'est lui qui connaît le mieux les élèves.

L'apprentissage est inscrit dans le corps, dites-vous, parce qu'à la naissance l'enfant doit franchir le col de l'utérus…

C'est une image. Mais je crois que l'expérience d'un seuil à franchir est très tôt imprimée en nous. Que nous sommes pourvus avec notre corps d'une machine à produire des capacités. C'est la dimension anthropologique de l'éducation.

Le Tiers-Instruit a-t-il un rapport avec le principe logique du tiers exclu ?

Un rapport négatif, oui. Le principe du tiers exclu, qui est au fondement de la logique occidentale, établit qu'on ne peut affirmer simultanément la vérité et la fausseté d'une même proposition. Ou encore que quelque chose est ou n'est pas. Or, face à l'apprentissage, nous devons penser la « tierce place » de quelque chose qui existe et n'existe pas encore. Un tiers non exclu entre l'équilibre et le déséquilibre, entre l'être et le néant.

Cet espace tiers que vous cherchez à nommer, à l'intersection entre l'être et le non-être, entre le savoir et le non-savoir, existe-t-il vraiment ?

Il y a un dialogue de Platon, le *Philèbe*, où se pose la question de savoir ce que c'est que le mélange. Qu'est-ce qu'un mélange ? Platon avance deux concepts pour penser le mélange : la *krasis* et la *mixis*. Le « cratère », c'était initialement le verre de vin. Parce qu'à l'époque des Grecs le vin était solide : c'était une boule un peu molle, on la mettait dans le « cratère », on y ajoutait un peu d'eau, on mélangeait et on obtenait le vin. La *krasis* désigne donc le mélange, ce qu'on mélange dans le cratère. La *mixis* désigne un autre mélange : le mélange de grains de riz avec des grains de blé, ou de boules blanches avec des boules jaunes.

Un mélange sans fusion…

Oui, dans le cas de la *mixis*, on peut toujours faire la part des choses, séparer à nouveau les grains de riz et les grains de blé, bien qu'ils aient été mélangés. Dans le cas de la *krasis*, c'est impossible : où est le vin, où est l'eau ? Cette discussion sur la notion de mélange va perdurer jusqu'au XIXe siècle. Qu'est-ce que ça veut dire, le mélange ? Jusqu'où faut-il remonter ? Jusqu'aux atomes, jusqu'aux molécules ? Il a fallu la théorie atomique pour savoir que, ultimement, les choses sont un mélange d'atomes qui ne se fondent pas les uns dans les autres, c'est-à-dire une *mixis*.

Quel est le rapport avec l'apprentissage ?

J'y viens. Deux personnages incarnent chez moi la *mixis* et la *krasis* : Arlequin et Pierrot. Le vêtement de l'un est cousu d'une multiplicité de morceaux de tissu de toutes les couleurs ; celui de l'autre est d'une seule pièce, blanc, une « couleur » qui résulte de la somme de toutes les autres couleurs. De sorte que, si les morceaux du vêtement d'Arlequin devenaient de plus en plus petits, qu'est-ce qui se passerait ? Un mélange. Arlequin deviendrait Pierrot. Celui-ci a la blancheur de la lumière, c'est-à-dire qu'il porte toutes les couleurs de l'arc-en-ciel.

C'est troublant, parce que vous passez très rapidement de la physique à la littérature. Pour penser le mélange, vous mélangez les choses... Si on vous comprend bien, le processus qui est au fondement de l'apprentissage serait donc à la fois un phénomène « physique », le mélange, et un phénomène « culturel », le métissage ?

Prenons les choses autrement. Il s'agit de penser l'intersection entre deux espaces. Vous dessinez deux ensembles ; au milieu, il y a un espace commun. Qu'est-ce que c'est ce milieu-là ? On peut l'écrire de deux manières, le « milieu ». On peut l'écrire « mi-lieu », et, dans ce cas-là, c'est le milieu d'un segment, le point central. Ou on peut l'écrire « milieu », et c'est tout l'environnement, c'est-à-dire l'Univers. La dynamique de l'opération consiste à dire :

qu'est-ce que serait un objet qui serait tout petit, rien du tout, unique, et rare, et qui, paf ! occuperait l'universel ? C'est précisément la dynamique que j'essaie de penser. Qu'est-ce que c'est que cet atome qui va exploser et devenir universel ? C'est cela le « mi-lieu » qui devient le « milieu ». C'est cela le corps. C'est cela l'apprentissage. C'est cela la culture.

Le Tiers-Instruit, c'est donc aussi celui qui est capable de dépasser le clivage entre les lettres et les sciences ?

L'éducation s'est fondée dans la modernité tardive par la séparation. Toutes les universités sont organisées sur la base de cette scission. Elle a produit deux figures : les cultivés ignorants – les lettrés qui voient dans l'astrophysique quelque chose de monstrueux – et les instruits incultes – les scientifiques qui n'ont que faire de la culture générale. Le littéraire qui ne comprend rien à la racine carrée et le scientifique qui n'a jamais rien lu d'autre qu'une bande dessinée. Cette scission peut prêter à rire, mais elle est en réalité très dommageable pour l'innovation. Elle est en contradiction complète avec toute la tradition philosophique occidentale : Platon est géomètre, Aristote est médecin et biologiste, Pascal invente le calcul des probabilités, Descartes la géométrie algébrique. Dans sa période dite « précritique », Kant visite toutes les sciences, souvent de manière générale. Il n'y a pas un seul philosophe digne de ce nom qui n'ait été instruit de la totalité des sciences. Plus près de nous, prenez Bergson : il connaît la biologie, l'élan vital, les théorèmes de Poincaré… Voilà mes modèles de vie et de pensée. Quand j'étais à l'École normale, j'étais considéré comme une sorte d'ovni lorsque je disais que j'étais aussi licencié de mathématiques. Je n'osais même pas le dire. Je vous ai raconté comment Broglie a été menacé lorsqu'il est venu faire une conférence à l'École normale. Je l'ai vu quitter les lieux sous la protection de deux ou trois personnes parce que les marxistes l'attaquaient. Ces marxistes-là ne connaissaient pas un seul mot de physique. Ils ne savaient pas ce que signifiait la chute des corps. Et ils prétendaient que Schrödinger défendait une science « bourgeoise » ! Dès cette époque, j'ai eu l'idée de faire un manifeste pour une culture qui ne soit pas la guerre des cultures, mais qui soit une sorte de conciliation. Et le Tiers-Instruit, c'est en effet le personnage de la réconciliation entre la culture littéraire et la culture scientifique. Par la suite, j'ai pu avancer sur ce chemin en créant l'idée de Grand Récit.

Est-ce qu'il serait possible d'élaborer un enseignement dont l'objectif serait d'aller vers cet espace tiers, vers cette zone qui est le cœur vivant de tous les savoirs ?

Oui, il faudrait bâtir des universités sur cette zone-là. Mais c'est très utopique. Je vois comment il faudrait faire dans le principe, mais je ne vois pas comment le faire en pratique. Car cet espace-là, ce moment où Arlequin devient Pierrot, est un espace purement virtuel. On pourrait inventer un programme commun d'enseignement, en s'inspirant du Grand Récit. Je le dis à la fin de *L'Incandescent*.

N'est-ce pas l'espace de la philosophie ?

Peut-être. Mais la science y touche également. Par exemple, avec les cellules-souches. Qu'est-ce qu'une cellule-souche ? C'est une cellule indifférenciée qui peut engendrer des cellules différenciées : une cellule nerveuse, une cellule musculaire, une cellule du foie ou de l'intestin. Elle a tous les possibles en elle. Ce concept de souche est passionnant en raison de cette connotation de potentialité, de virtualité. La Fontaine disait des chauves-souris : « Je suis oiseau : voyez mes ailes… Je suis souris : vivent les rats ! » Ce pourrait presque être la devise du philosophe, également. La philosophie n'est-elle pas une discipline-souche ? Capable de se plonger dans tous les savoirs, mais en se retenant toujours de se spécialiser, en restant toujours en deçà. Oui, ce serait peut-être ma définition de la métaphysique. Pourquoi est-elle « méta » ? Parce qu'elle est « souche ».

Chapitre 6

L'HOMINESCENT
OU LA NOUVELLE CONDITION HUMAINE

Vous avez inventé le terme d'« hominescence » pour désigner une nouvelle condition humaine. De quoi s'agit-il ? En quoi est-ce différent de l'hominisation au sens du passage de la condition animale à la condition humaine ?

L'hominisation est un phénomène évolutif fondamental, celui par lequel nous nous sommes distingués des bonobos et des chimpanzés. Il y a quelques millions d'années, l'homme s'est mis debout, a perdu ses poils, gagné un cerveau plus important et inventé l'outil. Il est passé de la condition d'australopithèque à celle d'*Homo habilis*, à celle d'*Homo erectus*, puis enfin, il y a trente mille ans, à celle d'*Homo sapiens*. L'hominescence est tout autre chose. Le mot désigne une transformation de la condition humaine advenue tout récemment, au XXe siècle. Une transformation à la faveur de laquelle nous nous sommes mis à produire nous-mêmes ce qui jusque-là nous était donné : notre corps, la vie, la mort,

CARTE D'IDENTITÉ

Nom : l'Hominescent

Prénom : Adam

Sexe : masculin

Âge : paraît 20 ans de moins et vivra 20 ans de plus…

Date de naissance : 1980 (premier bébé-éprouvette)

Personnages associés : l'Incandescent, l'Hermaphrodite, Petite Poucette

Nationalité : occidentale

Profession : généticien

Formation : microbiologie

Livres : *Hominescence* (Le Pommier, 2001), *L'Incandescent* (Le Pommier, 2003), *Récits d'humanisme* (Le Pommier, 2006)

Devise : « L'homme est un être du possible. »

Dans la seconde moitié du XXe siècle, une série de transformations (fin de la paysannerie, maîtrise de la natalité, ouverture avec le génie génétique d'une maîtrise programmée de la reproduction, libération de la sexualité, déconstruction des genres, allongement de la durée de vie, disparition de la douleur comme donnée constitutive de l'existence et de la morale, apparition d'un nouveau corps) permettent de penser que l'homme a conquis une nouvelle condition : un nouvel homme est né, qui n'est plus attaché à la terre, souffre moins, jouit d'un bien-être corporel, maîtrise la naissance et la mort, peut s'adonner à une sexualité libre, etc. Pour la première fois de son histoire, il n'hérite plus de sa condition : il se met à la produire lui-même, à en redéfinir les contours. L'Hominescent incarne cette nouvelle condition humaine.

la nature. De « naturés » nous sommes devenus « naturants ». Nous tenons en main la naissance de l'individu et des espèces : par la double maîtrise de l'ADN et de la bombe, nous sommes désormais activement responsables de notre naissance et de notre mort. D'où venons-nous ? De nous-mêmes. Où irons-nous ? Vers une fin prescrite par nous-mêmes. Nous avons changé de statut en contrôlant les deux extrêmes de notre destinée. Devenus des œuvres de nous-mêmes, nous ne sommes plus les mêmes hommes. Ce bouleversement ne nous a pas fait changer d'espèce, mais de condition. C'est un phénomène considérable. Pour le cerner, j'ai donc forgé cette notion, l'hominescence, et imaginé un personnage qui lui correspond, l'Hominescent.

À quoi ressemble-t-il ?

L'Hominescent, c'est celui qui n'est plus paysan, alors que, depuis le Néolithique, tous les hommes l'étaient, sauf rares exceptions. Sa naissance n'est plus le fait du hasard (biologique) et de la nécessité (sociale), mais de la volonté individuelle de ses parents, en particulier de celle de sa mère qui peut décider si et quand elle veut avoir un enfant. Son espérance de vie a gagné plus de trente ans. Son travail n'est plus pénible et sa morale n'est plus axée sur l'attitude à adopter face à la douleur. L'éclipse de la douleur dans son existence quotidienne transforme du tout au tout le rapport que l'Hominescent entretient avec son corps : celui-ci n'est plus un ennemi menaçant mais un double, un complice auquel il s'identifie. Sa sexualité est devenue libre : le rapport entre les hommes et les femmes n'est plus sous-tendu par la crainte de la reproduction ou des maladies vénériennes – même si l'apparition du sida a relativisé cet adoucissement de l'enjeu sexuel. D'autant que pour la première fois dans l'histoire, sans doute, la femme n'est plus sous l'emprise de sa condition biologique, grâce à la pilule, ni captive de l'homme, grâce à la conquête de l'égalité. C'est la raison pour laquelle l'un des personnages qui ont succédé à l'Hominescent est Petite Poucette, une femme. L'Hominescent était encore masculin. Après lui advient le temps des femmes !

En quoi les progrès de la médecine changent-ils notre rapport à l'existence ?

Je reprends la formule de René Leriche : « La santé, c'est le silence des organes. » Quand, autrefois, les organes « parlaient », c'était sous le mode de la douleur, expérience générale et quotidienne. Aujourd'hui, grâce aux antalgiques, analgésiques et autres antibiotiques, le corps se manifeste aussi sous le mode du bien-être ou de l'intensification du sentiment de soi dans le sport : il s'agit d'être « en forme ». Jamais nos ancêtres n'auraient pu accorder autant d'importance au bien-être. Quand les organes parlaient, c'était pour manifester leur fatigue, leur épuisement, leur maladie. Il y a désormais deux santés : le zéro du signal, c'est le mot de Leriche ; mais aussi le signal favorable, celui du bien-être.

L'hominescence évoque un nouveau paradis sur terre…

Quand on dit que je suis optimiste, ce n'est pas faux ! Disons que je veux marquer le fait que nous avons acquis une nouvelle condition.

Une nouvelle condition qui est d'abord corporelle...

C'est un événement qu'on tend à oublier tant il est passé en quelques décennies dans le registre de l'évidence, mais l'avènement d'un nouveau corps est quelque chose qu'il faut continuer à scruter, dont nous n'avons pas encore mesuré toutes les conséquences. On peut ainsi parfaitement dater l'année où les gens se sont déshabillés sur les plages. On interprète souvent cette nouveauté comme un effet de la libération sexuelle, mais c'est une erreur ! Elle tient d'abord au fait que jusque-là le corps n'était pas montrable : comme on n'avait pas éradiqué la petite vérole, les gens avaient des cicatrices, des bubons partout, jusque sur le cou. L'habit était fait pour dissimuler le corps... Voyez ces grands portraits de l'âge classique avec ces personnages engoncés dans des perruques et des cols qui leur ceinturent le cou, pour cacher ce qu'on appelait des « colliers de Vénus », effet de la grande vérole : il s'agissait de dissimuler les traces de la maladie. Si l'on s'est déshabillé, c'est parce que le corps est devenu montrable. De la même manière, on peut dater le moment où l'espérance de vie a commencé à augmenter de manière verticale d'année en année, avec un gain de trois à six mois par an ! En 1935, sur dix malades, un médecin voyait quatre ou cinq syphilitiques et deux ou trois tuberculeux. À partir des années 1950, ceux-ci disparaissent : l'arrivée des antibiotiques élimine les maladies infectieuses. De nombreux médecins rencontrent aujourd'hui des gens de soixante ans qui n'ont jamais souffert ; au XVIIe siècle, c'était inimaginable. Louis XIV a hurlé de douleur tous les jours parce qu'il avait une fistule anale qu'on ne pouvait pas guérir. Aujourd'hui, une fistule anale, c'est un coup de bistouri et trois jours d'antibiotiques. Cela change tout au rapport que l'homme entretient avec sa propre existence. La vie n'est plus marquée du sceau de la souffrance et de la crainte de la mort prématurée. Je ne dis pas que nous ne souffrons plus, je dessine seulement la courbe historique de l'effet antalgique.

Cette possibilité de se soigner vous semble fondamentale dans la condition humaine…

Oui, c'est ce qui nous distingue des animaux. Nous nous soignons les uns les autres. La maladie, chez l'animal sauvage, relève de la pression de sélection. Quand un gnou ou une antilope sont malades, le tigre ou la panthère les attrapent plus facilement – c'est la sélection naturelle. Et, par conséquent, il n'y a pas vraiment de maladie chez l'animal sauvage : dès qu'il est malade, il est mangé. Or qu'observe-t-on dès que l'homme, devenu paysan, se met à domestiquer vaches, moutons et chiens ? L'éleveur, qui n'a pas intérêt à voir mourir ses bêtes, se met à les soigner, comme il se soigne lui-même. Et, ce faisant, il lutte contre la pression de sélection. Qu'est-ce que l'homme ? C'est très simple : un malade qui se soigne. Une bête antidarwinienne.

Plus largement, vous insistez sur le fait qu'un nouveau corps, c'est un nouveau rapport au temps de l'existence.

Dans *Les Caprices de Marianne*, de Musset, Octave dit à Marianne, qui avoue ses dix-neuf ans : « Vous avez donc encore cinq ou six ans pour être aimée, huit ou dix ans pour aimer vous-même, et le reste pour prier Dieu. » Donc, il lui donne autour de trente ans d'espérance de vie. Aujourd'hui, trente ans, c'est la verte jeunesse pour une femme. Pourquoi croyez-vous que les jeunes prennent aujourd'hui du temps avant d'« entrer » dans la vie ? Il n'y a pas d'autre explication que l'allongement de l'espérance de vie. Prenons l'exemple du mariage. Avant, lorsque deux époux se juraient fidélité, ils s'engageaient pour cinq à dix ans de vie commune. Aujourd'hui, ils s'engagent pour soixante ans ! Ce changement d'échelle temporelle change la signification même du mariage. On comprend mieux pourquoi il y a dix fois plus de divorces que par le passé. Le même calcul vaut pour l'héritage, pour la transmission des biens. Si vous lisez Balzac ou *Les Grandes Espérances* de Dickens, vous voyez qu'au XIXe siècle on héritait à l'âge de trente ans. Aujourd'hui, du fait de l'allongement de la durée de vie, on peut hériter à plus de soixante ans. Ce n'est plus la même transmission des biens. Prenez enfin le rapport à la guerre. Quand mon père est parti volontaire à la guerre de 14, la fleur au fusil, tout le monde chantait. Mais qu'est-ce qu'ils offraient, alors, à leur patrie ? Une dizaine d'années d'espérance de vie ? Aujourd'hui, si l'on envoie un jeune soldat de dix-huit ans risquer sa vie, c'est soixante-cinq ans d'espérance de vie qu'on lui demande de risquer pour la patrie. On comprend qu'il y réfléchisse à deux fois : ce n'est plus le même engagement.

En quoi ce corps nouveau entraîne-t-il une nouvelle morale ?

Qu'est-ce que la morale ? Jusqu'il n'y a pas très longtemps, le cœur de la morale, c'était l'attitude à adopter devant une douleur omniprésente. La morale enseignait des exercices qui devaient permettre d'être endurant. C'est vrai dans toutes les civilisations. Que l'on fût bouddhiste, stoïcien, chrétien ou épicurien, la morale était d'abord un exercice quotidien destiné à supporter la douleur.

Vous voyez dans Mai 68 le moment où éclate cette révolution du corps.

Tout le monde a cru que c'était une révolution politique. Or c'était une révolution de l'hominescence. En 1968, les étudiants chantaient, dans les campus universitaires de tous les pays, une coupure dont l'importance vitale ne frappe l'observateur qu'aujourd'hui. Qui a compris ce qui se passa en ces jours de fête ? Tous crurent politique un événement qui venait d'intervenir tout simplement dans l'anthropologie. Ce que j'appelle « la rupture hominescente » intervint clairement ces jours de mai-là. C'était la première révolution sans économie ni politique.

Diriez-vous que le corps est partie prenante de votre propre travail ?

À la différence des philosophes analytiques ou cognitivistes, qui réduisent le corps au cerveau, je pense avec le corps. C'est comme cela que procèdent tous les écrivains, d'ailleurs. Plus avec le corps qu'avec la tête, avec les muscles, le sexe, les cuisses, la respiration, les horloges biologiques... Un écrivain, c'est quelqu'un qui a un rapport corporel au monde. Le reste, ce sont des intellectuels, rien d'intéressant. Cette relation au monde se voit très vite dans un texte.

En faisant du corps le premier agent d'acquisition des connaissances, vous imaginez qu'il va devenir transparent, que nous pourrons entretenir un rapport de transparence avec lui. C'est ainsi que dans Hominescence, *vous écrivez : « Grâce à cette transparence relative, récemment acquise, nous pouvons le reconnaître comme instrument majeur d'acquisition des connaissances. Plus clair, il filtre la clarté. Plus modulable, il stocke mille logiciels de positions, de mouvements, d'intentions, de mimes et d'adaptations, de chiffrages et de décisions. Il le faisait, mais entravé. Il le faisait, mais le fait mieux. Il le faisait, mais nous le voyions mal. Transparent, il reçoit et comprend. »*

Oui, je pense que l'on peut concevoir le corps grâce au couple matériel-logiciel : d'une part, un logiciel virtuel, qui perçoit, comprend, anticipe les choses mieux que l'esprit ; d'autre part, un matériel qui peut recevoir autant de logiciels qu'on veut. Le corps n'est pas : il peut. Spinoza l'a dit avant moi : « Nous ne savons pas ce que peut le corps. » Le mode d'existence du corps n'est pas « être », c'est « pouvoir ». Les logiciels de ce pouvoir-là peuvent être l'ensemble des apprentissages possibles : on peut toujours apprendre le piano, la langue russe... Le corps a un gigantesque potentiel d'apprentissage.

Je ne regarde pas les touches en jouant du piano, je n'y pense même pas !

Oui, c'est la concrétisation de ce logiciel. Un logiciel, c'est pareil : une fois qu'il est dans le programme, cela marche tout seul. Dès le moment où vous avez appris la valse, vous savez valser pour toujours. Elle est « incorporée » en vous, comme on dit très justement. On n'a jamais vu, dans une prairie, une vache se lever sur deux pattes et inviter un taureau à valser ! Et nous, on peut inventer d'autres types de valses, de danses, n'importe quoi… C'est encore plus vrai dans le sport. Dans le saut en hauteur, que j'ai pratiqué un temps, on avait au départ le ciseau, puis on a eu le rouleau dit « californien », et tout d'un coup un type est apparu avec le fosbury flop – en arrière. Je n'ai jamais su le faire…

Mais le coup n'est pas seulement celui de l'athlète, mais également celui de la beauté…

Ce serait peut-être le moment de dire, au moins par parenthèse, le souci constant que j'ai de l'esthétique. J'ai posé plusieurs fois la question : qu'est-ce que la sculpture ? ou : qu'est-ce que l'architecture ? ou : qu'est-ce que la musique ?… Plusieurs livres tentent de répondre à ces questions directes et brutales : *Statues*, *Habiter*, *Musique*, etc. D'autres se consacrent à des peintres : Carpaccio, Rembrandt, Poussin, Turner.

Même s'il est infiniment maniable, le corps ne reste-t-il pas opaque en grande partie ? Dans L'Œil et l'Esprit, *le philosophe Maurice Merleau-Ponty dénonce le rapport « technique » que la science entretient avec le corps et il a de très belles formules sur l'opacité irréductible du corps. « L'énigme tient en ceci que mon corps est à la fois voyant et visible. Lui qui regarde toutes choses, il peut aussi se regarder, et reconnaître dans ce qu'il voit alors "l'autre côté" de sa puissance voyante. Il se voit voyant, il se touche touchant, il est visible et sensible pour soi-même, c'est un soi non par transparence, mais par confusion, narcissisme inhérence de celui qui voit à ce qu'il voit, de celui qui touche à ce qu'il touche.» Quelle place faites-vous à cette dimension-là du corps ?*

Je suis assez réticent par rapport à ces dénonciations romantiques de la technique. Je voudrais plutôt renverser la perspective : loin de menacer le corps, la technique en provient et lui reste liée. Qu'est-ce que c'est qu'un marteau ? Une externalisation du corps : le manche, c'est l'avant-bras, et au lieu de taper avec le poing j'externalise cette fonction dans un objet qui devient le marteau. J'appelle cela un « appareillage » : cela sort du corps pour devenir un appareil. Qu'est-ce que l'invention de la roue ? C'est l'externalisation des rotations de la cheville, des genoux et de la hanche, c'est l'externalisation du processus de rotation. Je vais même jusqu'à voir dans la révolution industrielle l'externalisation de la chaleur de notre corps. Nous sommes des animaux chauds qui avons externalisé notre feu interne dans des machines calorifiques. Et les nouvelles technologies, qu'est-ce que c'est, sinon l'externalisation de nos fonctions cognitives, neuronales, dans des logiciels informatiques ? On peut raconter toute l'histoire des techniques comme l'histoire de l'externalisation des fonctions corporelles. Je me rappelle avoir scandalisé des femmes militantes de l'allaitement, membres de la Leche League (la ligue du lait), parce que j'avais osé dire que le biberon pouvait être compris comme l'externalisation du sein : c'est une poche de lait, avec une tétine qui a la même forme que la pointe du sein… Avec un gros avantage sur le sein, c'est que n'importe qui peut donner le biberon. Tandis que le sein, il n'y a que la mère qui puisse le donner. En externalisant le sein, les substituts masculins (père, oncle, grand-père...) peuvent donner le lait, en cas d'absence de la mère par exemple. C'est cela, la technique. Au lieu de faire les choses directement avec les mains, on externalise. Mais le plus intéressant, c'est de comprendre que cette extériorisation permet aux techniques d'évoluer indépendamment de nous. C'est ce que j'appelle l'« exodarwinisme ». Notre corps, en s'extériorisant, n'a plus besoin d'évoluer ; ce sont les objets techniques que l'on a produits qui se mettent à évoluer en fonction de l'environnement. Nos fonctions évoluent, mais en dehors de nous. Nous pouvons nous payer le luxe de ne plus évoluer, de ne plus être darwiniens. Le monde technique est doté d'une historicité propre qui prend le relais de l'évolution. Ainsi, par cette externalisation, commence le temps culturel, différent du temps vital, avec d'autres rythmes et d'autres tempos.

Ce qui expliquerait en partie que l'homme n'a pas beaucoup évolué depuis le Néolithique, en taille, en poids...

Il a contre-évolué, si j'ose dire.

Il perd ses poils trop longs, il perd sa mâchoire proéminente...

Oui, mais attendez ! Il y a deux sens dans la langue française pour le mot « perdre ». Il y a d'abord « perdre un match » ou « perdre des poils », mais il y a aussi perdre au sens de « ma casserole est trouée, elle perd ». Et je dirais que l'homme est un animal dont le corps « perd ». Il est une casserole trouée... Avec la technique, il perd son bras, et c'est le marteau ; il perd ses hanches, et c'est la roue. L'homme est un animal dont le corps « perd ». Autre manière, plus matérielle, de dire que la culture a pris le pas sur la nature.

Vous n'avez pas tout à fait répondu cependant à notre objection sur l'aliénation technique…

Contre ceux qui dénoncent la technique comme réduisant le corps en esclavage, je soutiens que la technique est sortie du corps. Et, lorsque nous réparons le corps grâce aux techniques médicales, c'est un peu un retour aux sources : les techniques reviennent à leur origine. Que se passe-t-il quand on m'opère et qu'on me met une hanche en acier ou qu'on me fait un pontage ? Les techniques issues du corps réintègrent leur lieu d'origine.

Le philosophe Gilbert Simondon faisait également des objets techniques des êtres vivants.

Mes prédécesseurs voyaient la technique comme un prolongement des fonctions humaines. C'est une théorie qui a cours depuis le XIXe siècle. Le microscope ou le télescope, c'est le prolongement de la vue. Mais c'est contre cette théorie du prolongement que j'ai inventé la théorie de l'appareillage. L'appareillage, ce n'est pas un prolongement, c'est au contraire une séparation, une externalisation, une objectivation. Le mot « appareillage », pris au sens marin, me paraît très intéressant. Il veut d'abord dire « séparation ». Ensuite, il y a le mot « appareil », et c'est bien de cela dont il est question, d'appareils. Et enfin, il y a « pareil » : l'outil est semblable à la fonction. Dans le mot « appareillage », il y a bien tous les sens de la technique.

C'est très intéressant mais c'est une réponse déconcertante. On vous interroge sur l'opacité du corps par rapport à un objet technique et vous répondez que le corps est l'origine de tout objet technique !

En effet, je n'ai pas répondu sur l'opacité... L'opacité, c'est le fait que la conscience ne traverse pas toujours le corps. On pourrait donc dire que l'inconscient, c'est le corps. Lacan affirmait : « L'inconscient est structuré comme un langage. » Je dirais plutôt que l'inconscient, c'est le corps. Il y a beaucoup de choses dans le corps dont nous ne sommes heureusement pas conscients. Mais cette inconscience peut être réduite. L'opacité du corps a tendance à se réduire – c'est une marge que l'on repousse – ou, dans le cas d'une habitude apprise, à se multiplier.

Est-ce qu'il n'y a pas chez vous une tendance à « angéliser » les choses ? Toujours dans Hominescence, *vous écrivez : « Bientôt nous tiendrons en main la naissance de l'individu, de son semblable et de ses autres, des espèces et peut-être donc de la production de nous-mêmes, de notre propre genre. Nous nous ferons naître, ici et maintenant. De naturés, je veux dire plongée passive dans une nature qui signifie ce qui naît et va naître, nous devenons naturants. »*

Tous nos efforts aujourd'hui tendent vers cela. Vous ne pouvez pas le nier.

Mais, avec une telle vision, toutes les manipulations génétiques du corps sont d'avance acceptées ! Si l'homme est un être technique, qui se manipule autant qu'il manipule les choses, y a-t-il encore quelque chose comme une condition humaine ?

C'est une question morale. Mais justement la morale, jusqu'à très récemment, était fixée sur le fait qu'il fallait obligatoirement supporter une douleur inévitable et quotidienne. Dès lors qu'on minimise la douleur, est-ce que cela veut dire qu'il n'y a plus de morale ? Non ! La morale se déplace. Précisément, dans la responsabilité que nous avons d'être causes de nous-mêmes. Et il faut faire attention : que voulons-nous créer, comment, pourquoi, de quelle manière, dans quelles conditions… ? Voilà la nouvelle morale. La bioéthique, c'est ça, ni plus ni moins. Et ladite bioéthique est justement le prolongement de cette morale nécessaire que j'annonçais au moment de la thanatocratie.

Mais est-ce que l'éthique ne doit pas se fonder sur une expérience, celle de la condition humaine, qui fait de nous des êtres singuliers, qu'on ne peut pas reproduire à l'identique par exemple ? Est-ce qu'avant de la transformer, il ne faut pas veiller à préserver cette condition ?

Je ne vois pas où est la contradiction entre singularité et puissance de se transformer. Nous sommes des êtres singuliers et nous avons acquis une nouvelle puissance. Et cette nouvelle puissance ne peut pas s'exercer si elle n'est pas encadrée par une réflexion profonde. La morale est là ; maintenant, il n'y a pas de doute. « Singulier » ne veut pas dire « inchangeable », que diable !

Qu'il y ait une nouvelle condition humaine, votre analyse l'établit avec force arguments, mais la question est de savoir si cette condition humaine telle que vous la concevez en est encore une, au sens d'un ensemble de traits structurels de l'existence humaine dont on hérite comme d'une donnée. Dès lors que l'homme est, comme Dieu, cause de soi, qu'il peut se faire lui-même, y a-t-il encore une condition humaine au sens classique ?

Comment vous répondre ? Prenons du recul : à un certain moment, l'homme qui était bloqué dans sa famille, dans sa nation ou dans ses conditions religieuses ou politiques, a conquis peu à peu une indépendance et une liberté. Cette indépendance et cette liberté, qui se sont d'abord manifestées comme une indépendance politique ou sociale, portent maintenant sur la condition humaine elle-même : cela définit une nouvelle liberté. Au fond, l'homme qui se crée lui-même, Sartre le disait déjà…

« L'homme est condamné à être libre ».

Sartre en tirait pour conséquence que chacun fait son destin et se débrouille tout seul. Chacun a à assumer sa liberté. Ce que je dis, c'est qu'*Homo sapiens* est devenu créateur de son propre corps, de sa propre condition. C'est un segment de plus par rapport à la morale de Sartre, mais la morale reste là. Au lieu d'être la morale individuelle, protestante, de Sartre, c'est une morale plus universelle ; elle comprend une déontologie nouvelle des sciences.

Notre condition humaine, c'est la condition de pouvoir changer sa condition ?

Exactement.

Mais c'est très inquiétant !

Ah, mais c'est ainsi ! C'est notre « je », aujourd'hui. Inquiétant ou pas, c'est comme ça. L'Hominescent a conquis ce pouvoir.

Sur cette base-là, comment pourrait-on s'opposer au clonage des êtres humains, par exemple ?

Si on veut le faire, on peut. Oui, on peut tout faire, sans doute. Et c'est justement là qu'intervient cette nouvelle déontologie, née avec la thanatocratie. Je l'avais dit à propos de la mort, la voilà revenue à propos de la vie.

Pour élaborer cette nouvelle morale, vous rejetez donc la perspective axée sur l'idée de finitude humaine, adoptée depuis Kant ?

Je suis en effet très éloigné de ce topos philosophique : bramer, pleurer, s'angoisser sur la finitude de l'homme. L'homme n'est pas fini. Il est infini dans ses désirs, dans l'histoire de la science, dans ses possibilités. Oui, l'homme est infini dans un monde fini. Autrefois, on pensait la finitude de l'homme dans un monde infini, inépuisable, mais la situation s'est retournée. L'Hominescent est l'enfant de ce retournement.

De manière surprenante, vous vous référez pour penser cette nouvelle condition à… la Vierge Marie !

La Vierge est un personnage très intéressant pour nous parce qu'elle présente la figure d'une femme qui est la mère du Fils de Notre Père. Le bouleversement de la condition humaine, qui fonctionne de plus en plus sous le mode de la production de soi par soi, rejoint étonnamment le personnage de Marie.

Au-delà de l'éclairage que cela peut apporter, est-ce qu'il y a dans votre réflexion sur l'humain une inspiration chrétienne ?

Non, pas vraiment. Mais je me sers énormément du récit biblique et des Évangiles. Je m'en sers comme d'une extraordinaire boîte à outils anthropologiques. Il n'y a pas beaucoup de textes aussi profonds, anthropologiquement parlant. Il m'arrive donc souvent d'y prendre des exemples. Quand on me demande : « Est-ce que vous êtes pour ou contre les mères porteuses ? » par exemple, je réponds : « Mais c'est déjà résolu. – Ah bon ? C'est déjà résolu ? – Oui, dans la Sainte Famille. » Dans la Sainte Famille, le père n'est pas le père, le fils n'est pas le fils, mais la femme ? Il faut bien qu'elle soit la mère. Oui, mais elle est vierge. Cela déconstruit en partie sa maternité. Donc la Sainte Famille n'est pas une famille naturelle. C'est une famille fondée sur l'adoption, sur le simple choix par amour.

C'est une famille recomposée !

C'est une famille volontaire. Adoptive. Le père adoptif, le fils adoptif. Qu'est-ce que c'est que l'adoption ? C'est un choix. *Optare*, en latin, veut dire « choisir ». Vous ne serez réellement le père de votre fils que si vous lui dites un jour, même implicitement : « Je t'ai choisi, et donc je t'adopte. » C'est cela, la vraie paternité, le reste pèse moins. Votre femme, vous l'avez choisie, vous l'avez adoptée, et elle vous a adopté. Par conséquent, vous devez aussi adopter vos enfants, sinon vous ne serez pas le père. L'adoption l'emporte sur la maternité ou la paternité de corps et de sang. On est en pleine modernité. Ce qui est le plus régressif, c'est la psychanalyse, bien sûr, avec cette obsession pour le père et la mère naturels. La vraie modernité, c'est la Sainte Famille, c'est la famille adoptive, la famille qui n'est pas naturelle. Calquée sur des modèles antiques : Œdipe, Électre, etc.

C'est un mythe, en même temps.

Cela tombe bien ! C'est ce dont on a besoin pour penser la famille. La Vierge Marie est un formidable opérateur anthropologique. C'est comme l'histoire de Lourdes, qui permet de penser pour la première fois une généalogie féminine.

Lourdes, une généalogie féminine ?

Dans toutes les religions connues, c'est l'homme qui prend à la femme le processus d'enfantement : Adam, avec sa côte, qui produit Ève ; Jupiter, avec sa cuisse, qui produit Athéna. L'homme vole à la femme le processus d'engendrement. On retrouve cela dans la Trinité : le Père, le Fils, le Saint-Esprit, il n'y a pas de femme dans la Trinité chrétienne. Or, que se passe-t-il à Lourdes ? Une femme apparaît et dit : « Je suis l'Immaculée Conception. » Qu'est-ce que cela veut dire ? Cela veut dire qu'elle a été conçue sans péché. Cela ne veut pas dire qu'elle a conçu sans péché, mais qu'elle a été conçue sans péché. Attention, il y a deux dogmes : celui de la conception virginale du Christ et celui, plus récent, de la conception impeccable de Marie. C'est du second dont il s'agit ici. De qui Marie parle-t-elle ? Elle parle de sa mère. Une femme parle de sa mère à une troisième, la bergère Bernadette. Cela fait donc trois femmes en filiation impeccable, sans péché : la première généalogie féminine de l'histoire. C'est l'arrivée du féminisme en Occident. Là, le peuple est plus intelligent que les doctes. Le peuple a fait un succès colossal à Lourdes, et continue de le faire, et aucun intellectuel ne comprend rien à ce qui s'est passé.

Vous ne pardonnez pas aux philosophes d'avoir été si peu soucieux de la femme…

Il suffit de lire ce que Kant, le penseur de l'égale dignité des hommes, dit sur ce point. Je vais le résumer rapidement : dans le mariage, l'homme est le sujet et la femme l'objet. Un homme qui est capable de dire cela, manque gravement à la philosophie ! Voyez aussi le caractère paradoxal d'Andromaque chez Racine, héroïne de la mémoire et monstruseuse veuve noire.

Vous avez évoqué les dimensions corporelle, morale, sexuelle de l'hominescence. Est-ce qu'il n'y a pas également une dimension esthétique ?

Vous vous souvenez de ce que je vous ai dit à propos de la technique comme externalisation des fonctions corporelles ? Eh bien, c'est sous le même angle que j'aborde le souci esthétique. Qu'est-ce que l'habillement par exemple ? C'est une externalisation de la peau et des poils dans une fourrure. Les animaux, eux, doivent attendre que leur fourrure pousse pour être protégés du froid, ou ils doivent attendre qu'elle tombe quand il fait chaud. Il leur faut attendre des mois et des semaines. Nous, grâce à l'externalisation de cette fonction, c'est réglé en cinq minutes : on prend ou on enlève une fourrure. La technique est une formidable économie de temps dans notre combat « darwinien » contre la mort. La cosmétique en fait partie. L'homme s'extériorise dans ses apparats.

Vous allez même jusqu'à dire que la cosmétique est ce qui permet à l'homme de prendre conscience de lui-même...

C'est une idée qui m'est venue lorsque j'ai été invité à faire une conférence par la firme L'Oréal. Leurs ingénieurs étaient méprisés par les autres parce qu'ils s'occupaient de choses frivoles. Et moi, je leur ai expliqué qu'il y avait cent à parier contre un que notre plus lointaine ancêtre, Lucy, se fardait, et que dans quatre millénaires, ou quatre millions d'années, la Lucy de l'avenir se farderait toujours... Au Néolithique, il n'y avait ni pneus ni métros, mais il y avait déjà des cosmétiques. C'est donc L'Oréal et non Michelin qui a l'industrie la plus stable, la plus sérieuse et la plus humaine. Ils étaient ravis ! Mais le plus drôle, c'est que c'est vrai ! Dans toutes les tombes anciennes, il y a des fards ! Pourquoi nous habillons-nous ? Pourquoi portons-nous des masques ? Parce que cela crée une distance entre ce que nous sommes et que nous ne maîtrisons pas et la manière dont nous désirons apparaître. De cet écart, de ce supplément, de ce déficit naît la conscience de soi, d'où découle l'universalité de la cosmétique.

L'hominescence est la facette humaine d'un phénomène plus large que vous appelez l'« incandescence ». De quoi s'agit-il ?

Le terme d'« incandescence » est un inchoatif, comme « adolescence », « évanescence »..., tous ces mots qui désignent un état ou une action en train de se former. Au départ, le terme définit un phénomène physique : l'émission de lumière provoquée par un corps chauffé. J'ai cherché à lui donner une extension maximale pour lui faire désigner tous les phénomènes de métamorphose.

Sauf qu'il ne s'agit pas du filament d'une ampoule mais d'un homme qui rayonne, métaphoriquement parlant ?

L'homme est doté de la capacité de se métamorphoser. C'est pour cela qu'il est un être historique : son action est imprévisible. L'homme est une cellule-souche et, comme les cellules-souches, il peut tout devenir : pape, mineur, putain, ministre ou même philosophe.

L'incandescence, cela évoque aussi la blancheur...

L'adjectif « blanc », en latin, se dit *candidus*. Et *candida* qualifiait la toge blanche de celui qui était candidat à quelque poste. D'ailleurs, je me souviens encore de ma grand-mère, qui ne parlait que gascon, qui me disait : « Lave-toi les mains jusqu'à ce que l'eau coule cande. » La blancheur m'intéresse, comme vous le savez déjà, parce que c'est à la fois une non-couleur et la totalité des couleurs. Le blanc, c'est la totalité des couleurs en puissance, et non pas en acte. En puissance, et non pas en acte. L'intérêt de l'incandescent, c'est de nommer une incarnation vive de ce qui est possible. L'homme est un être possible, un être non spécialisé. La pince du crabe pince, c'est tout. Le tentacule de la pieuvre serre, c'est tout. Tandis que la main peut à la fois tenir un marteau, frapper, caresser, jouer du violon, faire signe… Elle est capable de toutes les activités mais aussi d'en inventer. C'est ainsi que Petite Poucette, avec ses deux pouces, a inventé une nouvelle manière d'envoyer des textos. L'incandescence, c'est une capacité d'inventer. C'est le synonyme incarné d'« omnipotent », d'« omnivalent » ou de « totipotent ». Spinoza dit du corps humain : le corps humain n'est pas, il peut. Il peut quoi ? Il *peut*. Absolument parlant. J'ai choisi le blanc comme métaphore, et l'incandescent comme incarnation de nos capacités. Capable de quoi ? Je n'en sais rien. Mais capable. Il est en puissance. Il a ce pouvoir-là. C'est ce que l'incandescence incarne.

L'incandescence est-elle proprement humaine ou y a-t-il des animaux doués d'incandescence ?

Selon l'éthologie, c'est évolutif. Les bactéries, les arthropodes, les insectes qu'on décrit généralement comme des automates génétiques, sont totalement liés à leur instinct. Mais, à un certain moment de l'évolution, l'instinct laisse place à la possibilité de l'apprentissage. Or l'apprentissage, c'est déjà un petit morceau d'incandescence. On voit très bien comment les bonobos, les chimpanzés, certains singes supérieurs commencent à former des sociétés et des cultures. Au fur et à mesure que l'évolution avance, l'instinct laisse place à l'adaptation, à l'apprentissage. Et je crois que l'homme maximise les possibilités de la blancheur.

Qu'est-ce qui distingue cette « plasticité incandescente » du concept rousseauiste de perfectibilité ?

Dans le mot « perfectibilité », le bon côté, c'est la désinence : « -bilité » – « -bilité », c'est une possibilité. Mais « perfect- », c'est déjà orienter la possibilité vers une perfection donnée. Non, l'homme n'est pas orienté du tout. La preuve, c'est qu'on peut être des requins abominables capables d'atrocités comme la Shoah ou Hiroshima. On est dans l'hésitation permanente entre tous les choix possibles et non pas sur la voie de la perfection.

Chez Rousseau, la perfectibilité est une perfectibilité pour le mal également.

Bien sûr. Mais le terme fait signe à sa conception de la bonté naturelle de l'homme. Ce que permet d'éviter la notion d'incandescence.

Dans l'incandescence, n'y a-t-il pas aussi l'idée de consomption ?

En effet. Dans l'incandescence, il y a trois résonances : le blanc pour la couleur, le chaud pour la ferveur et enfin le côté brûlant. Au fond, l'homme est une bombe. Il peut exploser du local au global. Ce mouvement explosif, je le reprends souvent et dans dix exemples. Il est un pur possible mais il a aussi le combustible pour alimenter ses métamorphoses. Dans l'incandescent, le combustible brûle. C'est le possible qui commence à brûler. Comme si on touchait là au moteur de l'histoire.

Dans la métaphysique classique, on parlait de liberté et non pas d'incandescence. Vous choisissez un terme matériel…

Oui, matériel. Avec une couleur, avec du feu, et avec la référence concrète à un personnage concret, vivant : l'Incandescent ou l'Hominescent.

Est-ce que l'Univers est lui aussi incandescent ?

Il est escent. Il est inchoatif. Il n'est pas blanc. Il est de toutes les couleurs. Il est plutôt noir que blanc, même. Mais il est brûlant, ça, il n'y a pas de doute. Il vient d'un feu primitif. Ce qu'il y a d'intéressant dans le concept d'incandescence, c'est justement qu'il peut s'appliquer aussi bien au big bang, il y a quinze milliards d'années, qu'à un événement atomique ou subatomique qui va se dérouler sur 10^{-15} seconde. C'est vraiment un concept qui permet de toucher toutes les dimensions du temps.

Comment distinguer votre conception de l'homme de celles de Rousseau ou de Kant pour qui l'homme se définit par une liberté intérieure ?

Ça m'est difficile de répondre à la question parce que je n'ai pas encore abordé la question de l'intériorité. Peut-être faudrait-il que je le fasse un jour, mais je ne sais pas encore comment faire.

Pourtant, votre nouvel humanisme n'est pas seulement une reprise philosophique de Kant et de Rousseau. Il y a une anthropologie assez différente…

Oui. Depuis Kant et Rousseau, on a beaucoup avancé dans les sciences humaines. Et par conséquent beaucoup de leurs propositions sont devenues des naïvetés.

Ni Kant ni Rousseau ne pouvaient imaginer que l'homme pourrait un jour produire son propre corps.

Et produire le monde, surtout ! Oui, bien sûr, l'être-au-monde que nous décrivons et que nous avons sous les yeux n'a rien à voir avec l'être-au-monde du XVIIIe siècle. Il y a une différence gigantesque. Nous ne sommes plus les mêmes hommes, nous ne sommes plus les mêmes animaux.

On en revient à la différence homme-animal ? L'animal a-t-il accès au possible ?

Je dirais que l'animal sait ce qu'il peut, connaît son pouvoir et vit dans cette connaissance, alors que nous ne savons jamais ce que nous pouvons. La possibilité est probablement une des choses les plus essentielles dans l'existence humaine. C'est vrai pour le corps, pour le 800 mètres, pour la philosophie, mais pour beaucoup d'autres choses aussi. Nous pensons beaucoup plus et beaucoup mieux que nous ne le croyons, mais aussi, hélas, beaucoup moins bien !

Mais comment faire une plus grande place au possible dans notre mode de pensée ?

Il faut changer de logique. On est toujours en train de raisonner sur vrai-faux, avec la dialectique en somme et rarement par la logique possible-impossible, nécessaire-contingent : vous pouvez l'écrire dans une matrice carrée :

Peut être / ne peut pas être
ne peut pas ne pas être / peut ne pas être

Avec cela, il me semble que nous couvrons toutes les dimensions fondamentales : le possible, l'impossible, le nécessaire et le contingent. Ce sont des catégories de la logique modale qui sont beaucoup plus intéressantes que les logiques binaires. « Peut ne pas être » : cette dernière catégorie est pour moi la plus fondamentale. La contingence... Que ce soit dans l'existence de la planète, dans celle de la vie ou dans celle de l'individu, il faut penser la contingence.

C'est une forme d'humanisme ?

Je préfère éviter les mots en « -isme ». Ce sont des catégories que j'évite en général. Pour penser vraiment, il faut fuir les formats et se mettre de côté. Simone Weil refusait de décliner son appartenance à un courant. Pour penser, disait-elle, il faut supprimer totalement toute question concernant le « je ». Celui qui est attentif n'existe pas. Le « je » de la connaissance implique que le « je », donc l'ego, disparaisse le plus possible. Plus je pense, moins je suis moi. C'est Simone Weil qui me l'a appris. Là-dessus, je suis un mystique de la connaissance.

Cet anéantissement de l'ego passe-t-il par la lutte contre le narcissisme ?

On se trompe souvent sur le narcissisme. Le mot grec *narkè* désigne le poisson-torpille. Mais attention, le poisson-torpille de Socrate, que nous imaginons comme un poisson électrique, était pour les Grecs un poisson narcotique. Nous l'appelons « torpille », nous devrions l'appeler « torpeur ».

« Narcose » et « torpeur » sont dans l'aire sémantique du narcissisme. Ce sont les mêmes mots. Et on oublie toujours que le narcissisme, ce n'est pas seulement celui qui se regarde lui-même, qui se fascine en se regardant jusqu'à en mourir, mais aussi celui qui tue autour de lui. Le narcisse, c'est celui qui torpille les autres. Cette dimension du narcissisme reste souvent invisible. Un narcisse est dangereux : par exemple, Néron.

Faut-il souhaiter la mort de l'ego ? Sa domestication ?

Considérez la naissance historique de l'individu. Cela commence avec saint Paul : « Il n'y a plus ni Juif, ni Grec, ni esclave, ni homme libre, ni homme, ni femme. » Paul de Tarse n'a pas été suivi immédiatement. Il a fallu du temps : Descartes, Rousseau, les romans autobiographiques, la peinture, qui faisait le portrait d'une fonction – un roi, un cardinal – et s'est mise à peindre une personne, une singularité, et la photographie. J'accorde une grande importance à la photographie, qui a été capitale pour la naissance de l'individu. Mais je crois que l'individu est arrivé à maturité, là, maintenant, entre ma génération et la vôtre. Vous êtes des individus, alors que j'étais moins individu que vous. Ce qui était important dans les générations qui vous ont précédées, c'était l'appartenance. Être belge ou français, catholique ou protestant, député ou forgeron. Tandis que maintenant l'individu est vraiment né avec le processus d'hominescence. Et il menace directement le groupe. Plus personne ne sait faire équipe : dans le football comme en politique ou dans le couple. Cela tient à l'impossibilité pour le nouvel individu de rentrer dans les vieilles appartenances. La nation, les partis, la paroisse, la commune, tout ça est en train de se désintégrer sous cette poussée. Et toute la question est de savoir comment faire vivre ensemble ces nouveaux individus, ces individus accomplis. Comment intenter de nouvelles appartenances ? Facebook, par exemple, est une tentative de ce genre.

Mais c'est une communauté fragile. Et qui – pour vous qui n'aimez pas les ego – est pleine de « moi-je... ».

Toutes les communautés sont fragiles ! Oui, parce que précisément l'individu vient de naître. C'est là où on voit le « moi-je » en train de se coaguler. C'est d'une nouveauté effarante. D'abord par le nombre et ensuite par le fait que ces individus ne savent faire communauté qu'en disant « moi, je ». Oui, l'une des grandes questions d'aujourd'hui, c'est d'avoir à inventer de nouvelles appartenances pour ces nouveaux individus.

Vous notez que « le Je vit grâce au temps mort ». Mais la culture du divertissement laisse-t-elle place aujourd'hui à cet ennui fécond ?

Il suffit de regarder du côté de l'éducation des enfants – leur maman les prend à l'école et les amène à la danse, et, après la danse, il y a le cours de solfège ou de judo... Ils ne s'ennuient jamais et par conséquent ils n'ont pas de temps mort. Or le temps mort nous constitue. Parce que, sinon, je ne suis que joueur de piano, danseur ou judoka... Vive l'ennui !

Vous faites l'éloge de l'ennui.

Oui. Je sais que, quand je suis dans le métro, c'est un bon moment, d'une certaine manière. C'est un moment où je m'ennuie. Dans les sociétés autoritaires, la réunion de trois personnes est interdite. Dans les sociétés capitalistes, la réunion avec soi est interdite. C'est peut-être plus pervers.

Mais en même temps être soi, ce n'est pas facile.

J'ai même l'idée que la morale est généralement suivie parce que les gens ne savent pas ce qu'ils désirent : c'est tellement difficile de savoir ce qu'on désire que, finalement, on obéit à la morale, c'est plus facile. L'impact, l'importance de la morale viennent de ce qu'on ne sait pas du tout ce dont on a envie. Envie de quoi ? Voilà le problème de l'individu contemporain. L'ego, encore et encore. Or se connaître, c'est s'oublier.

Belle formule !

C'est l'inverse du narcissisme. Dans le narcissisme, on se connaît jusqu'à en mourir et on tue les autres. Dans la connaissance, on accueille l'autre en se connaissant soi-même un peu moins. Je crois que je n'ai jamais pensé ni vécu autrement qu'en pratiquant ce précepte dont l'équilibre est sans doute le secret de la joie vitale.

Chapitre 7
LE MALPROPRE
OU LES MALHEURS DE LA PROPRIÉTÉ

En 1990, vous avez écrit un des premiers grands livres philosophiques sur l'écologie, une des interventions philosophiques les plus consistantes sur la question. Face aux menaces qui pèsent sur l'avenir de notre planète, vous avez proposé de passer un « contrat naturel ». C'était une démarche écologiste de votre part ?

Non, surtout pas. J'ai soigneusement évité le terme. Il y a une confusion aujourd'hui sur le mot « écologie », selon qu'il est employé par les politiques ou par les scientifiques. Dans le discours politique, l'écologie, c'est le souci éthique de préserver la nature, conçue comme un espace vierge et sauvage, prémuni des atteintes de l'homme. En sciences, l'écologie (*oikos logos* : connaissance du milieu, de l'habitat ») désigne tout autre chose. Définie par le biologiste Ernst Haeckel à la fin du XIXe siècle, c'est une science ultrasophistiquée qui essaie de rassembler toutes les interactions, géologiques, chimiques, biologiques, végétales, animales, qui constituent un milieu – par exemple, le biotope du mont Ventoux. Elle suppose des connaissances et des technologies extrêmement complexes, qui permettent

CARTE D'IDENTITÉ

Nom : le Malpropre

Sexe : masculin

Âge : celui de la vie

Surnom : le Cracheur

Famille : les pollueurs

Personnage associé : Biogée

Nationalité : mondiale

Date d'apparition : 1990

Profession : commandant de pétrolier ou directeur d'une déchetterie

Formation : École de logistique et de transport des déchets

Livres : *Le Contrat naturel* (François Bourin, 1990), *Le Mal propre : polluer pour s'approprier ?* (Le Pommier, 2008), *La Guerre mondiale* (Le Pommier, 2008)

Devise : « Polluer pour s'approprier. »

Pour nouer un contrat avec la nature, il faut comprendre ce que signifie polluer : tous les animaux, du chien qui pisse au rossignol qui chante, produisent des « déchets » pour s'approprier l'espace. Polluer sert d'abord à s'approprier. Le propre de l'animal (humains compris), c'est le sale. Si je crache dans la soupe de mon voisin, je me l'approprie et lui en interdis l'usage du même coup. Pour ne plus polluer, il faut donc apprendre à ne plus s'approprier les choses. Le « bien commun » s'oppose trait pour trait au « mal propre ». D'où l'idée d'un Parlement des territoires où seraient représentés les différents éléments de la nature. Avec, à la clef, un nouveau contrat, qui ne serait plus un contrat social entre les hommes, mais un contrat naturel entre l'homme et la nature.

de mesurer les équilibres de la chaîne alimentaire, les interactions biochimiques, etc. Je suis souvent surpris de voir que les partis écologistes connaissent très peu d'écologie véritable. Ils devraient apprendre un peu d'écologie, ils n'en savent souvent rien... Pour ma part, mon propos dans *Le Contrat naturel* n'était ni politique ni scientifique : il s'agissait d'aborder la question par un terrain intermédiaire, celui du droit.

Le Contrat naturel *se présente en effet comme un ouvrage de philosophie du droit plus que comme un manifeste écologiste. Pourquoi ?*

Parce que ce pan de la philosophie sert à dégager *qui* sont les sujets de droit. Qui sont-ils donc ? À travers l'histoire, on trouve d'abord les hommes, mûrs de préférence, ensuite des hommes un peu plus jeunes, puis, plus tard, très tard, des femmes et enfin, au moins en théorie, la totalité de l'humanité. Mais ne manque-t-il pas le monde ? Il suffit de lire la Déclaration universelle des droits de l'homme de 1948 pour s'apercevoir qu'est exclu tout ce qui n'est pas le genre humain. J'ai voulu faire justice à cela : mon idée de « contrat naturel » posait le principe d'un nouveau droit, non exclusivement réservé à l'espèce humaine.

Ouvert à qui dans ce cas ? Aux animaux, à la nature ?

On m'a opposé que les non-humains n'avaient pas de main pour signer ledit contrat... C'est un fait. Mais, lorsqu'il a écrit *Le Contrat social*, Rousseau n'a jamais prétendu qu'il y ait eu à l'origine un quidam pour signer son contrat ! L'idée que les hommes se sont réunis un jour pour former société et sceller cette décision dans un contrat est un présupposé de la vie sociale: on suppose que les hommes ont dû vouloir vivre ensemble. C'est ce qu'on appelle une condition «transcendantale»: une condition qui rend possible l'existence d'une chose. Pas de société sans que ses membres manifestent leur volonté de vivre ensemble, pas de droit sans un contrat tacite entre les individus manifestant cette volonté. J'ai fait le même geste: pas de droit de la nature sans un «contrat naturel». C'était en somme du Rousseau déplacé. Et j'ai été heureux de voir, bien plus tard, des procès mettant aux prises, par exemple, le parc de Yellowstone et certains usagers. Mon livre a été une matrice à partir de laquelle s'est répandue peu à peu l'idée que nous pouvons et que nous devons faire de la Terre un sujet de droit.

Comment vous est venue cette idée?

En 1980, j'ai été invité au Japon à une réunion organisée en marge du G7 avec vingt autres savants et quelques philosophes et théologiens. Chaque pays avait dépêché trois envoyés, et, du côté français, il y avait François Gros, qui dirigeait alors l'Institut Pasteur, et Jean Dausset, qui ne savait pas encore qu'il allait recevoir le Nobel de médecine à la fin de l'année, et moi. À l'époque, on se posait déjà de nombreuses questions concernant l'éthique médicale ou chirurgicale, les mères porteuses ou les manipulations génétiques. On nous avait donc demandé de réfléchir à ce que pourraient être les fondements d'une éthique universelle qui prendrait en compte les conséquences planétaires des sciences et des techniques. Échec total! Sur la question d'une morale universelle, nous nous sommes aperçus rapidement que nous filions droit dans le mur. Pourquoi ? Parce que les concepts les plus élémentaires nous séparaient : qu'est-ce qu'un individu ? qu'est-ce que le collectif ? La réponse n'était pas la même pour mon voisin de gauche japonais et shintoïste, mon voisin de droite canadien protestant ou mon vis-à-vis italien et catholique… Après trois sessions entre Tokyo, Paris et Berlin, nous avons jeté l'éponge. Mais cet échec m'a donné à penser. Il n'y a peut-être pas de morale universelle, me suis-je dit. Cependant, il y a bien une instance sur laquelle les hommes peuvent se mettre d'accord : le droit.

Au-delà ou en deçà de la Déclaration universelle des droits de l'homme, il y aurait une universalité du droit ?

Oui. Le droit est une discipline dont aucune communauté ne peut se passer. Mieux, c'est peut-être la seule discipline dans laquelle on peut penser universellement les choses, s'accorder malgré des conceptions du monde radicalement différentes. Quand on fait la guerre, il y a, au moins en théorie, un droit des gens. Quand on fait des échanges commerciaux, il y a un droit commercial international. Pour les mariages mixtes, il faut un droit privé international. Bref, j'ai découvert le fil à couper le beurre, à savoir que le droit est une manière de penser !

Une découverte tardive…

Oui, je suis reparti sur les bancs de la fac, au grand étonnement des autres étudiants, qui regardaient mes cheveux blancs du coin de l'œil, et j'ai fait du droit !

Excellente chose car, à mon avis, un philosophe qui n'a pas fait de droit n'est pas totalement un philosophe. J'ai donc étudié le droit. Et, de fil en aiguille, j'en suis venu à une question fondamentale : est-ce que la nature peut être déclarée sujet de droit ? Et, puisqu'il ne saurait y avoir de droit sans contrat, j'ai pensé qu'il était temps d'établir un « contrat naturel » et je me suis mis au travail.

Et cela a donné naissance à votre livre en 1990 ?

Il y a d'abord eu une tribune importante. À l'époque, j'étais très ami avec Michel Rocard et, un jour, il m'a téléphoné, malade, et m'a demandé de faire une conférence à sa place, au pied levé, lors des assises du parti socialiste. C'était en septembre 1989, à Nancy. J'y suis allé, en l'honneur de son anniversaire. Et puis cela leur faisait un Michel du même âge puisque nous sommes tous les deux nés en fin d'été 1930 ! *Le Contrat naturel* est né de cette conférence politique.

Et l'accueil ?

Enthousiaste.

On ne peut pas dire que, depuis lors, le parti socialiste ait brillé par son intelligence des questions d'environnement…

Non, mais aucun parti n'a vraiment brillé… Ni d'ailleurs les institutions internationales. Permettez-moi une anecdote. On nous avait réunis, l'Égyptien Boutros Boutros-Ghali – qui avait été le patron de l'Onu – et moi, à l'occasion d'une émission de télévision. Nous n'avons pas dit grand-chose sur le plateau, comme d'habitude, mais nous nous sommes retrouvés ensuite au bistrot et nous avons longtemps discuté. Je lui ai demandé : « Comment se fait-il que jamais à l'Onu ne soient traitées des questions concernant l'eau, la terre, le feu, etc. ? » Il m'a répondu : « Monsieur Serres, c'est tout simple : si je parle de l'eau aux fonctionnaires de l'Onu, ils répondent qu'ils ne sont pas là pour représenter l'eau, mais la France, les îles Britanniques ou le Brésil. L'Onu n'est pas une assemblée mondiale, c'est une assemblée internationale où chaque fonctionnaire défend les intérêts de son gouvernement contre ceux des gouvernements d'en face. » Autrement dit, les institutions internationales ne sont pas là pour régler les questions d'environnement… Cela dit, je n'ai pas perdu l'espoir d'apprendre un jour que l'Antarctique ou la forêt amazonienne attaquent telle nation ou tel consortium pour atteinte à leurs droits.

Comment une instance pourrait-elle se considérer comme la voix de la nature ?

Évidemment. Il s'agit de savoir qui va représenter l'eau, qui va représenter la forêt, qui va représenter la banquise… Je prends un exemple. Lorsqu'il y a eu le conflit autour de la pêche en 2007, j'ai été frappé de voir les pêcheurs défendre leur bout de gras contre le président de la République. Lequel a défendu son bout de gras contre les Espagnols, puis contre les Européens, qui se sont défendus contre les Japonais qui viennent braconner dans les eaux territoriales, etc. Mais qui a défendu les poissons ? Personne. Et tout le monde était contre les poissons. Alors, oui, il faudrait une instance, en effet, qui les défende. D'ailleurs, une telle instance a émergé du sommet de Copenhague de 2009 sur le climat, dont on a dit qu'il s'était conclu sur un échec : le groupe d'experts sur le climat, le Giec. Voilà, d'une certaine manière, un premier représentant du climat. C'est une avancée capitale qui prend en compte le changement de notre rapport à la nature.

Au cœur de votre livre, il y a une thèse puissante sur le changement de statut de la nature. Celle-ci ne serait plus ce qu'elle a toujours été pour nos prédécesseurs : un ordre transcendant qui tourne tout seul et nous fournit un modèle de régularité. Elle serait en train de devenir un équilibre fragile et précaire dont la survie dépendrait dorénavant de nous. Vous avez une formule très forte qui permet de prendre acte de manière décisive de ce changement : « L'histoire globale entre dans la nature. La nature globale entre dans l'histoire. Voilà de l'inédit en philosophie. »

Pour bien comprendre la portée de cette rupture, je vous propose de faire un petit détour par la morale des Anciens. Lorsqu'ils réfléchissaient sur nos devoirs, ils partaient en effet d'une distinction, fondamentale à leurs yeux, entre *les choses qui dépendent de nous* et *les choses qui ne dépendent pas de nous*. Par cette distinction, ils nous suggéraient de nous concentrer sur ce qui dépendait vraiment de nous (nos sentiments, nos désirs, notre volonté…) et de ne pas vouloir inutilement modifier ce qui ne dépendait pas de nous (la volonté des autres, le temps qu'il fait, le jour de notre mort…) ou nous en sentir responsables. Comme, autrefois, la part de ce qui dépendait de nous était relativement minime et la part des choses qui ne dépendaient pas de nous colossale, les éthiques du passé étaient une invitation à ne pas se fixer des objectifs impossibles. C'étaient des éthiques de la prudence. Or la modernité a bousculé ce partage et cette aspiration à la modération. Au fur et à mesure que la technique et la science avancent, l'ensemble des choses qui dépendent de nous a crû de manière exponentielle. Et l'ensemble des choses qui ne dépendent pas de nous a décru en proportion. Lorsque Descartes dit qu'il faut « nous rendre comme maîtres et possesseurs de la nature », il annonce le moment où nous partons à la conquête de façon volontaire et consciente des choses qui ne dépendent pas de nous.

Comme la santé ou la durée de vie, par exemple ?

Exactement. Je peux programmer la naissance de mes enfants alors que ça ne dépendait pas de moi naguère. L'heure de ma mort peut dépendre de moi si je ne fume pas, ne bois pas et vois mon médecin régulièrement. Même le climat dépend de nous. Mais un troisième moment est advenu, au bout de la maîtrise de plus en plus grande que nous avons acquise.

Lequel ?

À mesure que cette maîtrise augmentait, elle a produit un effet paradoxal : il est en effet apparu que nous en sommes venus à dépendre de ce qui dépendait de nous... comme si cela ne dépendait pas de nous. Je m'explique. Prenez le climat. Jamais un Ancien n'aurait imaginé que notre activité pouvait modifier le climat. Si j'avais dit à mon grand-père que le climat dépendait de nous, il se serait moqué de moi.

Or c'est devenu une évidence. Sauf que nous sommes loin de maîtriser l'effet de notre action sur le climat et que cet effet nous revient sous le mode d'une nouvelle dépendance. La réduction de la couche d'ozone nous apparaît comme un phénomène sur lequel nous n'avons pas de prise, alors même qu'il est le produit de notre activité. Tout dépend de nous désormais, mais nous dépendons en même temps des choses qui dépendent de nous. C'est un renversement absolu de l'ordre des choses, aussi bien par rapport à l'âge moderne que par rapport à l'Antiquité.

Ce qui dépend de nous en tant que sujets agissants se met à acquérir une objectivité indépendante...

D'où la révision que je propose du clivage entre le sujet et l'objet de droit. Le point est le suivant : la nature était devenue comme un ensemble de phénomènes dont nous étions, grâce à la connaissance que nous en avions, les maîtres, les sujets. Manipuler ces objets ne posait pas de problème de droit. Et il n'aurait pas été imaginable de faire entrer dans un prétoire le rapport que nous entretenions avec les choses du monde. Nous pouvions être, comme le souhaitait Descartes, « maîtres et possesseurs » d'une nature gouvernée par des lois scientifiques invariantes. Mais, dès lors que notre intervention sur le monde tend à modifier l'ordre et les lois naturels, tout change.

N'est-ce pas alors l'idée même de loi naturelle qui vole en éclats ?

Dans l'histoire occidentale, il y a deux conceptions de la loi naturelle : la conception antique et la conception moderne. Selon Aristote, une loi positive, une loi humaine, était d'autant meilleure qu'elle respectait l'ordre cosmique. Il affirme, par exemple, que la justice imite l'équilibre d'une balance. S'il y a beaucoup de pauvres et peu de riches, alors le bras de la balance devra être très court d'un côté et très long de l'autre pour que le pauvre paie proportionnellement moins d'impôts que le riche, selon une loi de justice sociale analogue à la loi de la statique. Dans la modernité se produit un infléchissement : la loi ne prend plus la nature physique comme étalon mais la nature humaine. La nature des Modernes se réduit à la nature humaine, laquelle se réduit à la raison. Le monde n'y a plus sa place. Or voilà que nous les contemporains avons découvert que la nature humaine n'existait pas non plus. Ou, en tout cas, qu'elle n'était pas suffisamment univoque, comme le démontre la variété des mœurs et des règles que nous a révélée l'ethnologie. Résultat : après que le droit naturel ancien a été abandonné par les Modernes, nous avons abandonné le droit naturel moderne. Que faire, alors ? Pour ma part, je ne cherche pas à revenir en arrière mais à considérer simplement la chose suivante : nous avons un rapport d'objectivation qui n'a jamais été pensé du point de vue juridique. Il faut désormais passer un contrat avec la nature. Un contrat de symbiose là où nous sommes devenus des parasites.

Mais n'est-ce pas paradoxal ? Nous apprenons à nos enfants le respect d'une nature protégée, virginale, hors de l'histoire ; celle des parcs naturels. Et vous nous apprenez qu'en réalité cette nature est entrée dans l'histoire et que nous devons nouer un nouveau rapport avec elle. Votre conception de la nature ne tranche-t-elle pas complètement avec son idéalisation contemporaine ?

Je ne cherche pas à retrouver une nature idyllique que nous aurions perdue, bien sûr. Mais ma conception de la nature n'écarte pas le mythe. D'ailleurs, je ne suis pas d'accord avec le point de vue strictement occidental qui ridiculise les mythes, le fétichisme ou l'animisme. En quoi serait-ce un mal d'être animiste ? Je rappelle que l'arrivée du christianisme dans le monde païen a été une catastrophe, eu égard à la nature ! Lorsqu'il y avait une hamadryade au pied de chaque arbre, on réfléchissait à deux fois avant de le couper. Et si un lac abritait une naïade on évitait de l'assécher. Dans le polythéisme de nos aïeux, il y avait une forme de sagesse qui interdisait tout rapport de prédation. L'injonction de devenir « maîtres et possesseurs de la nature » s'inscrit dans le fil du judéo-christianisme et de l'idée d'un dieu absent. Le désenchantement du monde, d'origine judéo-chrétienne, a été la condition de la technicisation de la nature. D'ailleurs, la déforestation, ce sont les moines qui l'ont initiée, tout comme l'assèchement des marais…

Mais, en disant cela, ne jouez-vous pas sur deux tableaux à la fois ? Car de deux choses l'une : ou bien le monde est désenchanté et il nous revient de le préserver avec nos artifices, ou bien il est enchanté et nous devons le respecter en tant que tel. Mais il ne peut pas être à moitié enchanté et à moitié désenchanté. Le « naturalisme » qui est devenu le nôtre ne rend-il pas impensable la croyance au sacré ?

C'est juste. Le naturalisme oppose d'un côté un objet, la nature, et de l'autre, un sujet, qu'il dote d'une dignité que l'autre n'a pas. D'un côté il y a une âme et de l'autre côté un corps, pour dire les choses globalement. Mais je ne suis pas entièrement d'accord avec cette vision : il y a suffisamment de dignité des deux côtés pour autoriser la signature d'un contrat entre eux. Cette affirmation m'a valu d'être traité d'animiste : et pourquoi pas ? Il y a en effet de l'animisme dans cette affaire-là, et peut-être que seul l'animisme pourrait nous sauver. Je ne recule pas devant cette idée. Je crois que nous devons être prêts à passer par-dessus les catégories et les partages conceptuels de l'Occident pour affronter cette question. C'est une démarche que je partage avec Michelet, par exemple. Je ne dis pas cela parce que cela m'arrange, mais parce que les problèmes sont là. Le monde ne se réduit pas à un objet devant nous, disponible, dont on peut faire n'importe quoi.

C'est une manière d'y réinjecter de la transcendance ou du sacré.

Pas forcément. Je dis simplement que lorsqu'il y avait des dieux et des déesses, c'était plus commode. Mais maintenant, évidemment, on ne voit pas comment on pourrait remettre des naïades dans les lacs. Nous avons noué un rapport d'abstraction avec la Terre. C'est notre « a-cosmie » d'aujourd'hui. Mais pourquoi ne pourrions-nous pas imaginer, au bout de ce trajet, un retour de l'idée d'un cosmos sacré, sous une forme réinventée ?

Vous avez une très belle manière de décrire cette trajectoire : « De la nature dont nous parlions autrefois, monde archaïque dans lequel nous vivions plongés, la modernité appareille. Devenue abstraite, inexpérimentée, l'humanité développée décolle vers les cimes, hante les images et les codes, et, volant au milieu d'eux, n'a plus rapport dans les villes à la vie ni aux choses du monde. Vautrée dans le doux, elle a perdu le dur. Voyageuse et parlière, informée. Nous ne sommes plus là, nous errons hors de tout lieu. Appareillés assez loin de notre terre, nous pouvons enfin la considérer toute. Le paysan, dos courbé, vivait du sillon et ne voyait que lui, le sauvage seulement sa clairière [...]. À quelle distance volons-nous pour la percevoir ainsi globalement ? Nous sommes tous devenus des astronautes, entièrement déterritorialisés ; non point comme autrefois un étranger pouvait l'être à l'étranger, mais par rapport à la Terre de tous les hommes ensemble. Notre plus récent voyage nous amena de la terre à la Terre. »

Oui. C'est une description plus concrète que métaphysique parce qu'il nous est arrivé une aventure vraiment fondamentale. Un événement sans précédent : tous les hommes ont pu regarder la Terre en entier. De la terre à la Terre, nous, paysans, sommes, en effet, devenus astronautes.

1969, le voyage sur la Lune ?

Bien sûr, la planète se révélait pour la première fois sans horizon. On a ainsi découvert quelque chose de tout à fait nouveau : la nature au sens d'une nouvelle nature. La Terre sans horizon nous donne un sentiment d'émerveillement et de fragilité, elle confine un nouveau sens au mot de Pascal : « Nous sommes embarqués. » C'était la première fois que l'on voyait le vaisseau. Cette expérience a nécessité toute la technique occidentale, tout un travail d'objectivation et de rationalisation de l'espace. Mais au bout de ce travail, à l'extrême pointe de la technique, on s'est trouvé face à face avec quelque chose de tout nouveau : la Terre comme un vaisseau dans l'espace. Maintenant, on sait que la Terre est là et qu'elle est finie. Nous avions vécu avec l'idée que l'homme était fini dans un environnement infini et nous avons découvert que nous étions infinis, dans notre puissance, alors que notre Terre est finie. On a complètement renversé le rapport.

Il n'y a pas de personnage dans Le Contrat naturel. *On aurait pu penser à Gaia, la nouvelle icône des mouvements écologistes…*

Je ne suis pas du tout partisan de ce qu'on appelle l'« hypothèse Gaia ». Pour une raison simple, c'est que cette déesse incarnait dans l'Antiquité la fécondité. Or je n'ai jamais vu la Terre se reproduire !

Il y a cependant un personnage central dans votre réflexion sur l'écologie, c'est le Malpropre, un personnage très intéressant et même amusant qui incarne notre rapport prédateur à la nature…

Oui, nous affirmons notre droit de propriété sur un territoire comme un mammifère marque le sien : en le polluant. La question centrale de notre temps est la suivante : pourquoi pollue-t-on ?

Le Malpropre, c'est d'abord une formidable invention langagière, un formidable jeu de mots…

C'est un double, un triple jeu de langage. Le propre, ai-je dit, c'est le sale. Le Malpropre, c'est le propriétaire, celui qui s'approprie. C'est aussi le symétrique inverse du bien commun. Car en posant la question du « mal propre » on pose les fondements d'une philosophie du « bien commun ».

Et puis il y avait aussi l'idée de prendre à revers le concept de « corps propre », que la phénoménologie ne cesse de nous décrire comme notre accès premier au monde, via le corps vécu, le corps propre. Le Malpropre était une proposition ironique : ce n'est pas le propre, c'est le sale, le corps sale, qui permet de comprendre notre appropriation.

N'est-ce pas un mâle aussi ?

Ah ! je n'avais pas pensé à cela ! Peut-être. Mais c'est surtout le chien qui pisse et son propriétaire. Grand-père depuis peu de temps, j'amène quelquefois mes petits-enfants au bois de Vincennes, où je me promène depuis quarante ans. Mais c'est devenu impossible : le bois est devenu un immense chiotte pour chiens ! Vous amenez vos enfants dans l'herbe, ils reviennent pleins de merde ! C'est terrifiant. Quand vous allez au bois de Vincennes, il y a dix promeneurs, et neuf sur dix ont des chiens, à peu près.

Je ne suis pas contre les chiens, j'ai même pour cette espèce une admiration sans borne. Mais la question, ici, est le nombre. Plus d'un million de chiens dans la région parisienne y déposent des millions de tonnes de merde par an !

Donc, c'est un propriétaire de chien, le Malpropre ?

Disons plutôt que ce n'est pas un personnage exclusivement humain. La conduite du Malpropre n'est pas seulement une conduite humaine, c'est aussi la conduite du chien, du tigre, du chimpanzé, et même de l'arbre, avec son écorce. Et même de l'ombre : à l'ombre d'un sapin, rien ne pousse. On oublie toujours que le chant des oiseaux sert à cela : quand le rossignol chante, c'est pour délimiter sa niche. C'est une « stratégie » d'appropriation de l'espace. Métaphoriquement, le comportement du Malpropre touche à tout le règne du vivant, jusqu'aux amibes, jusqu'aux monocellulaires. Il m'a permis de comprendre que le droit de propriété, dont on dit toujours qu'il n'existe pas dans la nature, est en réalité partout opérant en elle. Tous les vivants se comportent de cette façon-là, y compris les asperges et les pommes de terre. Ils ont une technique pour occuper l'espace. En faisant ce constat, je me suis aperçu que l'homme n'était pas différent de l'animal, et que l'appropriation n'est pas un droit conventionnel mais naturel. Voilà qui fut une découverte pour le moins inattendue.

Mais tous les vivants ne formalisent pas leur appropriation de l'espace naturel dans des contrats…

Ce n'est pas si sûr. Qu'est-ce qu'un biotope, sinon une sorte d'équilibre contractuel entre diverses espèces qui occupent un même endroit ? Qu'est-ce qu'une chaîne alimentaire, sinon, précisément, à un moment donné, une sorte d'équilibre entre les forces en présence ? Il ne s'agit pas de contrats écrits, mais de contrats de fait, tacites. Et *Le Mal propre* permet justement d'avoir une vision globale de ces arrangements dont est fait le monde du vivant. Il y a une sorte de symbiose qui est le début du contrat.

Et dans le monde humain à quoi ressemblerait le Malpropre ?

Ce serait par exemple un commandant de pétrolier qui dégaze à tout va dans la mer.

Avant de pouvoir nouer un nouveau contrat avec la nature, laissez-vous entendre dans Le Mal propre, *il faut d'abord comprendre les enjeux de la pollution. C'est vrai qu'il n'y a pas beaucoup de traités de la pollution dans l'histoire de la philosophie !*

Il y a un mot de Platon, dans le *Parménide*, sur le cheveu, la boue, la crasse… Sinon, pas grand-chose en effet. Pour une raison très simple : devant la pollution, on se demande toujours *avec quoi* on pollue : avec du CO_2, de la houille, du lignite, du pétrole… Or la vraie question, c'est : *pourquoi* pollue-t-on ? Qu'est-ce que cela veut dire : polluer ? Cela veut dire : salir. C'est un comportement qui remonte à notre condition animale. Considérez un animal. Lorsqu'il définit sa niche, il le fait par le corps. Qu'a-t-il à sa disposition ? Son odeur, son urine, ses excréments et les bruits qui lui sont propres. Par conséquent, il délimite son habitat par des déjections ou par des feulements ou des trilles. C'est universel dans le règne animal, du tigre au chien, en passant par les oiseaux. Il y a même deux sortes de délimitation, l'une dure et l'autre douce : l'excrément et le son. Est-ce que l'homme fait pareil ? Nous faisons exactement les mêmes gestes que le chien qui pisse. Et ces gestes ont la même signification, chez eux comme chez nous. Si je vous invite à dîner et que je crache dans la salade, vous ne pourrez plus la manger. Pourquoi ? Parce que je me la serai appropriée en crachant dedans. Si je salis les draps d'un lit, vous ne coucherez pas dans ce lit-là, parce que j'aurai sali les draps et qu'ils seront à moi. Autrement dit, polluer, c'est s'approprier. Et cela pose le problème du droit de propriété : nous retombons à nouveau sur un problème de droit qui est connu depuis toujours. Comme l'écrit Rousseau : « Le premier qui, ayant enclos un terrain, s'avisa de dire : ceci est à moi, et trouva des gens assez simples pour le croire, fut le vrai fondateur de la société civile. » Sauf que le naïf, c'est Rousseau : le premier qui enclot un terrain, il est connu dans la littérature : c'est Romulus. Il a pris une charrue et il a enclos Rome. Et il a dit : « Ceci est chez nous. » Et qu'est-ce qu'il a trouvé ? Son frère, qui a traversé la frontière ainsi tracée. Et il l'a tué. C'est l'appropriation par le sang versé.

Le sang, le sperme, tout est bon pour laisser une trace ! Vous l'écrivez ainsi : « Pour conserver quelque chose en propre, le corps sait y laisser quelques taches personnelles : souillure sur le vêtement, salive dans les mets, pieds dans les plats, déchets dans l'espace, fumée, parfum, déjection, toutes choses assez dures, mais aussi mon nom imprimé en noir, etc. D'où le théorème que l'on pourrait dire de droit naturel – j'entends ici par « naturel » une conduite générale chez les espèces vivantes – : le propre s'acquiert et se conserve par le sale ; mieux, le propre, c'est le sale ! » L'appropriation se fait par la saleté ?

À l'origine, en tout cas. Il y a une histoire corporelle de la propriété. Il y a dans la propriété une racine, une origine corporelles. À partir de là, j'ai pu penser à nouveau les questions de pollution. En commençant par le sens premier du mot. Avant même qu'il désigne la fameuse carte de géographie des lits de pensionnat avec le sperme dans les draps, le mot « pollution » était utilisé par les prêtres. C'est un mot religieux, qui vient du latin *pollutio* (« salissure », « souillure » ou « profanation »).

Et quelle est sa signification ?

Cela voulait dire « profanation » : rendre profane du sacré. Il y a un acte fondamental de la messe durant l'offertoire où le prêtre prononce les paroles suivantes : « *Lavabo inter innocentes manus meas.* » – « Je laverai mes mains parmi les innocents. » Dans toutes les religions, et qu'elles soient asiatiques, bouddhistes, musulmanes ou chrétiennes, c'est la même chose : on se lave les pieds ou les mains, et on se purifie. Par la purification on enlève la pollution. Dès lors, on peut entrer dans le temple en étant pur, c'est-à-dire sans s'approprier l'espace du Seigneur.

Et la Terre ?

Nous avons tellement vaincu la planète que nous l'avons complètement salie ; elle est à nous, pas de doute ! C'est une appropriation totale.

Qu'est-ce qu'un déchet ?

Ce n'est pas uniquement le supplément malheureux de la production, c'est la première forme d'appropriation de la nature. Prenez un moteur. Un moteur, c'est une machine qui a un rendement. Nous n'en connaissons pas dont le rendement soit égal à 1 – il est toujours inférieur. Par conséquent, tout moteur produit des déchets. N'importe quel moteur en produit dès sa mise en route et les évacue par l'équivalent d'un « anus ». Mais le moteur biologique a un rendement dix fois, cent fois, mille fois supérieur à celui de tous les moteurs que nous savons fabriquer. Nous sommes bien incapables de construire un cœur qui fonctionne pendant quatre-vingts ans sans s'arrêter ! Pourtant, nous aussi, comme un moteur, produisons des déchets. D'une manière générale, on peut considérer un animal comme une sorte de ballon de rugby allongé, avec une bouche et un anus reliés par un tuyau et, autour, un moyen de locomotion – nageoires, pattes ou ailes. L'animal se meut pour des raisons thermodynamiques : il va chercher de l'énergie chez sa proie et laisse ses déchets derrière lui. Voilà pour les animaux, mais la vie est plus vaste : si je vais regarder du côté des végétaux, je fais un constat identique. Un végétal dépose ses déchets autour de lui et il fabrique un tronc. Ce tronc est constitué de déchets énergétiques, et les branches sont aussi des déchets. Tout ce qui est dur, ce sont des déchets. Qu'est-ce que cela signifie ? Que le déchet sert précisément à déterminer où j'habite. L'arbre habite là où il chie. Et, puisque les déchets se répandent dans l'espace, il y a appropriation.

D'où vous est venu cet intérêt pour les déchets ?

Lorsque mon père draguait la Garonne, lui et d'autres ont été convoqués par les Eaux et Forêts au motif qu'ils saccageaient un peu l'environnement fluvial. Expulsés du fleuve, les extracteurs se sont mis à creuser sous la terre arable. À la fin de ce travail restait un lac, parce que les eaux des nappes envahissent les puits d'extraction. Et que faire de ce lac ? Le plus souvent, la ville nous demandait ce lac pour mettre ses ordures. Donc, j'ai manié durant mon adolescence, à la fois les cailloux et le sable, et aussi les ordures qui venaient remplacer ce que nous avions enlevé. J'ai saisi très tôt le volume colossal de nos déchets. *Le Mal propre* est un essai pour introduire en philosophie la notion de déchet ou d'ordure.

Vous faites à la fois une théorie de la propriété, de son origine naturelle, et, en même temps, vous proposez une utopie de la désappropriation. Car comment réduire autrement nos déchets ?

Il n'y a plus d'objet, plus d'environnement qui soient extérieurs à l'homme. Celui-ci dispose de toute la planète comme de sa maison. Mais qu'arrivera-t-il le jour où nous aurons éliminé toutes les autres espèces ? Allons-nous nous manger les uns les autres ? La question de la propriété est fondamentale. Et, tout en disant qu'elle a une racine de droit naturel, je dis également qu'on est au bout du processus. Maintenant, il faudrait « se désapproprier » et se poser la question du bien commun.

Autrement dit, vous affirmez qu'on ne pourra traiter la question de l'écologie qu'en traitant la question de la propriété ?

Oui. C'est pour cela que cette révolution est radicale. Elle met en jeu le droit de propriété jusque dans sa fondation naturelle.

Aujourd'hui, même si la propriété est individuelle, les déchets sont collectifs et nous sommes tous en train d'avaler les déchets des autres... Mais changer ce système ne va-t-il pas mettre en question l'origine naturelle de ce que nous sommes ?

C'est le fonctionnement même de la vie ! Et oui, cela met en question, en effet, notre vie, notre être-au-monde. Le rapport de la vie au monde passe par une gestion des déchets. L'être-au-monde ne peut pas être pensé sans les déchets. Les déchets biologiques mais aussi les autres.

Y a-t-il des déchets non naturels ?

Bien sûr ! Il y a le langage, le bruit, la musique..., toutes les pollutions douces, qui constituent aussi une manière de s'approprier l'espace. Prenez le nombre de décibels que produit un homme, une femme ou un objet : n'est-il pas proportionnel à la richesse ? Un hélicoptère ou un Boeing 747 font beaucoup plus de bruit qu'une mobylette. Et d'ailleurs, lorsque l'Église était maîtresse de la société, elle avait des cloches, et celles-ci occupaient l'espace. Et lorsque la laïcité est venue la remplacer, elle a fait taire la cloche, mais elle a mis quoi ? Une sirène. Et c'était de nouveau pour tenir l'espace. Donc il y a une manière de tenir l'espace qui est douce, et non pas dure.

C'est une théorie du bruit appliquée à l'humain, à l'objet, aux végétaux...

L'excrément, c'est un bruit, c'est du désordre, c'est le passage de l'ordre au désordre. C'est vraiment de l'entropie pure et simple.

Y a-t-il un bruit du corps ?

Personnellement j'ai des acouphènes. On dit que c'est l'oreille qui entend sa propre circulation sanguine : à un moment, elle devient assez fine pour s'auto-écouter. Mais nous sommes le siège de milliards de milliards de réactions chimiques à la seconde. Cela doit faire un charivari gigantesque ! Comment se fait-il que nous n'entendions presque rien ? C'est le bruit de la vie.

Et le bruit de la Terre ?

Ah ! là nous parlons de *Biogée*, c'est la suite naturelle de tout ce que nous venons de dire, c'est le projet de tenter d'écouter une voix qui n'est pas la voix humaine. Je tiens beaucoup à ce livre qui tente justement d'écouter retentir la parole des choses.

Qu'est-ce que c'est, la Biogée ?

« Bio », c'est la vie, et « *Gé* », en grec, c'est la Terre. La Biogée, c'est notre habitat, ce dans quoi nous vivons, notre monde.

Et vous voulez l'écouter ?

Je voulais faire entendre les vivants et la Terre elle-même. La religion romaine archaïque, à un certain moment, m'a beaucoup passionné, parce qu'elle a une fête extraordinaire non pas des dieux, mais des morts. C'était *Mundus patet*, une expression que l'on pourrait traduire par « le monde s'ouvre » ou plutôt « le monde bée », comme « béant ».

C'est une bouche entre le monde souterrain et celui des vivants ?

C'est un trou, un abîme par lequel on pourrait écouter un bruit qui viendrait d'ailleurs que des hommes, qui sortirait des entrailles de la Terre. Comment écouter le monde ? Est-ce que le monde a une voix ?

La recherche de cette « voix de la nature » vous fait parfois basculer dans une forme de mystique. Comme si vous cherchiez à refabriquer du mythe avec cette nature qui est en morceaux, en lambeaux, en déchets ?

C'est ce que j'essaie de faire, en effet.

Vous pratiquez une forme de mythologie…

C'est poétique, au sens technique du terme, c'est-à-dire producteur, fabricateur.

C'est une poétique de la nature.

Oui, une poétique, presque une mythologie, oui.

En même temps, vous laissez entendre que le bruit, ou la musique, du monde d'aujourd'hui est apocalyptique.

Eh bien, on n'entend plus... On n'entend que les humains. On n'entend que des moteurs, que les tuners, que la musique, etc. On n'entend plus le bruit du monde.

Et qu'entendrait-on si on l'entendait ?

« Mayday, mayday », probablement. Je l'ai écrit ailleurs : je ne peux plus entendre un ouragan sans y déchiffrer les appels canoniques des navires en détresse, sauf que c'est le vent qui demande de l'aide. J'ai découvert récemment, dans un vieux livre de l'écrivain Joseph Conrad – bon marin – l'étymologie de « mayday » ; il dit : « Ah, cet appel, qu'en anglais on appelle "mayday", est simplement un travestissement en anglais du mot français : m'aider, venez m'aider. »

Donc, entendre le bruit du monde, ce serait entendre un appel au secours ?

Bien sûr.

Cet appel au secours, vous lui avez donné le nom, dans un autre livre, de « guerre mondiale »... Pouvez-vous nous expliquer le sens nouveau que vous donnez à cette expression ?

Elle ne doit plus être comprise, comme lors des deux conflits du XXe siècle, comme la guerre que se livrent entre eux tous les pays *du* monde, mais comme la guerre que nous menons tous *contre* le monde. Or, ce monde auquel nous livrons bataille, en l'exploitant et en le détruisant, nous sommes embarqués dessus. C'était une manière de renouer avec le mythe de Noé. La Terre est l'arche globale dans laquelle tous les vivants se livrent bataille sans arrêt jusqu'à ce qu'ils entendent l'appel: « Aux postes d'évacuation ! », autrement dit: le bateau coule. Une fois entendu, ce cri devrait signifier que la guerre entre les matelots du pont et ceux de la machine doit cesser, et que chacun doit apporter son aide pour éviter que le bateau ne coule. Le propos de *La Guerre mondiale* était donc de dire: si réellement, à un moment, nous prenons conscience des dangers globaux que notre embarcation court, alors nous serons « condamnés » à la paix perpétuelle. Cela présuppose une seule chose: que tout le monde prenne conscience que, en effet, le bateau va couler. La guerre contre le monde nous condamne à la paix perpétuelle. C'était une proposition utopique. Ici, l'utopie décrit l'île sur laquelle nous sommes réellement embarqués.

N'est-ce pas faire une élision du politique, faire comme si, contrairement à ce que nous dit Aristote, l'homme n'était qu'accidentellement politique et qu'il pouvait, devant des enjeux métaphysiques comme celui de sa survie, mettre entre parenthèses sa condition politique ? C'est une tendance que l'on retrouve souvent dans l'écologie : laisser croire que les conflits politiques « normaux » s'effacent devant le péril écologique, qui doit nous réconcilier. Or, ne peut-on penser au contraire que la crise écologique, à mesure qu'elle s'approfondit, va multiplier les occasions de conflit entre les hommes (guerres du climat, guerres de migration…) ? La nature va entrer dans nos conflits, c'est une certitude. Croyez-vous vraiment qu'elle y mette fin ?

Ce raisonnement suppose une idée de la politique, qui est exclusivement humaine. Le mot « politique » vient de *polis*, la « ville ». La politique a en effet été inventée par des gens des villes et elle est fondée sur des conflits entre des intérêts, des classes sociales propres aux villes. Et il manque dans ce théâtre très urbain d'abord les paysans, ensuite tous les autres acteurs : les animaux, les plantes, la Terre… J'ai toujours été frappé par le fait que les politiques étaient des gens des villes. Pour eux, il est évident que la politique est essentielle : nous sommes fondamentalement des animaux politiques, mais en un sens exclusivement urbain du terme. C'était déjà le cas d'Aristote, pour lequel les paysans ne sont pas des animaux politiques. C'est encore le cas de Marx, pour lequel les paysans existent peu. Il y a un « a-cosmisme » de la pensée politique. C'est tout de même étrange : jusqu'en 1830, seulement 8 % des humains habitaient les villes. Les autres ne participaient pas à la politique au sens étroit, urbain, du terme ni à l'histoire. Mais il faudra bien, à un certain moment, que l'on intègre dans nos manières de penser la politique un facteur géographique, un facteur mondial. Parce que sinon, en effet, les hommes des villes se battront toujours entre eux pour avoir les asperges, mais les asperges, il n'y en aura plus. Il faudra bien que la politique tienne compte de cela, sinon comment les villes subsisteront-elles ? Il faut changer notre notion de la *polis*.

Mais croyez-vous vraiment que l'idée de finitude de la nature va nous réconcilier ?

Nous ne sommes peut-être pas encore arrivés au point décisif. Mais on peut très bien y arriver dans dix, quinze ou vingt ans. À un certain moment, le prix des matières premières va croître de façon exponentielle, l'essence va devenir très chère, et cela va faire basculer complètement l'idée du politique. J'en suis convaincu. Actuellement, l'économie est toujours politique, au sens réduit du terme ; en effet, c'est de l'économie politique. Mais je crois que tous ces concepts sont en train de se transformer de façon radicale. La notion de citoyen, par exemple. Je suis citoyen de quoi, moi ? « Citoyen », cela veut dire que j'appartiens à une cité. Est-ce que j'habite Vincennes ? Oui, je vote à Vincennes, mais je travaille à Paris, je suis à un quart d'heure de distance de Paris, je suis à une heure et quart de Bruxelles, je suis à deux heures de Londres : j'habite aussi bien Bruxelles que Londres, que Lyon. La notion de ville est en train d'exploser complètement. La France est une ville dont le TGV est le métro. La notion de cité est en train d'exploser. Et elle explosera encore plus lorsque, précisément, il n'y aura plus de transports. Lorsque le transport sera tellement cher qu'on ne pourra plus se le payer ? Savez-vous par exemple que, aux États-Unis, dans les grands magasins, chaque objet a parcouru en moyenne dix mille kilomètres ? Dix mille kilomètres ! S'il fallait payer une taxe carbone sur ces importations, on ne pourrait plus manger !

C'est certain. Mais cela même risque plutôt de démultiplier les causes de conflit que de les réduire.

C'est possible, en effet. Ce qu'il y a de terrible avec l'écologie, c'est qu'au lieu d'être une science qui bouleverse complètement la politique, elle est devenue un parti politique, pour des gens qui sont complètement ignorants de cette science-là. Elle est entrée dans le jeu de cette politique, mais elle n'a pas bouleversé la politique. Ce qui peut bouleverser la politique, ce sont des institutions comme le Giec, qui doivent pouvoir « représenter » la nature.

C'est une proposition qui a été reprise par Bruno Latour pour son « Parlement des choses ». Pouvez-vous préciser ce que vous entendiez par là ?

C'était une réponse à ce que Boutros-Ghali m'avait dit sur l'Onu : ce n'est pas une « assemblée mondiale », c'est une « assemblée internationale » où chacun des fonctionnaires est là pour défendre les intérêts de son gouvernement contre les intérêts du gouvernement en face. Mais exit le monde ! Par conséquent, j'avais proposé à cette époque que l'on constitue une assemblée où seraient représentés non pas les peuples seulement, mais les territoires et les éléments naturels qui les constituent. J'avais appelé cette assemblée, en hommage aux gaufres belges, la « Waffle » (*Water, Air, Fire, Life, Earth* : l'eau, l'air, le feu, les vivants et la Terre). Je suis convaincu que cette assemblée, utopique pour le moment, pourrait transformer la face de la Terre et le profil de la politique.

Chapitre 8

Le Grand Fétiche
ou les métamorphoses du religieux

La question de la religion traverse toute votre œuvre. Elle est partout et nulle part en même temps : aucun livre ne lui est explicitement consacré, mais vous ne cessez d'interroger la dimension religieuse des phénomènes que vous explorez. Vous vous référez très régulièrement à la Bible et à des épisodes canoniques du Nouveau Testament. Vous vous inspirez également à de multiples reprises du travail de René Girard sur le bouc émissaire et le sacrifice. Et vous vous interrogez régulièrement sur le retour du sacré dans notre monde supposé désenchanté. Afin de cerner cette présence foisonnante du religieux, le plus simple est peut-être de partir d'un des personnages de votre œuvre les plus explicitement liés à la religion : le Grand Fétiche. Qui est-il ? Et que nous permet-il de penser quant au religieux dans notre temps ?

J'ai retrouvé le Grand Fétiche chez Auguste Comte. Le fondateur du positivisme distinguait un peu naïvement

CARTE D'IDENTITÉ

Nom : le Grand Fétiche

Surnom : Chérubin

Sexe : indeterminé

Âge : 4,5 milliards d'années

Père : Auguste Comte

Date d'apparition : 1856

Personnages associés : Quetzalcóatl, Gaia, le Sphinx, les chérubim

Nationalité : terrien

Profession : idole

Formation : un produit de la nature et de la culture

Livres : *La Guerre mondiale* (Le Pommier, 2008), *Le Temps des crises* (Le Pommier, 2009), *Biogée* (Dialogues – Le Pommier, 2010)

Devise : « Je vous fascine alors que vous me façonnez. »

Dans une intuition géniale, le philosophe Auguste Comte parlait de la Terre comme d'un « Grand Fétiche ». Qu'est-ce qu'un fétiche ? Une statue fabriquée par des hommes et devant laquelle ils se prosternent comme si elle était un vrai dieu. C'est exactement le sens de notre expérience à la Terre. Qui n'a pas ressenti un frisson devant le spectacle de la Terre contemplée depuis la lune ? Une vision qui nous détache du socle sur lequel nous vivions depuis des millénaires pour nous installer dans un rapport d'extériorité à la planète. Cette expérience d'une extériorité à la fois produite et subie conduit à s'interroger sur les métamorphoses du religieux dans le contemporain. Car les catégories modernes du sujet et de l'objet ne permettent plus de rendre compte de notre être-au-monde.

trois états : l'âge théologique, dominé par les religions, l'âge métaphysique, dominé par la philosophie, et l'âge positif, dominé par la science. Sauf que, et c'est là que sa réflexion est la plus intéressante, il laissait entendre à la fin de sa vie que, au bout du chemin parcouru, on en revenait au fétichisme, comme par une espèce de boucle ultime. Comme s'il fallait retrouver au sein même de l'esprit scientifique une part du fétichisme abandonné dans le cours de l'histoire. À la fin de l'ère scientifique et industrielle qui est la nôtre viendrait, prophétisait-il, une nouvelle religion : la religion positiviste.

Comte lui-même ne se considérait-il pas comme le grand prêtre de cette nouvelle religion positiviste ?

C'est vrai. Et c'est une des raisons pour lesquelles on regarde avec beaucoup d'ironie sa pensée aujourd'hui. Mais c'est une œuvre mal connue. Certes, ce n'est pas exactement un anticipateur – il n'annonce pas l'avenir – mais il fait le bilan de la science du passé. Celle-là même qui fournit le corps de son enseignement à l'École polytechnique jusqu'en 1850 ; elle s'arrête à la mécanique analytique de Lagrange et à la mécanique céleste de Laplace. La science à laquelle Comte élève son monument est classique et il ignore toutes les grandes nouveautés, par exemple celle du jeune Carnot et ses *Réflexions sur la puissance motrice du feu*, qui vont nourrir la révolution industrielle. On se contente en général de lire les pages positivistes de ses débuts en mettant sur le compte du naufrage de la vieillesse le tournant religieux de la fin de sa vie. Grosse erreur. Car cette partie de son œuvre est beaucoup plus intéressante qu'on ne le croit.

Si l'on passe sur les aspects un peu ridicules de sa proposition d'une nouvelle religion, on voit se dessiner la silhouette d'un homme qui se débat avec une question toujours actuelle : quelle est la part du pouvoir spirituel à côté du pouvoir temporel ? Voilà le grand problème d'Auguste Comte. Il admire le Moyen Âge, mais il veut rompre avec la société théologique. Il admire les philosophes, mais il veut rompre avec la métaphysique, et il voudrait, comme Saint-Simon, que le pouvoir soit aux mains des savants. De ce point de vue, il est en phase avec la parabole des frelons et des abeilles qu'écrit justement Saint Simon en 1819, à une époque où Comte est encore son secrétaire : « Nous supposons que la France perde subitement ses cinquante premiers physiciens, ses cinquante premiers chimistes, ses cinquante premiers physiologistes, ses cinquante premiers mathématiciens, ses cinquante premiers poètes [...] la nation deviendrait un corps sans âme, à l'instant où elle les perdrait. » Puis il poursuit : « Admettons que la France [...] ait le malheur de perdre, le même jour, Monsieur, frère du roi, Mgr le duc d'Angoulême, Mgr le duc de Berry, Mgr le duc d'Orléans [...]. Qu'elle perde en même temps tous les grands officiers de la couronne, tous les ministres d'État [...], il n'en résulterait aucun mal politique pour l'État. » On peut se passer des frelons, c'est-à-dire du pouvoir et des institutions en place lorsqu'elles sont désuètes, mais on ne pourrait pas se passer des abeilles, forces vitales de la société. Cela me semble toujours juste ! Saint-Simon et Comte sont des utopistes certes, mais pas des illuminés. J'ai une grande estime pour les socialistes dits « utopiques » qui nous ont laissé ce qui fait la vie douce : les mutuelles,

les crèches pour les enfants, la sécurité sociale, alors que le socialisme dit « scientifique » a produit des millions de morts.

Mais qu'est-ce que l'idée d'un Grand Fétiche vient faire là-dedans ?

C'est une des intuitions fulgurantes qui apparaissent dans son projet d'une nouvelle religion. Comte forge une nouvelle « Trinité positive », avec trois personnages : le Grand Être, qui dirige l'Univers, le Grand Fétiche, qui est la Terre, et le Grand Milieu, qui est l'espace. C'est le deuxième terme qui m'intéresse et que j'avais retrouvé indépendamment de lui. Considérer la Terre comme un Grand Fétiche est une invention géniale. Débarrassée de tout délire, isolée de cette ambition de fonder une nouvelle religion avec de nouveaux dogmes et des rituels scientifico-sacrés, cette idée nous permet de toucher à quelque chose de fondamental.

Mais en quoi peut-on dire que la Terre est un fétiche ?

Si bizarre que cela puisse paraître au premier abord, c'est pourtant exactement ce qu'elle est devenue pour nous. Qu'est-ce qu'un fétiche au sens strict ? C'est un objet, en ivoire ou en bois fabriqué par des hommes, dont on sait que ce sont des hommes qui l'ont sculpté et qui est pourtant l'objet d'un culte. Vous allez peut-être vous moquer de celui qui se prosterne devant un fétiche alors qu'il sait que c'est son voisin qui l'a sculpté ? Mais non, dans la logique du fétichisme, il est connu de tous que cet objet est fait de la main d'un homme. Et, en même temps, il recèle un pouvoir sacré, religieux, plus fort que celui des hommes.

Considérez maintenant ce qu'est devenu l'environnement. Il est aujourd'hui acquis que c'est nous qui l'avons fait, modelé, transformé. Et, pourtant, voilà que, comme un fétiche, il nous « retombe » dessus comme une extériorité qui nous dépasse. Si nous redoutons le changement de climat, la pollution, la montée des eaux..., c'est que cet objet que nous avons tellement investi se retourne contre nous. La puissance de la Terre est donc bien autre que celle que l'on croyait. Par conséquent, nous finissons par prendre peur et par nous méfier de cette chose que nous avons sculptée. Je l'ai dit : nous dépendons désormais de cette chose énorme qui dépend désormais de nous. Voilà en quoi la Terre est devenue notre Grand Fétiche. Il y a parfois des notions qui, sur le moment, paraissent absurdes ou folles, mais qui, traversant le temps, révèlent leur vérité profonde a posteriori. La Terre est devenue le Grand Fétiche d'Auguste Comte : nous la fabriquons nous-mêmes, nous la modelons ; et nous dépendons de ce que nous avons produit. Plus nous la produisons, moins nous en sommes les maîtres ! Bien entendu, nous ne fabriquons ni l'eau ni l'air ni la terre de la planète ; mais nos ancêtres ne fabriquaient pas non plus l'ivoire, le bois ni le marbre des fétiches. Dans les deux cas, il s'agit de transformations d'états ou de formes.

Concrètement, cela se traduit comment ?

Exemple. Une des questions qui se pose aujourd'hui est de savoir s'il faut définitivement ouvrir aux cargos et autres porte-conteneurs le passage du Nord-Ouest, qui relie l'Atlantique au Pacifique en passant entre les îles arctiques canadiennes. C'est possible, mais il y aura un effet en retour. Lequel ? Nous l'ignorons. Et nous le redoutons. Ce faisant, nous ne sommes pas si différents des Grecs qui allaient se prosterner dans le temple d'Athéna devant la statue de la déesse. Ils savaient bien que c'était Phidias ou un autre qui l'avait sculptée. Et pourtant ils s'inclinaient devant elle. Pourquoi ? Parce que, fétichistes, ils accordaient un pouvoir énorme à des choses qu'ils avaient fabriquées. Que faisons-nous d'autre devant la Terre ? Cette Terre que nous modifions et qui a un pouvoir énorme sur nous. Nous sommes dans une ère de fétichisme mondialisé. Détruire l'équilibre du climat polaire peut nuire à l'habitabilité de l'hémisphère Nord.

Mais l'attache à la Terre a pourtant fait l'objet d'une désacralisation très profonde. Vous en faites vous-même l'un des grands événements du XXe siècle, avec la fin de l'agriculture et de la paysannerie…

C'est exact. La fin de l'agriculture est le plus grand événement du XXe siècle, si du moins on mesure l'importance d'un événement à la longueur de la durée de l'ère qu'il vient de rompre. Pendant des millénaires, l'agriculture a modelé nos conduites, notre culture, notre vie sociale, nos corps, notre rapport au sacré et à la raison. Tout ce que nous fûmes, en somme. Pensez qu'en 1900 la moitié de l'Europe était dans les champs ! Or combien de paysans y a-t-il aujourd'hui en France ? Ils représentent 3 % tout au plus de la population active. La différence est gigantesque. Nous étions des agriculteurs et des éleveurs depuis près de dix mille ans et voilà qu'en quelques décennies nous avons quitté l'espace où nous vivions, rompu avec les animaux que nous avions domestiqués, adopté un nouveau mode de vie. Pour tout dire, nous venons de vivre la fin du Néolithique ! Estimez alors la longueur de l'ère que cet événement vient de rompre !

Un événement auquel vous conférez une portée métaphysique, avant même de vous interroger sur sa portée religieuse.

C'est en effet un changement qui touche l'être-au-monde. Pourquoi ? Parce que l'être-au-monde « paysan » n'est pas l'être-au-monde « urbain ». Comparez un éventail énorme d'activités, de conduites et de pensées, auxquelles sont associés des métiers, des pratiques, des langues, dans le cas du paysan et dans celui de l'homme de la ville.

Prenons un exemple : on raconte volontiers que les langues régionales de France ont disparu à cause des « instits », mais c'est faux. Les langues régionales ont disparu avec les agriculteurs. Tant qu'il y en avait, on parlait gascon dans ma région. Depuis qu'ils sont partis, plus personne ne parle le gascon, y compris chez les derniers paysans. Qu'est-ce que c'est un paysan aujourd'hui ? C'est une personne omnicompétente, techniquement, scientifiquement, juridiquement. Il va sur Internet pour se renseigner sur le prix des pommes à travers l'Europe, il connaît la biochimie des engrais, il veut faire une agriculture biologique parce qu'il veut faire du développement durable, etc. Bref, de tous les métiers, celui de paysan est probablement celui qui a le plus muté. Autre exemple : regardez comment disparaissent les mots de l'agriculture. Qui, aujourd'hui, sait ce qu'est un joug, ce qu'est une émouchette ? Tenez, mon arrière-grand-père était le roi de l'émouchette. Vous savez que l'ennemi du bœuf, c'est la mouche, toutes ces mouches qui viennent sur ses yeux et dont il se débarrasse avec la queue et les oreilles. Or, lorsqu'il est sous le joug pour tirer la charrue, il ne peut s'en défendre. D'où la coutume d'attacher aux cornes des bœufs un tissu assez large de maille pour protéger leurs yeux : l'émouchette, qui a fait la fortune de mon aïeul – il récupérait à Roubaix les chutes des coupes de tissus et les envoyait aux forçats de l'île de Ré qui fabriquaient des émouchettes qu'il revendait. L'arrivée du tracteur a été pour lui une catastrophe financière ! Voilà comment les mots et les choses vivent et meurent… Mais j'en reviens au rapport du paysan à la terre. Quel est-il ? C'est très simple : la terre pour lui, c'est avant tout l'endroit où sont enterrés les siens.

Voulez-vous dire qu'elle fait, ou faisait, l'objet d'un culte ?

Au sens strict. Les ancêtres pourrissent et rendent la terre fertile. Souvenez-vous de la fable de La Fontaine, « Le laboureur et ses enfants »… Le laboureur prévient ses enfants : « Je vais mourir, vous allez travailler, mais c'est moi que vous allez travailler ! C'est moi qui serai dessous ! » Celui qui est enterré là, sous la terre, c'est l'ancêtre. Advient alors le culte des ancêtres, des pénates, des lares, bref, des dieux. La langue le sait depuis toujours : « paysan », c'est le même mot que « païen ». Le rapport à la terre du paysan est d'abord un rapport religieux. D'ailleurs, le paganisme, c'est la religion du *pagus*. Or, le mot *pagus*, chez les Romains, se réfère à un lopin de terre. D'ailleurs, c'est la même étymologie que *pax* parce que, quand on trace des limites, on est en paix avec le voisin. Voilà pourquoi on était attaché à sa terre comme à la Terre sainte. La terre est sainte. Et c'était vrai pour tout le monde. Seulement, il est arrivé quelque chose d'extraordinaire. À un certain moment, des prédicateurs sont venus dire aux paysans que la Terre sainte ne se trouvait pas sous leurs pieds mais à Jérusalem. Gigantesque révolution ! Pour la première fois, la terre en général n'était plus sainte. La cité de Dieu était ailleurs. Ce fut le début de la laïcisation de la terre.

L'événement majeur du XXe siècle aurait été métaphysiquement préparé par la révolution chrétienne ?

En partie. Depuis le Néolithique, *Homo sapiens* était attaché à sa terre. Cet attachement a été en partie défait par le monothéisme chrétien. Les juifs étaient moins des agriculteurs que des pasteurs, donc ils ne faisaient que passer. Mais, avec les chrétiens, le concept de Terre sainte disparaît. Dès le Moyen Âge, les moines défrichent, coupent, détruisent les forêts. Le début de la catastrophe écologique vient de là. Dans l'Antiquité, il y avait aussi des forêts qui étaient détruites – Platon lui-même critique la déforestation –, mais il y avait en principe des hamadryades dans chaque arbre et des naïades dans chaque source qui étaient ainsi protégés. Après le départ des dieux, ce frein-là n'existe plus. C'est le début de la science, de la technique, mais aussi de la pollution, en un mot du monde moderne. C'est dire la profondeur de notre rapport à l'agriculture.

Mais comment cette Terre laïcisée, exploitée, artificialisée, pourrait-elle redevenir l'objet d'un culte ?

C'est précisément l'idée du fétiche au sens de Comte. C'est seulement au bout de la grande histoire de la connaissance et de la maîtrise technologique que la Terre nous revient comme cet être, à la fois fragile et sacré, dont notre sort dépend. Qui n'a pas éprouvé un frisson à la fois esthétique et religieux face à l'objet Terre que nous donne à contempler la technologie de l'exploration spatiale ? Pour avoir assisté à plusieurs décollages de la fusée *Ariane* à Kourou, j'ai ressenti très fortement ce mélange de prouesse technique et de magie. Cela commence par le déploiement de nuages au sens propre : au bas de la fusée, le feu déclenche des fumées gigantesques, de sorte qu'on croit assister à un événement météorologique, avec des nimbus et un véritable orage. Et puis la fusée part et commence à décrire dans le ciel une trajectoire qui évoque un événement astronomique. Elle trace une trajectoire entre la météorologie terrestre et l'astronomie céleste : entre la planète et les étoiles. D'où cette dimension mythologique de l'homme qui s'élève dans le ciel, cet espace anciennement dévolu aux dieux.

Bruno Latour, qui a été très proche de vous, propose aujourd'hui une nouvelle religion de la nature. Récemment, il concluait ses « Gifford Lectures » à l'université d'Édimbourg par un véritable hymne à Gaia, appelant une nouvelle religion naturelle. Qu'est-ce qui distingue votre idée du Grand Fétiche de cette proposition ?

L'hypothèse Gaia est une hypothèse *new age*. Je ne l'aime pas pour une raison simple : un être vivant se reproduit

– c'est l'une des conditions de la vie. Or, il est bien évident que la planète ne se reproduit pas. Par conséquent, dire que Gaia est vivante, ce n'est pas tenable pour un esprit scientifique. Je reconnais bien sûr que la Terre, considérée globalement, possède certaines caractéristiques de la vie, en particulier l'autorégulation, mais cela s'arrête là. La Terre n'évolue pas au sens darwinien du terme.

Le projet des Lumières était d'émanciper l'homme du pouvoir de la nature et de la religion, et les voilà l'une et l'autre qui reviennent par la fenêtre ! N'est-ce pas étrange ?

Si vous me demandez par là si je crois que la tâche philosophique aujourd'hui est de créer une nouvelle religion naturelle autour de la Terre, qu'on l'appelle Gaia ou pas, je vous répondrai sans ambiguïté par la négative. Je ne parle pas de religion mais d'anthropologie.

Il y a tout de même une idée de transcendance qui affleure ?

J'affirme seulement que nous dépendons des choses qui dépendent de nous. C'est l'immanence, au contraire, qui se retourne contre nous. Quand je parle de « fétiche », il est intéressant de remarquer que ce dont nous dépendons est à la fois issu de nous et hors de nous. Le fétiche est les deux à la fois. Tout cela amène-t-il à redéfinir le religieux ? Peut-être. Le mot religion a deux étymologies possibles : « relier » et « relire ». Une religion ne vit que par les transformations de ses relectures. Mais ne faut-il pas, aussi, reconfigurer la philosophie, reconstruire les constitutions, bref tout refaire ?

Mais, quand on parle de Grand Fétiche, on parle bien de religion, de magie, d'irrationnel ?

Non ! Attention, le fétichisme n'a rien d'irrationnel. Analysons : c'est moi qui ai fabriqué cette statuette en bois, et vous le savez. Ce n'est pas un dieu qui l'a faite et cependant vous vous agenouillez. Un fétiche se définit comme l'alliance entre le donné et le construit. L'idée est géniale et nous découvrons aujourd'hui à propos de la Terre que le donné et le construit sont en train de s'interpénétrer. Voilà de la philosophie, non de la religion !

Autre exemple : au temple de Jérusalem, seul le grand prêtre avait le droit de pénétrer dans le saint des saints. Et qu'y avait-il dans le saint des saints ? L'Arche d'alliance. Et de part et d'autre de l'arche ? Deux chérubins la gardaient. Or, le mot « chérubin » n'est pas hébreu. C'est un mot assyro-babylonien que les Hébreux ont ramené à Jérusalem après l'Exode. Partons maintenant en Syrie : que trouvons-nous devant les ziggourats ? Des chérubim, c'est-à-dire des statues représentant un lion accroupi, avec des ailes d'aigle et une tête de vieillard à longue barbe blanche. Des fétiches ! À la fois bêtes et hommes. De la nature, donnés, et de l'homme, construits. Et que signifiaient ces statues ? Que celui qui veut être sage et comprendre les choses doit d'abord passer par l'animalité à quatre pattes, puis posséder des ailes pour prendre son envol et monter vers le ciel. C'est cela penser. Le chérub, c'était déjà une métamorphose évolutive !

Pourquoi ?

Laissons les chérubim et allons à México voir Quetzalcóatl, le fétiche vénéré des Aztèques. C'était un serpent à plumes, c'est-à-dire un reptile et un oiseau, autre métamorphose évolutive. On retrouve bien la filiation darwinienne qui conduit des dinosaures aux oiseaux. Par conséquent, je regarde Quetzalcóatl, et je vois Darwin. Je vois à la fois l'évolution vitale et ce qui me permet de penser. Je plonge dans l'évolution vitale et j'en émerge comme homme pensant. Donc, ça ne dépend pas de moi et ça dépend de moi. Nos problèmes d'aujourd'hui rejoignent les images fondamentales, que l'on retrouve dans les chérubim, dans Quetzalcóatl, dans tous les fétiches égyptiens. Nous recommençons cette histoire pour la comprendre mieux. Oui, il faudra relire le religieux, mais ma relecture, ici, est anthropologique.

Donc c'est une réappropriation philosophique de la religion.

Non. C'est une question de philosophie de la connaissance. Le savoir, aujourd'hui, l'efficacité du savoir ont perdu cette idée un peu obsolète qu'il y a un sujet, qui est le maître, et un objet passif. L'objet qui est devant moi est autre chose qu'un objet passif, et je lui donne le statut de sujet. En d'autres termes, c'est un fétiche ! Nous y sommes. Voilà le contrat naturel. Donc, c'est vraiment une question scientifique et philosophique même si, traditionnellement, elle nous vient des religions comme celles des Aztèques ou des Assyriens.

Qui implique la croyance ?

Non. Seulement de la lucidité devant cette évidence paradoxale que nous dépendons désormais de ce qui dépend de nous.

Mais pour basculer de l'objet fabriqué au fétiche ne faut-il pas le « levier » de la croyance ?

Non, de nouveau, seulement de la lucidité devant la métamorphose de l'objet. Il n'est plus passif comme jadis. On ne peut pas en rester au naturalisme ou à la philosophie ordinaire. Prier Gaia, je le répète, n'est pas une solution. La question posée à travers le Grand Fétiche est tout à fait différente.

Est-ce que cette idée de dépasser le naturalisme – l'objectivation scientifique et technique de la nature – dans un nouveau fétichisme ne s'appuie pas également sur les travaux de l'anthropologue Philippe Descola qui propose justement d'aller Par-delà nature et culture *?*

Absolument. J'ai trouvé chez Descola l'équivalent pour les sciences humaines de ce que j'avais trouvé chez Leibniz ou chez Auguste Comte pour les sciences exactes. C'est quelqu'un qui a une vision globale de sa spécialité, ce qui lui permet de classifier les choses. Il distingue quatre grandes ontologies qui ont organisé le rapport de l'homme à la nature dans l'histoire : l'animisme, l'analogisme, le totémisme et le naturalisme. L'animisme, c'est très simple : nous avons tous la même âme et ce qui nous différencie, c'est le corps. J'ai la même âme que le pigeon, le serpent ou le chêne, mais le pigeon a des plumes, le serpent des écailles, le chêne une écorce et moi une peau. L'intériorité est analogue, dirait Descola, mais la physicalité est différente. Le naturalisme, c'est le contraire. Il correspond à la scission advenue entre l'âme et le corps à l'âge moderne. À l'inverse de l'animisme, on y considère que les choses sont dénuées de ce qui constitue, chez nous, la subjectivité. Dans le totémisme, il n'y a pas ou peu de différences entre un homme et son totem : il y a continuité. Enfin, l'analogisme, que Descola voit comme une inversion du totémisme, ne fonctionne pas sur la différence entre âme et corps, mais sur un pluralisme infini : tout est différent. Avec une question cruciale pour ce mode de pensée : comment organiser les relations dans ce pluralisme, où les éléments sont tous disparates ?

Qu'apporte cette distinction entre quatre grandes ontologies ?

L'intérêt de cette classification n'est pas de cantonner des civilisations dans des systèmes, mais au contraire de nous permettre de renouer avec des attitudes que notre idéologie naturaliste ne permet pas de comprendre. Il y a en nous des résidus des époques archaïques. Je dirais même que, dans les trois quarts de nos actions, notre corps est « engoncé » dans des structures primitives. Comment comprendre autrement la possession par exemple, l'idée que nous sommes habités par une multiplicité de personnalités différentes, sans recourir à l'analogisme ? L'analogiste est celui qui dit : l'ego n'est pas unique, l'individu est « dividu », divisé en plusieurs... Nous comprendrons bien mieux notre propre manière de fonctionner en la comparant à des comportements primitifs. Cela vaut aussi bien pour l'invention des mathématiques dans l'Antiquité que pour la passion amoureuse.

L'invention de la science chez les Grecs ? N'a-t-elle pas justement rompu avec des modes de pensée plus anciens ?

Au contraire ! Qu'est-ce que le miracle grec ? C'est une nouvelle définition du *logos*, de la raison. Le *logos*, parole ou langage, devient une proportion : A sur B. Proportion ou raison, *ratio* en latin. On cherche à établir une analogie. L'analogie consistera à affirmer que A sur B égale C sur D. Voilà l'invention fondamentale du *logos* grec. Cela revient à réinventer le principe de l'analogisme, à le rendre rigoureux. À se demander, avec de nouveaux outils : peut-on trouver une relation entre deux choses dissemblables, entre deux choses qui n'ont pas de relation ? La nouveauté géniale de l'invention grecque peut être considérée comme une réinvention du principe archaïque de l'analogisme. Toute l'histoire des mathématiques répète le geste de mettre en relation des choses disparates : l'espace et les nombres, l'algèbre et la géométrie, etc. Voilà une branche géniale, à la fois rigoureuse et concrète, de l'analogisme. Concrète, en effet, puisque, par la physique, les mathématiques retrouvent les choses du monde.

« Autant la métamorphose caractérise l'animisme, autant donc la possession marque l'analogisme », écrivez-vous. Qu'est-ce qui distingue la possession, par exemple amoureuse, de la métamorphose ?

La passion amoureuse peut se comprendre par l'analyse du mot « narcissisme ». Je vous ai dit qu'en grec *narké* désigne la torpille, ce poisson qui envoie une décharge électrique. Le narcisse ne se torpille pas seulement lui-même, en se noyant dans la source à force de s'y regarder, il torpille (il plonge dans une torpeur « narcotique ») tous ceux qui se présentent devant lui. Le narcissisme est un danger mortel pour soi-même et surtout pour autrui. Quant à la métamorphose, elle relève de la logique animiste. C'est une réponse à la question : comment se fait-il que la même âme puisse être portée par deux corps différents ? Réponse : les corps se métamorphosent les uns dans les autres. *Les Métamorphoses* d'Ovide chantent un immense hymne à l'animisme. Telle femme devient une étoile, tel homme devient un serpent, une oie, un cygne, un taureau, etc. La métamorphose est l'opérateur majeur de l'animisme. Le plus bel exemple de cette logique-là est « Le Loup et l'Agneau » de La Fontaine : quand l'animiste chasse, il chasse quelqu'un qui a la même âme que lui, et ça lui pose un problème énorme, il faut qu'il s'excuse. C'est précisément le procès que le Loup de La Fontaine intente à l'Agneau. Il a la même âme, il est contraint de lui faire tout un discours, de respecter tout un protocole, avant de le manger. Seul le détour par la logique animiste permet de comprendre cette fable.

On vous reproche parfois de pratiquer l'animisme de manière un peu sauvage, mais vous le revendiquez donc ?

Nous devons remobiliser ces modes de pensée pour nous comprendre nous-mêmes et comprendre beaucoup d'œuvres littéraires, scientifiques et philosophiques. Mais cela explique aussi que l'on puisse réinvestir la nature d'une figure qu'on croyait perdue, comme celle du fétiche.

*Votre rapport au religieux ne témoigne-t-il pas d'un mouvement philosophique propre au XX*e *siècle et qui consiste, au lieu d'opposer raison et religion, comme à l'âge des Lumières, à* *récupérer la religion dans la philosophie, à la réintégrer, en effaçant la question de la croyance au bénéfice du fonds de sagesse que peut receler la religion ? C'est une tentative que l'on retrouve en ethnologie également, qui s'efforce d'aborder les croyances primitives sans les rabattre dans l'irrationnel...*

L'âge des Lumières a en effet opéré une sorte de coupure entre la raison, au sens de Condorcet, et la religion, conçue comme un pur obscurantisme. Mais, dès la fin du XVIIIe siècle, les grands philosophes allemands en particulier, comme Fichte, Hegel ou Schelling, tentent déjà de surmonter cette coupure. Il s'agit avec Hegel de retrouver l'« esprit du christianisme » ou avec Feuerbach de se saisir de sa logique. Et, au XIXe siècle, c'est la tâche explicite que se donne le romantisme anglais, allemand et français. Le *Génie du christianisme* de Chateaubriand s'inscrit dans cette entreprise, mais également le positivisme d'Auguste Comte qui tente de réintégrer la religion dans la raison à partir de sa fonction sociologique. Par ailleurs, si l'on aborde la question du point de vue de la religion elle-même, elle n'est pas exclusive de la raison. De très nombreux théologiens considèrent que la religion n'est pas seulement une question de foi, mais aussi et surtout de raison. « *Fides quaerens intellectum* » (« La foi cherche la raison »), affirmait déjà saint Anselme.

Mais vous-même, où vous situez-vous ?

Je me rapporte à la religion, et à la Bible en particulier, comme à une formidable boîte à outils anthropologiques. Les religions recèlent de très nombreux éléments rationnels qui permettent d'expliquer les conduites humaines. Il n'y a pas un seul de mes livres où je ne mobilise un texte évangélique. Parce que, pour moi, c'est une matière qui est du même ordre qu'une fable de La Fontaine, une méditation de Descartes ou un dialogue de Platon. C'est un matériau qui est objectivement aussi important pour ma recherche que le reste. Avant toute cette entreprise de redécouverte de la rationalité inattendue du religieux, on ne parlait pas de la mythologie, de la raison des mythes. On parlait des « fables ». *Fabula*, cela voulait dire « affabulation ». On disait « la fable d'Hercule », « la fable de Junon », « la fable de Vénus » pour bien faire la distinction : la vérité, c'était Jésus-Christ, la mythologie, des fables. Lorsque, au XIXe siècle, on a étudié Vénus, Jupiter, etc., la mythologie grecque ou les autres mythologies des autres cultures on y a trouvé du rationnel, une rationalité des sciences humaines, c'est-à-dire des boîtes à outils permettant de comprendre ce que c'était que la paternité, ce que c'était que la relation sociale, ce que c'était que la royauté. On ne pouvait plus dire « fable » dès lors, il fallait trouver un autre mot. C'est pourquoi on a pris aux Grecs le mot « mythe », qui signifiait : attention, ce n'est plus une fable, c'est une vérité. Et, au fond, le XIXe siècle a trouvé une rationalité dans le mythe. Mais personne ne s'en étonne, aujourd'hui : il y a une rationalité dans le mythe, il y a une rationalité familiale, une rationalité sociale, etc. Et pourquoi n'y en aurait-il pas également dans le Nouveau et l'Ancien Testament ? Nous sommes tellement « bloqués » sur cette question-là que ce que nous avons accordé aux religions primitives, nous ne l'accordons pas aux religions modernes.

D'où votre proximité avec René Girard…

Oui, il me semble que sa théorie du bouc émissaire rend bien compte des ressorts de la violence. Au sortir de la guerre, la violence était pour moi un problème majeur que je ne savais pas traiter. Girard m'a permis de m'en saisir par un bout qui dépasse de très loin les idées qui courent aujourd'hui. D'abord il y avait son idée générale, à savoir que le bouc émissaire est le moyen pour une société, et cela depuis les origines, de passer de la guerre de tous contre tous à la guerre de tous contre un seul. En somme, une société en crise retrouve la paix sur le dos d'un pauvre type qui est sacrifié. Il y a là une description d'une dynamique de la société concernant la rivalité mimétique – A désire B parce que C désire ou possède B, c'est le triangle du désir. La logique du bouc émissaire, présente dans toutes les sociétés primitives, a longtemps permis de canaliser cette dynamique. Jusqu'à ce que surgisse le christianisme qui, à travers l'innocence du Christ et Sa Passion, révèle le pot aux roses : les sociétés résolvent la crise mimétique en recourant à un bouc émissaire. Il me semble que la leçon de Girard sur ce point mérite d'être entendue. Elle n'implique aucune adhésion à un contenu de foi. Elle soutient seulement qu'il y a pratiquement autant de raisons dans ce qu'on appelle le « religieux » qu'il y a souvent de religieux dans ce qu'on appelle la « raison ». Et cela, je l'avais déjà remarqué.

Ne peut-on dire cependant, au-delà des nuances que vous formulez, que nous sommes à un âge, du moins en Occident, où le combat entre raison et religion est achevé, et qu'il s'agit plutôt pour notre humanité post-religieuse de prendre la mesure de ce que nous avons encore à apprendre de l'humanité religieuse qui nous a précédés ?

Je vais répondre à cette question par l'analyse détaillée d'un seul mot, celui de « Jupiter ». Ce mot est composé de deux termes : « ju » et « piter ». La racine de « ju », c'est *dius*, qui signifie « dieu », mais désigne aussi la lumière du jour. On retrouve ce « ju » dans le français « jour ». « Piter » est simplement un dérivé de *pater*. « Jupiter » veut donc dire « jour-père ». Dans le christianisme, cela donne : « Notre Père, qui êtes aux cieux ». « Notre Père, d'où vient la lumière des cieux », ce n'est pas très différent de « Jupiter » ; mais restons à Jupiter. Si j'adopte maintenant la posture d'un philosophe des Lumières, je dirai : « Écoute, tu pries Jupiter tout simplement parce que tu as peur, parce qu'il a un éclair à la main et qu'il va balancer la foudre sur ta tête, parce que tu te dis, donc, que la lumière du jour vient de lui. Mais sois raisonnable : en astronomie, on a compris ce que c'était que le Soleil, on a compris ce que c'était que le rythme circadien. Et on sait, grâce à l'électromagnétisme, ce que c'est qu'un orage : non, ce n'est pas Jupiter qui lance la foudre, c'est l'électrostatique. » Et là, mon adversaire qui croyait en Jupiter est battu. Il est bien clair que, aux cieux, il peut toujours y aller, il n'y trouvera pas le Bon Dieu : il y trouvera les lois de l'astrophysique, de l'astronomie, de l'électrostatique, etc. Ça, c'est le XVIIIe siècle, c'est Condorcet qui parle par ma bouche. Mais attendez un instant : Jupiter, ce n'est pas seulement le jour, c'est aussi le père. Et Lamartine, dès le début du XIXe siècle, va dire : « Ô père qu'adore mon père, Toi qu'on ne nomme qu'à genoux, Toi, dont le nom terrible et doux fait courber le front de ma mère… » Voilà ce qu'est devenue la religion dans le romantisme. On oublie complètement le jour et on se concentre sur Dieu, notre père. Il n'est plus aux cieux, mais c'est quand même notre père. Les sciences dures ont réduit à néant l'idée d'un Dieu dominant le monde physique, mais il y a quand même une dimension qui subsiste, celle du père. Chateaubriand, Lamartine et tout le romantisme allemand vont faire vibrer cette dimension du dieu comme père absent.

Mais elle n'a pas subsisté non plus…

C'est précisément celle que les sciences humaines vont se charger de déconstruire : derrière l'amour du père, la psychanalyse et l'anthropologie font apparaître le désir inconscient de tuer le père. Freud et Nietzsche proclament la mort de Dieu, c'est-à-dire la mort du père. Au bout du compte, les deux dimensions de la religion se sont donc effondrées : il n'y a plus de « qui êtes aux cieux » à cause des sciences dures, ni de « Notre Père » à cause des sciences humaines. Il n'y a donc plus de religion ? Ah ! mais il reste une question : vous oubliez le trait d'union. Comment se fait-il que j'éprouve un sentiment d'amour filial sous la clarté du jour ? Vous allez me l'expliquer, vous, les sciences dures ? Non. Et vous, les sciences humaines ? Non plus. Par conséquent, il y a du religieux. Pourquoi ? Parce que j'existe avec des sentiments humains sous la clarté du jour. Personne ne peut négliger cette question. Ni les sciences dures ni les sciences humaines. « Notre Père, *virgule*, qui êtes aux cieux. » Vous n'avez pas expliqué la virgule ! Et là, il y a un questionnement profond qui touche l'être-au monde et qui n'est résolu par rien de rationnel. Le religieux, il est là. Il n'est pas dans le « qui êtes aux cieux », il n'est pas dans le « Notre

Père», mais il est dans la copule entre les deux, qui pose un problème central, destinal, et qui n'a pas encore été résolu. Qu'est-ce que je fais là, sous la clarté du jour ? Le problème est irrésolu et, sans doute, je serai incapable de le résoudre avant ma mort. C'est ce qu'il me reste à penser et que je ne sais pas encore penser. Avez-vous remarqué mon emploi du mot «négligence» ? Décomposez-le. Il nie (neg) la racine même du mot religion (lig). En suivant la langue grecque, on dit que celui qui nie la religion est un athée ; mais en suivant la langue latine, il est seulement négligent.

On retrouve là votre attrait pour les ponts entre les savoirs...

Tout ce que je fais, depuis que j'ai commencé à travailler, consiste en effet à jeter un pont entre deux disparates. Qu'est-ce qu'un pont ? Quelque chose de religieux : voyez le pontife romain, qui fait le pont entre le ciel et la terre !

Tout tient à un trait d'union...

Il y a un mystère du trait d'union qui est notre mystère destinal. D'ailleurs, «religion», cela veut dire étymologiquement «relier». Alors, selon que vous êtes croyant ou non, on vous explique qu'il s'agit de relier les hommes à Dieu ou de relier les hommes entre eux par l'intermédiaire de Dieu. Moi, je crois qu'il s'agit «seulement» de relier «ju» et «piter», ou «Notre Père» et «qui êtes aux cieux».

Est-ce que nous faisons là l'expérience d'une transcendance ?

Je ne sais pas pourquoi vous appelez cela «transcendance». Je n'ai jamais appelé ça comme cela. C'est plutôt au contraire la question de la liaison entre l'immanence et la transcendance : qu'est-ce que je fais là avec vous sous la clarté du jour ? Qu'est-ce que nous faisons là, tous les trois, sous la clarté du soleil ?

Y a-t-il selon vous un progrès dans le passage du polythéisme au monothéisme, chrétien en particulier, comme le laisse entendre René Girard par exemple ?

Je serais d'accord avec lui pour dire que le polythéisme est une religion de la fabrication des dieux : un dieu du polythéisme est un dieu fabriqué. Girard donne des éléments qui montrent comment on les fabrique : on les fabrique avec de la violence. On peut avoir d'autres idées sur la fabrication des dieux. Bergson dit que tout collectif est une machine à fabriquer des dieux. La télévision est une puissante fabrique de dieux. En regard, qu'est-ce que le monothéisme ? C'est l'idée d'un dieu qu'on ne fabrique pas. Et, par conséquent, l'argument de Voltaire, ou des Lumières, qui dit que Dieu a fabriqué l'homme à son image et que l'homme le lui a bien rendu témoigne d'une ignorance absolue de ce qu'est le monothéisme. Qu'est-ce que le monothéisme ? C'est un dieu qui nous a fabriqués, ou qui a fabriqué le monde, mais que nous ne pouvons pas avoir fabriqué – voilà la définition même du Dieu du monothéisme.

Parce que c'est une transcendance infinie ?

Et qu'on ne fabrique pas une telle transcendance. Plutôt que d'un progrès, je parlerais d'un déplacement considérable, d'un déplacement concernant l'activité, la pragmatique humaine ; la société fabrique des dieux, et le monothéisme impose de ne pas fabriquer Dieu.

C'est une vision en même temps très chrétienne : les Romains fabriquaient des dieux pour leur cité, pour leurs usages. Nous avons le vrai Dieu qui n'est pas un dieu fabriqué.

Mais les chrétiens n'ont pas mis fin au polythéisme ! D'abord, ils se disputent entre catholiques, orthodoxes et protestants. Ensuite, dans une église catholique ou orthodoxe, il y a des statues, comme il y en avait dans les temples grecs ou romains, des images, des icônes, bref, du polythéisme. Et, dans la théologie chrétienne, il y a Dieu, puis le fils de Dieu, il y a la Trinité. Est-ce encore un monothéisme ? Donc, il y a dans le christianisme une récupération de l'ancienne rationalité polythéiste – ce que les juifs et les musulmans reprocheront d'ailleurs aux chrétiens. De mon point de vue, qui est un point de vue anthropologique, je dirais que le catholicisme et l'orthodoxie sont réellement anthropologiques – ils cherchent à faire place à la totalité de l'expérience humaine dans le religieux – alors que les religions exclusivement monothéistes comme l'islam ou le judaïsme risquent d'ignorer complètement ce que c'est que la formation d'une société.

Vous êtes donc anthropologiquement chrétien ?

Je dirais que, d'un point de vue rationaliste, j'ai la tentation d'être protestant, juif ou musulman, mais que, d'un point de vue anthropologique, je suis plutôt attiré par une religion qui a un contenu anthropologique disparate, chaotique, où il y a la possibilité de retrouver toute l'expérience humaine. Une religion qui ne s'est pas donné les moyens de récupérer les contenus fétichistes, polythéistes, bref, les contenus d'autrefois, est une religion faible qui peut devenir dangereuse.

Y a-t-il des religions plus « vraies » que d'autres, selon vous ?

La « vérité », en grec, cela se dit *aléthéia*. Dans *a-léthéia*, il y a un *alpha* privatif, et *Léthé*, qui fait référence au fleuve de l'Oubli dans les Enfers. Lorsqu'un homme mourait, il arrivait sur les rives du Styx, qu'il traversait avec le nautonier Charon pour entrer aux Enfers qu'il ne quitterait plus. Il devait alors boire l'eau du Léthé et oublier ce qu'il avait vécu auparavant. Toutefois, quelques hommes avaient le privilège d'échapper à l'oubli. Lesquels ? Achille, parce qu'il avait accompli des exploits à Troie. Énée, l'ancêtre mythique du monde romain que Virgile avait chanté. Ils revenaient de l'au-delà parce qu'ils étaient parés de la gloire que leur avaient conférée les historiens ou le poète, comme le font aujourd'hui les médias. Les médias chantent Zidane, donc il revient. Ainsi, à l'ère homérique, le mot *aléthéia* signifiait la gloire et non pas la vérité. Et pourquoi signifiait-il la gloire ? C'est une vraie question. Si, autour de la table, chacun affirme que Dieu n'existe pas sauf moi, je vais être très ennuyé de soutenir l'opinion opposée. Et, s'ils sont douze millions à dire cela et que je suis tout seul, je risque de devenir fou. Par conséquent, au fond du fond du fond, la vérité, c'est la mort. Même dans les sciences, même dans les sciences les plus avancées, il est difficile de s'opposer au consensus savant. Qu'est-ce que la vérité ? C'est le consensus des savants et la gloire sociale. Or, il se trouve qu'à partir du Ve siècle avant J.-C., en Grèce, le souci constant des philosophes a consisté à lutter contre *aléthéia* pris au sens de gloire. Et à dire : non, la vérité, c'est autre chose. « La vérité n'a rien à voir avec le nombre de gens qu'elle persuade. » Platon l'a dit à sa manière. Toute la philosophie lutte contre le consensus social. Non, ce n'est pas le consensus social qui dit la vérité. Alors, qu'est-ce que la vérité ? Dans les dialogues de Platon, la réponse apparaît comme le fruit d'une démonstration, d'une délibération, d'une discussion, d'un débat logique. Grâce aux mathématiques, on a découvert que *aléthéia* signifiait autre chose que la gloire sociale : la démonstration. Je démontre, vous n'y pouvez rien. Ainsi, la vérité est une guerre antisociale que l'on est toujours en train de perdre y compris aujourd'hui même.

C'est un très beau récit de l'origine de l'idée de vérité. Mais quel est le rapport avec la vérité religieuse ?

Il est vrai que le polythéisme est une bonne manière de répondre au fonctionnement du consensus social. René Girard, encore : le consensus social fonctionne sur fond de violence faite à la victime, au bouc émissaire. Par conséquent, le polythéisme est « vrai » du point de vue social. Sauf que le prophète d'Israël a toujours dit le contraire. Il mène une lutte qui est exactement la même que celle du philosophe grec et dit : « Vous autres, dans la société, vous êtes corrompus par la violence. » Comme le philosophe, Yahvé sort de la société pour la dénoncer. C'est un même mouvement qui anime les philosophes grecs qui essaient de délivrer la vérité du consensus social.

Il y aurait donc une équivalence entre la philosophie et le prophétisme ?

Une équivalence dans la lutte : les prophètes-écrivains d'Israël s'en prennent tout le temps à la société, au consensus.

Pour en reconstituer un autre ?

Non. Généralement, le roi met à mort le prophète. Il y a peu d'exemples où le prophète ait pris la place du roi. S'il prend la place du roi, un autre prophète risque de nouveau de dénoncer le consensus…

Cela veut donc dire qu'il y a dans le monothéisme l'idée d'une extériorité ?

Oui, par rapport à la société. Cette extériorité surgit dans l'élaboration de la vérité rationnelle chez les Grecs, mais sous une autre forme dans le prophétisme. Et on la retrouve dans le message du Christ dans l'Évangile, qui s'en prend sans cesse au pouvoir établi. Nous sommes les enfants de cette histoire, nous sommes des Judéo-Grecs, ou des Christiano-Grecs, et ces deux avenues vers la vérité sont les deux sources de la raison.

Mais aujourd'hui justement… à l'âge post-religieux, qu'est-ce qui assure cette extériorité au consensus ?

Je ne sais pas. S'il n'y a pas cet arrachement par rapport au consensus social, il n'y a pas d'histoire. C'est en cela que notre histoire nous distingue de beaucoup d'autres : elle est constituée par le couple Athènes-Jérusalem.

Mais est-ce qu'il n'y a pas dans l'humanité en tant que telle une extériorité à soi ?

En un sens, oui. Et ce que je raconte là n'est pas exceptionnel. C'est toute l'histoire de la raison et de la science.

Vous mettez donc sur un même plan le travail des prophètes, le travail des philosophes et le travail des scientifiques qui rompent avec les paradigmes scientifiques dominants ?

C'est une même exigence de raison contre la société. Qui suppose qu'on se réfère à autre chose qu'à la société.

Vous écrivez ceci à propos de notre rapport à la croyance aujourd'hui : « Considérer la religion comme un fait de société ou d'histoire, loin de caractériser une approche scientifique, fait au contraire partie de la régression contemporaine vers les religions sacrificielles de l'Antiquité. Le savoir s'adonne là au même aveuglement que les médias. Dans les deux cas, Dieu est mort, nos conduites reviennent aux religions archaïques. Depuis que le monothéisme se tait, nous errons, redevenus polythéistes parmi les revenants du sacrifice humain. » Pouvez-vous préciser cette idée d'une régression religieuse ?

Elle signifie simplement que notre période est entièrement polythéiste. Nous fabriquons des petits dieux sans arrêt.

Depuis que nous avons perdu le Dieu du monothéisme ?

Non, on a toujours fabriqué des dieux. Le catholicisme lui-même ne faisait que ça. Le catholicisme dit qu'il ne faut adorer que Dieu, mais pendant ce temps, en sous-main, il fabrique des saints, des saintes, des martyrs, etc. Donc, il est à la fois monothéiste et polythéiste : polythéiste parce qu'il a une analyse assez lucide de la société – c'est comme ça que ça marche –, mais monothéiste pour s'arracher à ce problème-là. Mais, si on supprime le monothéisme, il ne reste que le fonctionnement ordinaire de la société, c'est-à-dire la fabrique de dieux. Ce n'est pas moi qui le dis, c'est la dernière phrase de Bergson dans *Les Deux Sources de la morale et de la religion* lorsqu'il parle de la fonction essentielle de la société, qui est une machine à faire des dieux. Je crois que le polythéisme est un fonctionnement tout à fait ordinaire de la société.

Selon vous, l'idée d'une humanité post-religieuse est donc d'une grande naïveté.

Tous les gouvernements que j'ai connus dans ma jeunesse, et qui étaient tous antireligieux, n'ont fait que du sacrifice. Cinquante millions de morts ! Aujourd'hui, le sacrifice se met en scène dans la société du spectacle. La télévision est un fétiche illuminé qui n'annonce que des catastrophes et des morts. Combien de gens se prosternent longuement devant cette statue installée chez eux, où un prêtre qu'ils écoutent débite sans cesse les violences du monde, les morts et les cadavres, alors que l'Occident est en paix depuis soixante-dix ans et que le nombre des victimes des guerres et des attentats ne fait que reculer ? Ne reconnaissez-vous pas là une religion archaïque basée sur le sacrifice humain ? C'est du sacrifice à l'état constant, perpétuel. La seule chose qui pourrait nous tirer de cela, c'est un prophète qui se lèverait et dirait : « Vous êtes fascinés par la mort, votre société est coagulée par le sang. » Mais en général, lorsque quelqu'un se lève pour dire ça, on le met à mort. C'est le destin de tous les prophètes de la Bible. D'ailleurs, Socrate aussi a été mis à mort, que je sache. Vraiment, tous ceux qui ont fait le même effort contre la société, contre le consensus et la gloire d'*aléthéia*, ont été sacrifiés à leur tour.

Chapitre 9
LE RÉCITANT OU LE GRAND RÉCIT

Depuis la fin des années 1970, avec la disparition des grandes idéologies, nous croyions vivre à l'âge de la fin des « grands récits ». L'idée a été formulée dès 1979 par le philosophe Jean-François Lyotard dans La Condition post-moderne *: « Le grand récit, écrivait alors Lyotard, a perdu sa crédibilité, quel que soit le mode d'unification qui lui est assigné : récit spéculatif, récit de l'émancipation. » L'histoire ne pouvait plus être conçue ni racontée comme une émancipation progressive du genre humain, comme un affranchissement vis-à-vis de la superstition par la science ou comme une réalisation par la liberté. Avec la chute du mur de Berlin, cette idée d'une « fin de l'histoire » s'est progressivement imposée comme une sorte d'antienne, une évidence qui circule partout et que tout le monde reprend sans l'interroger. Mais voilà que vingt ans plus tard, à la fin des années 1990, vous avez pris à revers cette évidence et émis l'hypothèse qu'au contraire nous serions à même, pour la première fois sans doute, de formuler le « Grand Récit » de notre histoire…*

CARTE D'IDENTITÉ

NOM : le Récitant

SEXE : masculin

SURNOM : l'Arpenteur

FAMILLE : descendant d'Homère et de Darwin, cousin de Leroi-Gourhan et de Jules Verne

PERSONNAGES ASSOCIÉS : le Tiers-Instruit, l'Hominescent, l'Incandescent

NATIONALITÉ : terrien

DATE DE NAISSANCE : 1943

PROFESSION : paléoanthropologue

FORMATION : sciences naturelles, astronomie, histoire

LIVRES : *Hominescence* (Le Pommier, 2001), *L'Incandescent* (Le Pommier, 2003), *Rameaux* (Le Pommier, 2004), *Récits d'humanisme* (Le Pommier, 2006).

DEVISE : « Savoir, c'est se souvenir. Et se souvenir, c'est savoir raconter. Raconter, c'est savoir. »

Finie, l'histoire humano-centrée : l'être humain n'est plus qu'une bifurcation parmi beaucoup d'autres dans l'histoire de l'Univers. Une bifurcation que nous pouvons dater grâce à la physique nucléaire, comme toutes celles advenues depuis l'origine des temps : de l'apparition des étoiles à celle de la vie, des espèces, des langues, des cultures. Révolution qui a permis de rassembler les temps de disciplines diparates en un récit unique. Le Récitant est le barde de cette évolution qui débuta il y a quinze milliards d'années avec le big bang et se poursuivit avec l'apparition de la Terre, de la vie, des mammifères et, enfin, des hommes. Un Grand Récit qui fait du temps le nouvel élément unificateur du monde et du savoir.

Je me souviens de l'occasion lors de laquelle j'en suis venu à formuler cette hypothèse. Nous étions en 1990, je venais d'être élu à l'Académie française, au siège d'Edgar Faure. J'avais été élu avec l'appui de ceux qui, à l'Académie, étaient plutôt des scientifiques. Ils m'ont alors demandé de donner une conférence à l'Académie des sciences, justement, qui témoignerait de ma capacité à faire le pont entre les lettres et les sciences. Je me suis donc rendu chez les plus éminents scientifiques – il y avait là de nombreux Prix Nobel – et je leur ai dit ceci : « Messieurs, vous êtes mathématiciens, physiciens, astronomes, biologistes, etc., vous m'avez appris tout ce que je sais, mais, au fond du fond, vous ne m'avez appris qu'une chose. Cette chose, toute nouvelle et précieuse, vous l'avez tous inventée presque en même temps ! Et c'est précisément ce qui vous fédère aujourd'hui et me permet de m'adresser à vous comme à une seule personne, comme à un singulier collectif. Aujourd'hui, pour la première fois dans l'histoire, toutes les sciences ont appris à dater leur objet. L'astronome sait dater précisément le big bang, les galaxies ; naine blanche ou géante rouge ont une date de naissance précise ; le biologiste sait dater la naissance des espèces aussi bien que des microbes ; le géophysicien sait dater l'âge de la Terre ; le paléoanthropologue sait dater chacun des hominidés qui sont apparus avant *Homo sapiens* ; le linguiste sait dater la naissance de chacune des langues qu'il étudie, etc. » Ainsi, je les ai regardés, chacun représentant sa discipline, et je leur ai dit : « Je vous vois, et je ne vois qu'une seule et même personne. Vous. » Et, tout d'un coup, le spectre total de l'« histoire » s'est déployé devant nous. C'était assez beau.

Et le mathématicien, vous le mettez où ?

Le mathématicien, c'est celui qui permet de dater. C'est le « dateur » : il donne aux autres les méthodes qui leur permettent de dater leurs objets.

Mais en quoi ces datations sont-elles le prélude à un nouveau récit ?

Si toutes les sciences peuvent dater leur objet, c'est-à-dire raconter sa naissance et éventuellement sa mort, nous pouvons alors envisager de rassembler ces récits que l'on croyait dispersés, éclatés, sans rapport les uns avec les autres, dans une seule suite temporelle. C'est le sens du Grand Récit : le temps rassemble et unifie l'ensemble des sciences dans un Grand Récit qui court depuis l'origine jusqu'à la fin des temps...

Plus précisément, que raconte ce récit ? Quelles en sont les dates charnières ?

Oh, c'est une histoire toute simple. Évidemment, elle a plusieurs versions en fonction de la précision que vous recherchez. Mais, si je m'en tiens à la version la plus accessible, voici comment ce Grand Récit se présente. Il commence il y a environ quatorze milliards d'années avec le big bang et l'apparition des premiers noyaux d'atomes dans les premières minutes de l'Univers ; il se poursuit par la recombinaison des noyaux avec les électrons, la formation des étoiles, des galaxies et enfin des planètes, à commencer par la nôtre il y a 4,5 milliards d'années. Il faut un milliard d'années de plus pour que la vie apparaisse et colonise la Terre, de la cellule primitive aux dinosaures et des grands singes à la dénommée Lucy, qui acquiert la station droite dans la savane de l'Est africain il y a trois millions d'années. Je saute quelques étapes : et nous voici au Proche-Orient il y a neuf mille ans, quand est inventée l'agriculture, avant l'écriture, en Mésopotamie, il y a trois mille ans, etc. Voilà le « tronc commun » de l'histoire de l'Univers et de l'humanité, voilà un récit qui s'écrit dans la langue encyclopédique de toutes les sciences, peut se traduire dans toutes les langues vernaculaires et se moduler selon qu'il s'adresse à un enfant de six ans ou à un astrophysicien de soixante…

Ce récit est-il tendu vers nous comme vers son but ?

Comme tout récit merveilleusement agencé, il paraît cohérent et dirigé vers telle ou telle fin si on le relit d'aval en amont, mais en réalité ce n'est pas le cas. Si on le suit selon la flèche du temps, il va de circonstances imprévisibles en contingences imprévues. Il n'est pas linéaire ni orienté vers nous. Nous n'en sommes ni le but ni la fin. Il bifurque et explose de mille manières contingentes. Il s'agit du plus grand des récits jamais racontés. De surcroît, il est probablement vrai, puisque rectifié sans cesse par les repentirs et avancées de la recherche. Mais il s'agit aussi d'une narration qui respecte les « lois » de toute narration : suspense, ruptures, renversements. À chaque rupture on a une bifurcation nouvelle, qui correspond à une nouvelle science.

À l'époque, cette proposition avait-elle une dimension de polémique contre les théories postmodernes de la « fin des grands récits » ?

En partie. Je l'ai appelée « Grand Récit » pour me moquer gentiment de ceux, les philosophes de la déconstruction, qui prétendaient que l'idée d'un récit unificateur n'avait plus de sens, qu'elle devait être mise en pièces. Sur le fond, ils se trompaient du tout au tout puisqu'ils affirmaient la fin des récits au moment précisément où, pour la première fois, nous disposions des outils pour mettre en place le plus grand récit jamais envisagé, celui qui irait des origines jusqu'à la fin ! Voilà ce qu'il en est pour la philosophie de méconnaître les sciences ! L'idée du Grand Récit, c'est d'abord et surtout l'idée d'un récit valable pour tous parce qu'il est modulable en fonction de celui qui le tient et de celui à qui il s'adresse. Vous pouvez le raconter en quatre minutes à votre petite fille le soir au coucher, sous le mode : « Tu sais, à l'origine du monde, il y a eu un big bang... » Mais, si vous entrez dans le détail, il peut exiger la science la plus pointue, ici de l'astronomie, là de la mécanique quantique et de la biologie, etc. Au fond, comme *Tintin*, on peut le raconter à tout le monde, de sept à soixante-dix-sept ans.

Derrière le Grand Récit, il y a donc un nouveau personnage, celui qui raconte. Comment l'appelleriez-vous ? Le Récitant ?

Pourquoi pas ? Ce personnage transmute l'ensemble des sciences dans un récit. Il utilise la forme littéraire du récit pour rassembler la totalité du savoir disponible. Cette démarche est profondément nouvelle. Ce n'est qu'à partir du XVIIIe siècle, quand la paléontologie, la géologie et la biologie trouvent un formidable développement, que les sciences commencent à pouvoir dater précisément leurs objets. Alors, en effet, le temps commence à entrer dans les sciences. Sauf que pendant très longtemps, durant tout le XIXe siècle notamment, les laps de temps que proposent les différentes disciplines ne correspondent pas entre eux. On ne parvient pas à unifier les différentes durées. Et puis, tout d'un coup, cela marche. À la fin du XXe siècle, la datation est devenue, grâce à la radioactivité, un outil assez précis et généralisé pour que l'on puisse envisager d'enchaîner toutes les durées. C'est alors seulement que peut surgir un Monsieur Loyal du savoir qui attire l'attention sur ce qui, j'en suis convaincu, est une des grandes découvertes de notre temps : la possibilité d'un Grand Récit.

Ce Monsieur Loyal, ce Récitant, doué du sens de la narration littéraire et scientifique à la fois, c'est donc vous ?

Au début de leurs recherches respectives, Lamarck et Darwin se trouvèrent face à une discipline que dominait la question de la classification des vivants. Leur geste commun consista, dès lors, à faire ruisseler le long de ses classes, genres ou règnes une cataracte temporelle telle qu'elle permit, par exemple, à l'espèce de passer d'un concept abstrait ou arbitraire à une existence concrète et vivante. Le geste du Grand Récit émane d'une semblable intention et aboutit à des conclusions analogues. La classification des sciences ou l'encyclopédie, en général, subit une formidable cataracte temporelle qui transforme le savoir entier en un récit scandé en actes et en scènes, comparables à une pièce de théâtre ou à un roman à épisodes. Le Grand Récit est aux sciences ce que l'évolution est aux vivants. Mieux encore, ce geste procède d'un changement de point de vue : au lieu de considérer le savoir en lui-même, il date les objets, en partant de leur naissance et de leur évolution jusqu'à leur éventuelle disparition. Alors le temps de la connaissance dépend de la durée des choses elles-mêmes. Le point de vue passe du sujet à l'objet, de l'homme aux choses. Ce changement pourrait s'appeler « révolution ptolémaïque », à l'inverse de celle que l'on nomma « copernicienne » et qui fit passer des objets au sujet.

Pour revenir au Récitant, c'est celui qui restitue la mémoire là où on avait tout oublié.

C'est à la fois le grand-père qui raconte une histoire à ses petits-enfants et le plus grand scientifique du moment…

Pas tout à fait, dans la mesure où le grand-père traditionnel d'aujourd'hui n'a jamais eu cette idée-là de l'histoire. Elle est totalement nouvelle, en réalité. Le grand-père le plus cultivé ne s'adossait qu'à des milliers d'années. Sa petite-fille s'adosse à des milliards d'années !

*Le Grand Récit, écrivez-vous, règle le problème de l'*Encyclopédie*…*

Le problème de l'*Encyclopédie*, c'est un problème de classification. Mais dès que l'on adopte la variable temps s'opère immédiatement une sorte de mise en ordre. L'*Encyclopédie*, c'était un superbe projet idéal, mais qui est intenable en fait : on ne peut pas tenir la promesse, on ne peut pas embrasser tous les savoirs. Avec le Grand Récit, on parvient à tout tenir ensemble. Il se déploie du plus élémentaire au plus spécialisé. On gagne une pédagogie nouvelle, une manière inédite d'entrer dans le savoir et de l'organiser.

La grande nouveauté, n'est-ce pas, outre la possibilité de rassembler les savoirs en un seul récit, la découverte d'une profondeur temporelle inouïe, impensable même ?

En effet. C'est le point le plus important sans doute. Nos prédécesseurs d'il y a deux ou trois générations avaient dans le dos de dix à quarante mille ans quand nous avons derrière nous quinze milliards d'années… Cela change du tout au tout la place de l'histoire historique, de l'histoire faite par l'homme, par rapport à l'histoire naturelle. Nous prenons conscience que l'histoire, c'est une seconde par rapport au reste. Surtout que l'histoire est un monument d'oubli. Oubli de toutes les choses du monde et de leur histoire propre.

Pour les philosophes, jusqu'au XVIIIe siècle, l'Antiquité était l'un des commencements de notre histoire, le temps inaugural à partir duquel on déchiffrait notre profondeur historique. Or elle est devenue pour nous un petit théâtre dans le théâtre gigantesque du Grand Récit…

Nous ne mesurons pas encore combien ce changement va bouleverser nos représentations. Cette profondeur temporelle nouvelle va transformer du tout au tout le statut de l'homme, des sociétés, comme de l'histoire. Cela remue toutes nos représentations. Jusqu'à notre représentation de nous-mêmes comme individus.

En quoi cela concerne-t-il l'individu ?

Posez-vous cette simple question : « Quel âge ai-je ? » En ce qui me concerne, j'ai quatre-vingt-trois ans. C'est une évidence. Mais si je considère le fait que je suis un homme, *Homo sapiens*, j'ai cent mille ans. Mais, dans la mesure où je suis un pithécanthrope aussi, j'ai déjà quatre à cinq millions d'années. Mais, dans la mesure où je suis composé de molécules organiques, j'ai quatre milliards d'années ; d'atomes d'hydrogène et d'hélium, etc., qui sont nés avec l'Univers, j'ai quinze milliards d'années. Je suis un microcosme du Grand Récit. Je contiens en moi la totalité de ces temps. Je suis presque aussi vieux que la Terre. Je plonge dans le temps de l'Univers. Je résume en moi la totalité du Grand Récit.

Vous articulez deux points de vue contraires, sinon contradictoires, sur le temps. D'un côté, nous sommes les produits de cette immense coulée de temps qui se répand depuis le big bang jusqu'à notre corps. De l'autre, nous sommes capables de nous arracher à cette histoire pour la raconter comme si nous étions en dehors. D'un côté, je suis pris dans la poussée du temps qui emporte tout. De l'autre, je m'arrache à la totalité du flux temporel pour le raconter des origines à la fin, comme un spectateur…

Cela produit une nouvelle théorie de la connaissance. Un nouveau savoir global, une nouvelle *Encyclopédie*. Le Grand Récit est à la fois notre savoir et notre existence, ce que je sais et ce qui m'a formé. Nous produisons des savoirs qui nous ouvrent à des objets qui nous produisent. Il n'y a pas contradiction mais feed-back. Il faut de plus reconnaître que le Grand Récit nous confronte à des temporalités qui sont « in-intuitionnables ». Je ne sais pas ce que ça veut dire, quinze milliards d'années. Vous savez, vous ? Déjà, des millions d'années… Je peux concevoir quatre mille ans, dix mille ans à la rigueur, je peux imaginer le Néolithique, les chasseurs-cueilleurs, mais le temps de Lucy… Trois millions d'années ? C'est très difficile à concevoir. Et pourtant on le porte en soi. Nous vivons des temps parallèles et irreprésentables.

Ne retrouve-t-on pas ici l'idée ancienne que le temps cosmique et le temps intime se rejoignent ?

Il y a deux sortes de langues en Europe : celles qui ont deux mots pour dire le temps et celles qui n'en ont qu'un. Il y a les langues germaniques, qui ont *time* et *weather* en anglais ou *Zeit* et *Wetter* en allemand, et puis les langues latines, qui ont le même mot pour dire à la fois le temps atmosphérique et le temps de l'horloge. Du point de vue de la plupart des philosophes modernes, cette confusion des deux notions chez les Latins est une erreur naïve. Kant définit le temps comme la suite des nombres, 1, 2, 3, 4…, à la fois ordinaux et cardinaux. Le climat n'a rien à voir avec l'idée mathématique du temps. Est-ce si sûr ? Ce que nous redécouvrons avec le Grand Récit, c'est que les langues latines ont peut-être raison contre les philosophes. Le temps régulier, au sens de l'horloge, et le temps stochastique, au sens de l'atmosphère, ont partie liée.

Vous conférez au temps, à ce temps profond, constitué de rythmes différents, une puissance nouvelle…

Nous ne pouvons plus contempler aujourd'hui le ciel étoilé au-dessus de nous sans penser au fait que tout cela a une dimension temporelle, une date de naissance et une date de mort. Mais aussi un rythme temporel spécifique. Les astres, qui apparaissaient autrefois comme des éléments stables de l'espace, sont aujourd'hui emportés dans le flot du temps. En les observant, nous pensons temporalité et non plus stabilité. Quand vous regardez une étoile, vous savez qu'elle est peut-être « morte », même si vous continuez d'en percevoir le rayonnement. Grâce à ce savoir, vous percevez un objet temporel autant qu'un objet spatial. Le savoir a donc renversé notre vision de l'Univers. Ouvrez les yeux : vous voyez moins de l'espace dorénavant que du temps. Nous contemplons des suites échelonnées d'horloges, les unes plus rapides que les autres, qui comptent le temps chacune à son rythme. Nous voyons moins des objets disposés dans une étendue que différents rythmes d'un même écoulement : celui de la rive d'un fleuve ou celui d'un astre.

Si Bergson nous reprochait de dissoudre le temps dans l'espace, nous serions plutôt enclins selon vous à temporaliser tout ce qui se présente dans l'espace...

Nous croyions sottement que l'espace conditionnait le temps, que la géographie conditionnait l'histoire, comme le décor d'un théâtre où se déroulerait l'action. Mais un géologue date aussi ce décor, car il coule autant que le torrent ! L'univers entier est entré dans le temps, voilà la leçon du Grand Récit ! Nous pensions qu'il existait des fleuves *dans* des vallées, des horloges *entre* les murs des maisons, un cœur battant *au milieu* d'un squelette solide, quelques montres *dans* notre espace, comme si ces espaces eux-mêmes n'étaient pas temporels. Mais il faut enfin reconnaître l'universalité de la formule d'Héraclite : « Tout coule. »

Quelle est la différence entre le Grand Récit et le projet qui animait les philosophies de l'histoire ? N'y avait-il pas déjà présent, chez Condorcet, Hegel ou Marx, le schéma d'une odyssée par laquelle l'humanité, alors dissociée de la nature il est vrai, se réaliserait dans et à travers le temps ?

La première différence tient d'abord au fait – mais nous en avons déjà parlé – qu'ils n'avaient derrière eux que quelques milliers d'années quand nous en avons quinze milliards ! Deuxièmement, leur histoire est exclusivement humaine. Pour eux, les vivants autres que les hommes n'ont pas d'histoire, la planète n'a pas d'histoire, l'Univers n'a pas d'histoire. On est dans un univers qui est spatial, donc qui n'a pas évolué – les vivants non plus et les objets inertes encore moins. Enfin, ils avaient du temps une idée linéaire, continue et causale. Grâce à la théorie du chaos, on sait parfaitement ce que c'est que l'imprévisibilité. Le temps n'est plus une ligne droite : il est aléatoire et imprévisible. Par conséquent, on ne croit plus au progrès, d'une certaine manière. Tout ce schéma historique paraît d'une naïveté exemplaire : « Étant donné ce qu'il s'est passé hier, étant donné le régime des causes, nous pouvons prétendre que demain ce sera mieux. » Il faut attendre Bergson pour que surgisse l'idée du « mouvement rétrograde du vrai », de la contingence, d'un temps chaotique, aléatoire. J'ai presque envie de dire que, non seulement leur schéma historique est mort, mais aussi que même l'histoire actuelle comme discipline scientifique, qui repose encore sur les mêmes repères, me paraît en ruine. Elle n'a pas tenu compte de tous ces acquis-là, qui sont colossaux. Je le répète : notre histoire anthropocentrée ne peut se définir que par un ensemble colossal d'oublis.

Est-ce qu'il y a, dans le Grand Récit, cette idée de donner un sens à l'aventure qui faisait la force ou le moteur des philosophies de l'histoire ? On comprend que la philosophie de l'histoire doive s'approfondir et s'élargir au-delà de l'histoire « humaine trop humaine », mais cet élargissement étant acquis, ne demeure-t-il pas l'ambition de trouver un sens, une orientation du temps ?

Le mot « sens » a deux sens. Premièrement : la signification ; deuxièmement : la direction. Or ni la signification ni la direction de l'histoire ne nous est donnée. Et, par conséquent, le « sens de l'histoire », cela ne veut rien dire. Réfléchissez seulement aux grandes dimensions du temps. Premièrement, le temps cyclique : j'avais rendez-vous avec vous à 17 heures ici, pour travailler – on est vraiment dans le temps de l'emploi du temps, c'est-à-dire le temps circulaire. Deuxièmement, on a le temps du vieillissement : je suis beaucoup plus vieux que vous et je mourrai plus tôt que vous, statistiquement parlant. Et troisièmement, la dimension des générations : vous avez des enfants qui sont, qui seront, espérons-le, plus intelligents que nous, qui feront mieux que nous, qui sont plus beaux que nous. On a donc trois temps qui sont contradictoires, certains réversibles, d'autres irréversibles. Et vous voulez que dans ce mélange-là on fasse confiance à Hegel qui soutient que l'histoire progresse ? Notre philosophie du temps est devenue autrement plus complexe.

Non, il s'agit d'articuler un ensemble bariolé de paysages et de temporalités d'ordres différents. Comme par exemple l'histoire des galaxies et l'histoire des espèces. Ces histoires contiennent des bifurcations totalement contingentes qui émergent comme des coups de théâtre, certes, mais au voisinage de l'impossible, comme une sorte de miracle, comme des événements à très faible probabilité. Et pourtant, en articulant tous ces événements, tous ces rythmes, toutes ces dimensions incommensurables, on parvient à un récit « sensé ». En tournant notre regard de l'avenir impossible à prédire vers le passé consommé, le contingent devient presque nécessaire.

Ce récit a donc bien un sens ?

Non, dans la mesure où ce n'est pas un récit au sens classique. Il faut admettre une nouvelle signification au mot. C'est un récit qui a intégré la théorie du chaos, qui sait que l'avenir est imprévisible, qui sait que, quand on se retourne, il est pourtant déterminé, qui sait qu'il y a des choix aléatoires, etc. C'est un récit qui est plus près du récit littéraire. Parce que, dans un récit littéraire, on ne sait jamais ce qui va arriver à cette amoureuse, si elle va ou non rencontrer son grand amour… Un récit bien mené, ce n'est pas un récit à la Hegel, c'est un récit à la Bergson, comme dans la *Clio* de Péguy. On ne sait jamais ce qui va arriver.

Sauf quand on se retourne à la fin : alors on comprend tout, alors seulement on se dit que les choses devaient se passer comme elles se sont passées.

Le Grand Récit a-t-il une fin ?

Je n'en sais rien – Madame Soleil en saurait plus que moi là-dessus. Mais je dirais qu'il n'a pas de commencement au sens classique : il commence n'importe où, n'importe quand, de manière totalement contingente. Il a plusieurs entrées. On peut y pénétrer un jour par la naissance des étoiles, l'autre jour par la naissance de la Terre, un troisième jour par la naissance des langues indo-européennes… Autant, chez les philosophes de l'histoire, il y a un sens, un mouvement et donc une fin de l'histoire, autant le Grand Récit laisse totalement ouverte cette idée. Et n'oublions pas que, comme un roman, il peut très mal se terminer. Tous les romans ne sont pas à l'eau de rose. Cette fin, je le crois, est désormais entre nos mains.

À cet égard, justement, est-ce que le nouvel élément de l'histoire dans lequel nous baignons ne réside pas dans le catastrophisme ? La catastrophe n'a-t-elle pas pris la place de la fin de l'histoire ?

Il n'y a plus de téléologie. L'utopie de la fin des temps a laissé place à la dystopie, à la contre-utopie.

Avec la fin programmée de la nature, le Grand Récit est devenu un récit apocalyptique…

Beaucoup jouent à Philippulus le Prophète. Ce personnage de *L'Étoile mystérieuse* de Hergé résume assez bien le catastrophisme journaliste et journalier qui permet de vendre le plus de journaux au plus grand nombre possible. Rien de plus « vendeur » que le pessimisme !

Le Grand Récit nous fait prendre conscience que le temps, un temps infini, est devenu notre seule boussole. Cependant, vous insistez également sur le fait que cette temporalisation de l'Univers, qui le met en mouvement, produit un décentrement sans précédent. Pouvez-vous préciser ce point ?

On dit souvent que l'humanité moderne a connu trois révolutions philosophiques, qui furent également trois décentrements : la révolution copernicienne (la Terre n'est plus le centre de l'Univers), la révolution darwinienne (l'homme n'est plus le centre de la création), la révolution freudienne (la conscience n'est plus le centre de l'âme). Or, au regard de celle que je tente de cerner avec le Grand Récit, ces trois premières révolutions apparaissent en réalité comme relatives. Pourquoi ? Parce que de l'une à l'autre, si une série de décentrements se produit en effet, l'idée même d'un centre est en revanche conservée. Qu'il s'agisse du Soleil (à la place de la Terre), de l'ensemble du vivant (à la place de l'espèce humaine) ou de l'inconscient (à la place de la conscience), toutes ces révolutions supposent toujours l'existence d'un centre, quelque position qu'on lui assigne, quelque nom qu'on lui donne, quelque mouvement qu'il commande. Le terme même de « révolution » le suppose puisqu'il décrit une rotation. Or, ce que met en question l'hypothèse du Grand Récit, c'est l'idée même qu'il y ait un centre. Il ne s'agit plus de savoir si c'est la Terre ou le Soleil qui est au centre, mais s'il y a un centre ou pas. Voilà une question autrement inquiétante, autrement déstabilisante !

En quoi le Grand Récit met-il en question cette idée de centre ?

Parce que chaque moment d'origine ou de bifurcation – celui du big bang, celui du surgissement de l'ADN ou celui de l'écriture – peut être pris comme le centre du récit, d'où s'opère la reconfiguration de celui-ci.

Vous retrouvez là une réflexion que vous avez initiée très tôt, dès votre thèse sur Leibniz…

En effet, je prenais déjà à rebours une certaine représentation de la modernité, qui fait de la révolution copernicienne le point d'origine et de définition de la modernité. Dans ce cadre, en effet, le décentrement est le cœur du mouvement qui nous emporte depuis Copernic jusqu'à Kant, Nietzsche ou Freud. Or il me semblait à moi que la question première n'était pas celle de Copernic – à savoir : quel est le centre de l'Univers ? –, mais celle que posa après lui et de manière beaucoup plus radicale Kepler, et qui était de savoir s'il y avait un centre de l'Univers. Il est plus fondamental de savoir si le monde est centré que de chercher à déterminer ce centre. Avant de placer le pôle en un lieu donné, il faut poser la question de son existence. Sa localisation est une question seconde et presque sans importance au regard de l'hésitation première sur sa possibilité. Copernic s'inscrit encore dans ce que j'appelais alors l'« âge classique » de la pensée, un âge dont l'obsession, des mathématiques à la métaphysique, était de déterminer un point fixe. C'est Descartes qui affirme : « Archimède, pour tirer le globe de sa place et le transporter en un autre lieu, ne demandait rien qu'un point qui fût fixe et assuré. Ainsi j'aurai droit de concevoir de hautes espérances, si je suis assez heureux pour trouver seulement une chose qui soit certaine et indubitable. » C'est Pascal qui écrit : « Il faut avoir un point fixe pour [...] juger. Le port juge ceux qui sont dans un vaisseau ; mais où prendrons-nous un port dans la morale ? » C'est Leibniz encore : « Ces vérités éternelles sont le point fixe et immuable sur lequel tout roule. »

Vous citez Pascal, que pourtant vous opposez à cette tradition classique, attachée au point fixe, en affirmant qu'il a été l'un des premiers et des seuls philosophes à oser penser en l'absence de point fixe...

En effet, je suis parti de son texte sur « Les deux infinis », l'infini cosmologique qui entoure l'homme et l'infini métaphysique qui l'habite. Or Pascal tire de l'idée que le monde est infini l'idée qu'il est possible qu'il n'y ait pas de centre. C'est à mon avis sa grande invention : et s'il n'y avait pas de centre ? Même si cela n'empêche pas que l'on place hypothétiquement le centre ici, là ou ailleurs. C'est la formule qu'il reprend à Giordano Bruno : « Le centre est partout et la circonférence nulle part. » Pascal se pose la question : « Où puis-je trouver du repos dans l'angoisse existentielle dans laquelle je suis ? J'ai besoin d'un lit où me reposer ; j'ai besoin d'une maison où habiter ; j'ai besoin d'une sorte d'immobilité. Parce que, si je n'ai pas d'immobilité, je ne peux pas, je ne sais pas estimer les mouvements, les orbites et les planètes. J'ai besoin d'une référence. » C'est la raison pour laquelle il pose la question de la référence. Et c'est la seule question, à mon avis, qu'il pose dans les *Pensées*. C'est pour cela que les *Pensées* sont dispersées. Elles sont très vite fixées sur ce problème-là : y a-t-il un point central de l'Univers ? Non, il n'y en a pas, puisque l'Univers est infini ; le point central peut être partout. Donc, il n'y a pas de point fixe dans le monde réel, et nous sommes en permanence dans le divertissement, dans le désespoir, etc. « Les deux infinis », c'est une réflexion sur le centre. Si l'Univers est infini, il n'a pas de centre, donc il n'y a pas de point fixe. Ou alors le point fixe est métaphysique : c'est Jésus-Christ, et à partir de Jésus-Christ tout s'ordonne.

Mais pour Pascal il y a quand même Dieu, qui est non pas une référence cosmologique ou physique, mais...

Non, ce n'est pas Dieu, la référence de Pascal, c'est le Christ. Pascal est un philosophe chrétien, au sens technique du terme. Le point de référence pour lui, ce n'est pas Dieu, c'est le Christ en tant qu'incarnation de Dieu. C'est probablement un des rares philosophes chrétiens. Parce que la plupart du temps, chez les philosophes, Dieu relève d'une interrogation théologique : chez Leibniz, c'est la question de la création divine ; chez Descartes, c'est la possibilité de concevoir un créateur des vérités éternelles. Chez Pascal, Dieu n'est pas une question rationnelle, c'est une donnée, celle de l'incarnation de Dieu dans une personne. Exactement dans un personnage. Une personne vivante incarnée. Un personnage dans le sens précis que tout ce livre suscite. Pascal rend concrète, vive et historique la question abstraite et métaphysique du centre. C'est un modèle parfait de philosophie. Enfin la question descend sur terre.

A-t-on fait le deuil de cette recherche obsessionnelle du point fixe aujourd'hui ? Est-on parvenu à accepter, enfin, qu'il n'y en ait pas ? Que nous vivons dans un monde qui est une sorte de miroir infini ?

Oui, je crois que, sans trop le savoir ou le reconnaître, nous avons fini par admettre l'absence de point fixe. La question ne se pose presque plus. Il n'y a plus que les vieux ronchons qui n'arrêtent pas de dire qu'on a perdu les valeurs et les références. Les fameuses références ! Mais je ne crois pas qu'il y ait aujourd'hui une problématique de référentiels. Nous vivons à l'âge du pluralisme.

Il n'y a plus de point fixe ?

Soyez assez gentil de me l'indiquer.

Quel rapport entretenons-nous aujourd'hui avec l'espace infini ? Que se passe-t-il lorsque nous contemplons les étoiles la nuit ? Est-ce que cela se réduit à une expérience esthétique ?

Je crois que notre rapport à la nuit s'est profondément transformé. Partons de Platon : sortir de l'ombre de la caverne, c'était aller vers la lumière du jour, vers le grand soleil de la connaissance. Prenons encore les Lumières : les ténèbres sont le symbole de l'ignorance, la lumière est la métaphore de la science. Eh bien, ce n'est plus vrai ! La science, aujourd'hui, a pris le visage de la nuit étoilée. Elle me permet d'avoir quelques repères. J'ai un repère mathématique ici ou là, j'ai un repère physique ou astronomique, ici et là... Les lumières de la science sont plurielles, apparaissant au milieu de la nuit du non-savoir. C'est ça, l'expérience concrète de la science. Tandis que, si je suis inondé par la lumière d'un soleil unique qui m'éclaire absolument, je suis en pleine idéologie : il n'y a qu'une source de lumière. Nous nous sommes donc entièrement retournés par rapport à Platon et à la tradition des Lumières. La clarté du jour, c'est dorénavant la métaphore de l'idéologie : il n'y aurait qu'une seule vérité qui inonde tout. Tandis que la nuit, mille lumières viennent de partout : des rouges, des bleues, des vertes, il y en a qui scintillent, d'autres pas, certaines sont groupées... La science perce çà et là, à tel ou tel moment, parmi le non-savoir. La nuit est une très bonne image du savoir, et de l'histoire du savoir : il y a des lumières qui s'allument, d'autres qui s'éteignent, des étoiles qui meurent. La nuit est le meilleur modèle de la connaissance et sans doute de l'existence.

Chapitre 10

PETITE POUCETTE
OU LA JEUNESSE À VENIR

Votre dernier livre, Petite Poucette, *où vous traitez des bouleversements de notre rapport au savoir, est un énorme succès de librairie, un succès phénoménal pour un livre de philosophie. Pourquoi cet essai et son héroïne rencontrent-ils un tel engouement, selon vous ?*

Si vous feuilletez les livres qui s'intéressent aux problèmes d'éducation et de pédagogie appliqués aux « nouvelles générations », vous remarquerez qu'ils sont tous écrits du point de vue de l'adulte – professeur, parent ou ministre. Je suis convaincu que ce point de départ introduit un biais qui fausse la compréhension du problème. Les auteurs s'arrogent d'emblée la place de l'autorité, de celui ou de celle qui sait. Et ils se demandent comment transmettre ce qu'ils savent à quelqu'un qui ne sait pas. Voilà un présupposé qui confère à nombre d'essais sur l'éducation leur ton péremptoire et assuré. Ils prennent la forme de traités édifiants. Moi, j'ai

CARTE D'IDENTITÉ

NOM : Petite Poucette

SURNOM : Maïa (en hommage à l'héroïne d'Andersen)

SEXE : féminin

ÂGE : 13 ans

DATE D'APPARITION : 1995

PARENTS : Hermès et Pantope

PARRAIN : Montaigne

FAMILLE : les anges

PERSONNAGES ASSOCIÉS : Pantope, saint Denis, Pia, Hermès, l'Hominescent

NATIONALITÉ : mondiale

FORMATION : Wikipédia

LIVRES : *Petite Poucette* (Le Pommier, 2013)

DEVISE : « Maintenant ! Tenant en main le monde. »

Née avec Internet, Petite Poucette est une enfant des villes, qui a plus l'habitude de croiser un touriste chinois au coin de sa rue qu'un paysan dans une campagne Elle ne lâche jamais un portable sur lequel elle pianote des deux pouces avec la dextérité d'un concertiste. Avec lui, elle superpose les espaces et tire sans relâche sa part d'un réseau social qui comprend des milliers d'amis virtuels. Avec lui, elle détient un savoir disponible, accessible, « sous la main », jusque dans les salles de cours où ses professeurs, privés de l'autorité que leur donna un savoir livresque dont ils étaient les seuls détenteurs, se voient contraints d'interroger le sens ultime de l'éducation et de la transmission.

main
tenant

simplement renversé la perspective : tout étant considéré au prisme de l'offre, j'ai adopté celui de la demande, à savoir celui de l'étudiant. Bien sûr, cela ne veut pas dire qu'il faille reconstruire toute la pédagogie du « point de vue » de l'enfant, comme certains s'y sont attelés, en demandant à celui-ci de construire lui-même les savoirs. Non, ce n'est pas de cela qu'il s'agit. Avant de réfléchir aux contenus, c'est la *position d'autorité* que l'on adopte dès lors que l'on réfléchit à l'éducation qui doit être discutée. Il est nécessaire de se décentrer par rapport à cette position. C'est ce que j'ai fait dès l'ouverture de *Petite Poucette*. Et je crois que ce décentrement est pour quelque chose dans son succès.

Quant à mon héroïne, qu'elle soit une femme n'est pas un hasard… Tout au long de ma carrière d'enseignant, qui a duré quarante ans et qui dure encore, j'ai assisté à la victoire des femmes. C'est un fait : les meilleurs de nos étudiants sont des étudiantes. Dans les examens et concours, les femmes sont en avance de 10 à 15 % aujourd'hui. Demain, la plupart de nos médecins seront des femmes, la plupart de nos juges seront des femmes, la plupart de nos élites seront des femmes. Ce n'est pas parce que j'aime les femmes que je dis cela – et je les aime vraiment. Non, le jeu professionnel va complètement se transformer. Par conséquent, mon choix d'une héroïne pour penser le numérique est en phase avec un changement plus vaste de culture et de monde.

Ce nom de Petite Poucette, est-ce une allusion aux contes ?

Rien à voir ni avec le Petit Poucet de Perrault ni avec la Petite Poucette d'Andersen. Je l'ai appelée Petite Poucette à cause du pouce. L'idée m'en est venue dans le métro, en observant une jeune fille pianoter sur son téléphone avec une dextérité dont je me sens bien incapable. L'avez-vous remarqué ? Ceux qui étaient déjà adultes au moment où le numérique est arrivé – ceux qui ont plus de trente-cinq ans aujourd'hui – utilisent plutôt leur index pour écrire sur leur téléphone portable, et ils sont souvent très malhabiles ; au contraire, les générations qui sont nées avec le numérique – les moins de trente-cinq ans – utilisent leurs deux pouces, sans aucune hésitation. Ma Poucette s'appelle ainsi en raison de son habileté diabolique à pianoter des textos avec deux pouces sur un téléphone portable. Et si je la dis « petite », c'est parce qu'elle est née à la charnière des années 1980 et 1990, au moment où l'ordinateur personnel est entré dans notre vie privée. Il y a là une sorte de coupure : les gens plus âgés, moi par exemple, utilisent l'ordinateur de façon quotidienne et constante, mais comme un outil, dans un rapport d'extériorité, à la manière d'un vélo en somme, tandis que la génération de Petite Poucette vit *à l'intérieur* du monde construit par le numérique. Une adolescente envoie cent textos par jour, et son homologue masculin cinquante. Moi, j'envoie des textos, bien entendu, comme tout le monde, mais combien ? Cinq, dix tout au plus, et certainement pas cent dans une journée ! Poucette est complètement immergée dans les nouvelles technologies. Avec ses contemporains, elle vit dans le monde impliqué par l'ordinateur. Elle est à l'intérieur d'un monde que je vois de l'extérieur. Là où je me sers de l'ordinateur, elle vit et pense avec lui.

Quelle est sa biographie ?

Son portrait ? Il vient en droite ligne d'*Hominescence*. Je récapitule… Petite Poucette n'a jamais vu « veau, vache, cochon, couvée », ignore le monde paysan. Elle n'a jamais connu la guerre, en tout cas pas sur son propre sol. Sa mère avait trente-trois ou trente-quatre ans à sa naissance – aux générations précédentes, elle aurait eu entre dix-huit et vingt ans. En résumé, son rapport à la nature, au monde, à la vie, à ses parents, est complètement différent du mien. Ajoutez à cela qu'elle est habituée au pluralisme culturel parce qu'elle croise au quotidien des Noirs, des Beurs, des Blancs, des Jaunes. Et que, de surcroît, vu l'augmentation de l'espérance de vie, sa vie sexuelle et affective va se développer de façon tout à fait inédite : si elle se marie, elle aura devant elle la perspective du divorce. Les conjoints se juraient fidélité pour dix ans ; leur promesse porte aujourd'hui sur soixante ans. Est-ce le même mariage ? Les conséquences de ces transformations sont multiples. Comme on l'a vu, elles touchent aussi bien la politique que la morale ou l'écologie. En ce qui concerne l'éducation, une chose est sûre : il serait sot de faire un livre de pédagogie en rabâchant les mêmes normes et règles qu'à la génération précédente. Impossible de transmettre quelque chose à quelqu'un dont on ne connaît pas les modes d'apprentissage. Inutile de vouloir transmettre quoi que ce soit si on ne connaît pas celui ou celle qui se présente à nous, à l'école, au collège, au lycée, à l'université.

Un changement décisif, que vous êtes le premier à mettre en lumière avec autant de force, concerne le rapport au savoir.

Avec la révolution numérique, expliquez-vous, le savoir s'est « extériorisé », il est au sens propre « sorti » de notre tête pour se matérialiser en un stock d'informations et de logiciels. « De notre tête osseuse et neuronale, écrivez-vous dans Petite Poucette, *notre tête intelligente sortit. Entre nos mains, la boîte ordinateur contient et fait fonctionner ce que nous appelions jadis nos facultés : une mémoire plus puissante mille fois que la nôtre ; une imagination garnie d'icônes par millions ; une raison aussi, puisque autant de logiciels peuvent résoudre cent problèmes que nous n'eussions pas résolu seuls. Notre tête est jetée devant nous, en cette boîte cognitive objectivée… Voici le savoir jeté là, objectif, collecté, collectif, connecté. »*

Les manuels de philosophie de ma jeunesse disaient que l'entendement humain était composé de trois facultés : la mémoire, l'imagination et la raison. Nous nous y rapportions comme à des facultés intérieures à l'activité du sujet pensant. Or, si vous y réfléchissez, ces trois facultés sont en grande partie désormais objectivées dans nos ordinateurs. La mémoire, d'abord : elle est condensée dans les puces de nos ordinateurs. C'est vrai de la mémoire individuelle – celle de nos photos, de nos contacts, de notre correspondance, de nos écrits, de nos faits et gestes dont nous « publions » les traces sur les réseaux sociaux – comme de la mémoire collective puisque la totalité du savoir historique sera bientôt numérisée, en même temps que les livres de toutes les bibliothèques du monde. Ne sommes-nous pas tentés, dès qu'une date, le nom d'un auteur, le titre d'un livre ne nous reviennent plus en mémoire, d'aller sur Wikipédia pour les retrouver ? Et faisons-nous encore l'effort de retenir par cœur le numéro de téléphone de nos amis, dès lors qu'il est encodé dans nos portables ? Ces petites expériences quotidiennes en disent beaucoup sur la transformation de nos mémoires. Deuxième faculté, l'imagination. Là, c'est évident pour tous : les images sont aujourd'hui produites par nos ordinateurs, dans lesquels elles sont aussi stockées, elles prolifèrent sur la Toile, dix millions de fois plus nombreuses et précises que toutes celles que je pourrai jamais avoir dans la tête. Les images sont aujourd'hui des images numériques. Je dis les images, non pas l'imagination. Enfin, la raison. Nous continuons évidemment de penser par nous-mêmes, mais cela n'empêche pas que les logiciels réalisent des performances rationnelles qui dépassent de loin les nôtres, intégrant des équations différentielles très difficiles.

Il faut donc reconnaître que les grandes facultés de l'esprit ont, en partie au moins, basculé dans nos ordinateurs. Cette externalisation n'en est qu'à ses débuts. Déjà, l'écriture et l'imprimerie avaient permis de déposer la mémoire de l'humanité dans les livres. Là, il y a un nouveau dépôt, une nouvelle manière d'externaliser notre mémoire et notre savoir, qui va plus loin qu'avec le livre : il s'agit dorénavant d'externaliser nos facultés cognitives elles-mêmes.

Le savoir a donc entièrement basculé dans les machines ? Il aurait disparu des livres et des salles de classe ?

Non, pas le savoir mais au moins l'information. Je ne voudrais pas laisser croire qu'une invention technique détruit tous les dispositifs d'apprentissage précédents. Ce n'est pas parce qu'on écrit qu'on ne parle plus, ce n'est pas parce qu'on imprime qu'on cesse d'écrire et ce n'est pas parce qu'on a des ordinateurs qu'on cesse d'imprimer. Au contraire, on a désormais une imprimante personnelle à domicile. Non, toutes ces « techniques » s'accumulent. Plutôt que d'évoquer une disparition, pourquoi ne pas envisager le scénario de l'accumulation ? Reste que le numérique est la grande vague du moment, avec d'immenses conséquences pédagogiques aussi bien que politiques.

De fait, l'objectivation du savoir bouleverse totalement l'espace de la transmission. Aujourd'hui, l'étudiant a un accès immédiat au savoir : téléphone et ordinateur portable l'accompagnent partout, et parfois même jusque dans la salle de classe ou dans l'amphi. Ce qui fait voler en éclats le rapport même entre le professeur, l'élève et le savoir…

Tous les professeurs en font l'expérience : ils n'ont plus ce « monopole du savoir » qui leur conférait leur autorité devant la classe. Mieux : un professeur d'histoire qui confond deux dates ou qui se trompe d'une année court un grand risque de se faire « rappeler à l'ordre » par ses étudiants qui peuvent vérifier « en direct » la justesse de ses énoncés. Cela change en effet du tout au tout l'espace de la transmission et la relation pédagogique. Mais, loin de disparaître, la classe est en train de se brancher sur Internet et de se restructurer sur un modèle ouvert et participatif. Hier, elle était formatée par le modèle de la page du livre : le professeur était devant sa classe en position d'auteur, de celui qui sait et qui transmet à ceux qui ne savent pas. Aujourd'hui, ce modèle éclate. Tous les enseignants le remarquent : lorsqu'ils rentrent dans une classe ou un amphi et qu'ils annoncent qu'ils vont faire cours sur les cacahouètes, la probabilité pour que la moitié de l'amphithéâtre cherche le mot « cacahouète » sur un moteur de recherche est forte. Le rapport enseignant-enseigné change complètement dès lors que la moitié de la classe a déjà eu un certain rapport avec cette information prise, par exemple, dans Wikipédia.

C'est ce que vous appelez le renversement de la « présomption de compétence »...

En effet. On passe de la présomption d'incompétence à la présomption de compétence. Ceux dont on présupposait qu'ils étaient ignorants et incompétents sont devenus potentiellement compétents. Cela ne concerne pas que l'école : tous les métiers qui s'appuient sur la transmission sont concernés. Leur public a potentiellement sous la main toutes les informations. Je me souviens, il y a à peine trente ans, quand je m'aventurais à poser des questions aux médecins que je consultais – « Qu'est-ce que vous me mettez dans l'œil, docteur ? Quel est le risque d'accident pour l'opération que je vais subir ? » –, les médecins me regardaient d'un œil désapprobateur et ne prenaient même pas le temps de justifier leur silence : « C'est mon boulot, pas le vôtre ! » semblaient-ils dire. Tandis qu'aujourd'hui le médecin vous explique en détail l'ensemble des traitements qu'il vous propose, vous demande l'autorisation de les appliquer, et vous laisse même parfois décider d'une opération. C'est un changement inouï ! Même si la compétence ne bascule pas effectivement de l'autre côté, il suffit que ce soit possible pour que la relation change du tout au tout.

À l'école, à l'hôpital, mais également en politique, ceux qui ne savaient pas se sont mis à poser des questions comme s'ils savaient. Quand j'avais vingt ans, j'étais épistémologue, je m'occupais de l'histoire des sciences et des méthodologies scientifiques. Au sein du champ académique, c'était une discipline mineure. Aujourd'hui, les journalistes demandent aux passants s'ils ont des idées sur les OGM, sur le nucléaire, sur les mères porteuses… Tout le monde est devenu épistémologue pour porter, comme nous naguère, un jugement sur les sciences. La présomption de connaissance a complètement changé. Ultimement, cela implique une nouvelle démocratie fondée sur un savoir plus ou moins maîtrisé, mais partagé.

Comme souvent, vous vous emparez dans Petite Poucette *d'un personnage légendaire de la Chrétienté pour illustrer la portée de ce basculement. C'est l'image très forte de la décapitation de saint Denis. Pouvez-vous y revenir ?*

Cet épisode m'est en effet apparu à propos pour comprendre concrètement ce qui nous arrive aujourd'hui. Denis est le premier évêque de Paris – à l'époque, au IIIe siècle, la ville s'appelait Lutèce et les chrétiens étaient en proie aux grandes persécutions des Romains. Dans sa *Légende dorée,* consacrée à la vie des grands saints, Jacques de Voragine, un auteur du Moyen Âge, raconte le miracle qui en fit un saint : arrêté par les Romains alors qu'il fait l'homélie, Denis est incarcéré puis condamné à être décapité au sommet d'une butte, qui se nommera plus tard Montmartre. Le jour dit, les Romains, fatigués, renoncent à monter tout en haut de la butte et le décapitent à mi-chemin. Alors que sa tête roule à terre, miracle ! Denis se lève, ramasse sa propre tête et, la tenant dans ses mains, monte toute la pente – le chemin deviendra la rue des Martyrs. Terrifiés, les Romains fuient. Denis lave sa tête à une source et poursuit sa route pendant six kilomètres. Là, il donne sa tête à une femme et s'écroule. On l'enterra à cet endroit même et on édifia une basilique, la basilique de Saint-Denis…

Cette image d'un homme qui tient dans sa main sa propre tête est saisissante – quand on me la décrivait, enfant, je ne pouvais m'empêcher de demander comment un corps sans tête pouvait-il marcher… Est-ce le corps seul qui parvient à s'orienter sans yeux ? Ou est-ce la coopération des deux, maintenue en dépit de leur séparation ? Mais, en laissant cette question ouverte, c'est l'image d'un homme qui tient sa propre tête entre ses mains qui m'intéresse aujourd'hui. Lorsque nous ouvrons tous les matins notre ordinateur, avec nos mails, nos archives, nos logiciels, ne ressemblons-nous pas tous, peu ou prou, à Denis ? Nous aussi nous avons décapité notre tête « bien pleine » pour la mettre sur l'ordinateur. Elle est là, devant nous. Et nous devons alors nous poser la question : que reste-t-il dans notre corps sans tête ? Ou dans notre tête vide ? Dans sa représentation du martyre de saint Denis, qui est au Panthéon aujourd'hui, Léon Bonnat a peint une grande lumière à la place de la tête. C'est exactement ce qu'il nous reste : dès lors que nos fonctions cognitives ont été externalisées, nous sommes en un sens condamnés à devenir intelligents. La tête « bien pleine » (le savoir) aussi bien que la tête « bien faite » (les logiciels) ont basculé au-dehors, dans cette tête portative qu'est l'ordinateur. Il nous reste l'inventivité, l'adaptabilité. Par bonheur, c'est ce qui caractérise justement l'humanité.

La révolution numérique n'est-elle pas la troisième grande révolution du signe, après l'invention de l'écriture en Mésopotamie il y a cinq mille ans et celle de l'imprimerie en Europe il y a cinq cents ans ? À l'instar de la tablette d'argile des Sumériens et de la presse de Gutenberg, l'écran d'ordinateur relié à Internet n'est pas seulement un nouveau média : il modifie aussi la nature et la fonction du savoir qu'il transmet.

Entièrement d'accord. Mais il faut alors observer qu'à chacune des révolutions que vous mentionnez a correspondu une philosophie nouvelle. La révolution de l'écriture, même si elle remonte plus loin dans le temps, trouve son expression philosophique chez Platon. Vous vous souvenez de la grande discussion où Socrate, qui incarne la tradition orale et refuse d'écrire sa pensée, condamne l'écriture comme un *pharmakon* qui permet certes de conserver la trace des pensées, mais risque par là même d'entamer la mémoire et de faire disparaître la pensée vivante dans des signes morts. Pour l'imprimerie, c'est évidemment Montaigne qu'il faut évoquer. Que nous dit-il ? Qu'il vaut mieux une tête « bien faite » qu'une tête « bien pleine ». Que veut dire Montaigne ? Qu'avant Gutenberg, un historien devait savoir par cœur Tite-Live ou Tacite parce qu'il n'avait pas forcément un accès facile aux codex, mais qu'avec l'invention de l'imprimerie il n'a plus besoin de savoir par cœur : ce qui était mémorisé dans sa tête se trouve dorénavant dans sa « librairie ». La tête se vide de mémoire. Le « plein » de la tête est désormais assuré par la bibliothèque. Du coup, Montaigne nous invite à nous concentrer sur autre chose que sur la mémorisation et la répétition des grands auteurs du passé. Aujourd'hui, la révolution numérique exige à nouveau un philosophe qui sanctionne le passage à une nouvelle ère et saisisse le nouvel usage de la pensée. J'ai essayé d'être ce philosophe-là.

Ce philosophe ne devra-t-il pas élaborer une nouvelle pédagogie, sur un autre modèle que celui de la paideia *des Grecs, surgi avec l'écriture, et sur un autre modèle que celui des* studia humanitatis *surgi avec l'imprimerie à la Renaissance ? Il ne pourra pas en tout cas se contenter de prendre acte du fait que le savoir est disponible… comme si c'était là une solution. Car comment fait-elle, Petite Poucette, pour s'approprier le savoir qu'elle a sous la main ?*

Qu'est-ce qui change fondamentalement avec ces trois grandes révolutions du signe que sont l'écriture, l'imprimerie et le numérique ? C'est le cognitif dans son entier qui change. Prenons la première, celle de l'écriture. Socrate s'élève contre cette révolution. Il affirme que l'écriture, c'est de la pensée morte ; que ce qui est vivant, c'est la parole vive, le dialogue, et que c'est par là seulement que passe le savoir vrai. Il est la Petite Poucette de l'ère de l'oralité. Platon, lui, a basculé dans le règne de l'écriture. Et tout l'enjeu de la *paideia* grecque consiste à se délivrer de l'oralité excessive pour entrer dans l'âge de l'écriture. L'important, en Grèce, c'étaient par exemple *L'Iliade* et *L'Odyssée*. L'aède était la figure intellectuelle dominante, qui conservait et chantait les vers oralement. Socrate l'affirme lui aussi à sa manière : le savoir, c'est le souvenir, c'est la réminiscence des idées enfouies au plus profond de chacun d'entre nous. Mais, dès lors que l'on a l'écriture, le souvenir compte beaucoup moins. Socrate – le personnage de Platon, cette fois – met en échec le petit esclave du *Ménon* qui ne peut que se souvenir, alors que lui *démontre* – il arrive au même résultat par une démonstration. Par où l'on voit que le changement de support bouleverse des fonctions mentales très profondes : avec l'écriture, une opération rationnelle comme la démonstration géométrique l'emporte sur la mémoire des choses. Les premières écoles, comme l'académie de Platon, surgissent et les aèdes sont remplacés par des professeurs qui ont les manuscrits sous la main. Et, tout d'un coup, la mémoire n'est plus le cœur de l'apprentissage.

Prenons maintenant l'exemple de Gargantua, le personnage de Rabelais, qui est au cœur de la deuxième révolution, celle de l'imprimerie. À l'époque, la figure dominante intellectuellement, c'est le professeur de théologie de la Sorbonne. C'est-à-dire le scolastique. Il va de soi que le scolastique ne peut pas accueillir favorablement un livre qui décrit les mille et une façons de manger, de digérer, de dormir – toutes choses jugées vulgaires et indignes d'être dites. De notre côté, nous ne pouvons pas dire que Rabelais ne soit pas notre père. Et cependant il y a eu cette même torsion qu'avec l'invention de l'écriture. Je dirais que nous sommes dans la même situation aujourd'hui : tout le monde se désespère de voir qu'un nouveau support a surgi, mais on ferait mieux de s'interroger sur la nouvelle tête que nous allons devoir développer, compte tenu de ce que le numérique prend dorénavant en charge toute une série de fonctions anciennement dévolues à notre tête. Alors quand on me dit que Petite Poucette a mille choses à disposition mais qu'elle ne sait qu'en faire, que son attention est troublée, qu'elle ne sait plus se concentrer ni apprendre, j'ai envie de répondre que cette méfiance est inutile. Elle ressemble trop à l'effroi suscité par l'apparition du livre imprimé. On l'a oublié, mais quand le livre est arrivé les doctes étaient effrayés de la même manière : comment l'élève va-t-il apprendre à faire le tri entre tous ces textes disponibles ? La mémoire à l'âge de l'oralité n'est pas la même que celle à l'âge de l'imprimerie et les neurones changeront certainement avec l'âge du numérique. Je ne dis pas que ce sera mieux ou pire, je dis qu'il faut accepter qu'il y ait un changement « gnoséologique » ou « épistémologique » : notre accès à l'information modifie notre savoir ; notre accès au savoir modifie notre connaissance.

Qu'on ne sache pas piloter ce changement, cela me semble une évidence : on ne peut pas plus le piloter que les professeurs de théologie de la Sorbonne ne pouvaient piloter l'aventure de l'imprimerie. Ce que je sais, en revanche, c'est qu'un siècle après cette révolution, on se moquait encore d'eux. Molière continuait à se moquer de ces médecins qui parlaient le latin à la Sorbonne et qui croyaient pouvoir soigner les maladies nouvelles en les qualifiant en latin. Il y a une profonde rupture cognitive, c'est vrai. Tous les scientifiques de ma génération, comme mon ami l'astrophysicien Pierre Léna, me le disent : « Je travaille *avec* l'ordinateur, les nouvelles générations pensent *dans* l'ordinateur. Il y a quelque chose que j'ai perdu... » Qu'on ne comprenne pas encore cette culture-là, c'est assez normal, mais moi, je préfère être du côté de Rabelais que du côté des profs de la Sorbonne. C'est tout. C'est ça, mon pari. Je peux me tromper mais je veux le tenter.

Mais si Montaigne et Rabelais, que vous érigez en modèles, moquaient les professeurs de la Sorbonne, il n'empêche qu'ils savaient par cœur le latin et le grec...

Et même mieux que leurs prédécesseurs ! Mais ils ne l'ont pas utilisé de la même façon. Montaigne n'utilise pas les auteurs latins comme les docteurs de la Sorbonne. Pourtant, il a lu Aristote comme eux, en effet. Mais il en fait un tout autre usage. Je suis moi-même dans l'âge numérique, mais je sais encore le grec et le latin !!

Advient une nouvelle faculté de l'esprit. Les deux premières révolutions du signe ont libéré la pensée : au moment de la révolution de l'écriture, on invente la géométrie ; au moment de la révolution de l'imprimerie, on invente la science expérimentale, car on a le cerveau libre pour observer les corps en train de tomber. À l'époque de l'invention de l'imprimerie, qu'est-ce que c'était qu'un physicien ? Un savant qui devait savoir par cœur la physique d'Aristote et celle des stoïciens. Par conséquent, quand il travaillait, il avait la tête complètement encombrée. Puis, tout d'un coup, Aristote a été imprimé, les stoïciens ont été imprimés... Et le physicien, qu'a-t-il fait ? Il a regardé les pommes tomber. Il était devenu nul en tant que physicien ancienne manière mais il a inventé la physique mathématique. Je parle de Galilée. Et sa bagarre contre les jésuites et Urbain VIII ne l'a pas tant opposé à des théologiens qu'à des gens qui savaient par cœur Aristote et se référaient aux textes alors que lui se référait à quelque chose d'autre. À un nouvel usage de l'esprit. Contrairement à ce que l'on croit, une faculté n'est pas naturellement donnée au cerveau humain : elle est créée.

Par quel processus une faculté est-elle créée ?

Par le couple message-support. À l'ère orale, quel est le support ? C'est le corps. Quel est le message ? L'émission de voix. À l'ère de l'écrit, quel est le support ? C'est le marbre au début, quand on sculptait ; puis la peau de veau, le vélin ; la peau de mouton, le parchemin ; puis le papier, *biblos*. Et le message ? C'est le texte écrit. À l'ère de l'imprimerie, le support a changé. Et le message change du même coup. La variable fondamentale de la pédagogie, c'est le couple support-message, et ce couple support-message induit, dans notre faculté de connaissance, ce que nous appelons justement des « facultés ». Ce que Kant a cru pouvoir déterminer a priori en vertu de la nature de l'esprit humain dépend en réalité étroitement des modes de conservation et de transmission du savoir. La *Critique de la raison pure*, avec ses divisions tripartites – sensibilité, entendement, raison –, est un conte de fées ! C'est le couple support-message qui produit les facultés humaines.

Ce que vous dites est très éclairant, mais vous n'avez toujours pas répondu à la question initiale… Si Petite Poucette a accès à la totalité du savoir, cela n'implique pas qu'elle le comprenne ni qu'elle ait les moyens de se l'approprier. Or vous semblez faire comme si l'accès au savoir, sa compréhension et son appropriation étaient une seule et même chose.

Réfléchissons : je suis instituteur, et j'enseigne à mes élèves les nombres pairs et impairs, c'est-à-dire le début de la numération. Est-ce qu'ils comprennent, est-ce que je comprends moi-même ce que je leur explique ? Non. Ce n'est pas parce que je dis « pair », « impair », « nombre naturel », etc., que je comprends ce qu'est un nombre. Les plus grands, Frege et Russell en tête, s'y sont cassé les dents. Est-ce qu'on sait ce qu'est un nombre premier ? Ce n'est pas sûr, parce que la distribution des nombres premiers est absolument inconnue, etc. Si nous devions comprendre tout ce que nous expliquons et recevons…

Vous avez raison, mais vous jouez sur le verbe « comprendre ».

On croit qu'on apprend seulement quand on comprend, ce n'est pas vrai. Il faut être mathématicien pour le savoir. En taupe, on prend, on apprend et on comprend – on comprend après ! Parce que, au début, on ne comprend qu'un peu. Et petit à petit on se dit : « Ah, ça voulait donc dire ça ! » La formule de Maclaurin pour développer des fonctions à dérivées continues, je l'ai apprise mécaniquement. On m'aurait demandé ce qu'elle voulait dire… Mais quarante ans plus tard j'en ai vu la profondeur ! L'idée qu'il faut comprendre tout ce qu'on explique et tout ce qu'on apprend est une folie pédagogique. Ce n'est pas comme cela que cela marche.

Vous donnez encore plus de poids à l'argument que nous vous opposons ! Car ce que vous dites des mathématiques vaut a priori pour tout le reste: il faut des disciplines d'apprentissage grâce auxquelles ceux qui ne comprennent pas puissent apprendre et ceux qui enseignent puissent au moins faire semblant de comprendre.

Oui, mais voilà déjà résolu le problème de l'accès. Pascal disait: Allez, allez, priez, priez, la foi vous viendra après! En maths, que faire d'autre? Allez, retenez et calculez, la foi vous viendra après! Et longtemps après on comprend. La question que vous posez est indépendante des médias et des supports!

Prenons l'exemple de Wikipédia. Ce n'est pas parce que je fais un copier-coller dans Wikipédia que je me suis approprié le savoir. La connaissance exige d'intérioriser le sens de ce que l'on apprend. Or, les élèves ont de plus en plus un rapport de prédation ou de « cueillette » avec un savoir qui leur apparaît comme étranger et désorganisé...

Vous avez raison de poser la question. Mais j'y ai déjà répondu. Oui, l'information n'est pas le savoir. Mais, dans la transmission orale ou écrite, la même différence s'imposait. De plus, n'avons-nous pas le même sentiment sur la Toile et dans une très grande bibliothèque, comme dans la bibliothèque du Congrès, à Washington, ou la Bibliothèque nationale de France? Je m'y perds comme sur la Toile. Il est intéressant de revenir aux jugements que portaient les grands philosophes des Lumières face à l'étendue infinie des livres publiés. Leibniz par exemple redoute déjà que leur masse toujours grandissante ne nous fasse basculer, par le désordre auquel elle nous expose, dans une nouvelle forme de barbarie. Ecoutez plutôt ce qu'il dit en 1680: « J'appréhende que nous ne soyons pour demeurer longtemps dans la confusion et dans l'indigence où nous sommes par notre faute. Je crains même qu'après avoir inutilement épuisé la curiosité sans tirer de nos recherches aucun profit considérable pour notre félicité, on ne se dégoûte des sciences et que, par un désespoir fatal, les hommes ne retombent dans la barbarie. À quoi cette horrible masse de livres, qui va toujours augmentant, pourrait contribuer beaucoup. Car enfin le désordre se rendra presque insurmontable, la multitude des auteurs qui deviendra infinie les exposera tous ensemble au danger d'un oubli général, l'espérance de la gloire qui anime bien des gens dans le travail des études cessera d'un coup ; il sera peut-être aussi honteux d'être auteur qu'il était honorable autrefois. » L'argumentation n'a pas changé !

Mais la question n'est pas tant de comprendre tous les livres, y compris les traités de mathématiques, que de ne plus rien comprendre du tout… À ce moment, que faire, sinon en appeler à un médiateur, à un intercesseur, bref à un professeur ?

Je n'ai pas dit que le corps enseignant disparaîtra mais qu'il aura une autre fonction qui ne sera pas organisée de la même manière dans le temps et dans l'espace. Et c'est à nous de découvrir laquelle. C'est déjà le grand problème de Montaigne dans les *Essais*. Oui, tout est à disposition dans les livres, mais ce n'est pas parce que vous possédez dans votre bibliothèque la totalité des œuvres des tragiques grecs, en grec, que vous pouvez les lire et les comprendre. L'information est là, dans la bibliothèque, mais pas le savoir. Le rôle de l'enseignant perdure, certes. Ce qui va changer aussi, c'est son environnement. Depuis que j'ai publié *Petite Poucette*, des architectes m'appellent pour me demander quelle sera la forme des prochains campus, compte tenu des cours en ligne. Il m'est difficile de leur indiquer le dessin des futurs bâtiments !

N'est-ce pas précisément pour cela que l'Europe, et l'Occident après elle, a fondé la pédagogie sur la base de l'autorité des livres et des maîtres ?

Certes. À chaque changement du couple support-message correspond une pédagogie nouvelle. Je ne dis rien d'autre.

Vous proposez tout de même de nous débarrasser de la pédagogie qui a permis de nous approprier les livres ?

Je n'ai pas dit cela. J'ai dit que mon métier, c'est de transformer l'information en savoir. Et que, dès l'instant où l'information est disponible en totalité, je peux me concentrer sur l'essentiel, comme nous y invitait Montaigne, c'est-à-dire sur le savoir. Ou plutôt mon métier, c'est la métamorphose d'une information en un savoir, en une connaissance vivante. Celui qui m'explique une démonstration, il m'introduit au savoir. C'est cela, le métier de professeur. Désormais, l'information est disponible, mais nous avons encore besoin de médiateurs pour la transformer en connaissance.

Oui, sauf que le professeur est désormais privé de l'autorité qu'il recevait de ces livres qui n'étaient pas accessibles à tous. Il était l'intercesseur entre le savoir déposé dans les livres et l'esprit des élèves, mais, si le savoir bascule entièrement du côté de l'élève, il n'est plus l'intercesseur de quoi que ce soit.

Tant mieux ! Je ne suis pas partisan de l'autorité. Je crois d'ailleurs qu'elle est en train de s'évanouir. Le terme « autorité », comme celui d'« auteur », dérive d'un verbe latin, *augeo, auctum,* qui veut dire : augmenter. Je ne m'incline que devant l'autorité de celui qui m'augmente.

Mais dans Petite Poucette *vous présentez comme une solution ce qui est, vous venez de l'admettre, une vraie question…*

Il est vrai que mon livre est un peu programmatique et utopiste beaucoup. Et je vous accorde qu'on y trouve des formules un peu rapides et qu'il manque une page où j'aurais dû mieux distinguer information et savoir.

Vous écrivez même que « nul n'a plus besoin des porte-voix d'antan, sauf si l'un, original et rare, invente ». Dans la pédagogie ancienne, les petits d'hommes avaient en face d'eux des porte-voix de l'écrit. Et maintenant vous dites que tout cela est fini, parce qu'il n'y a plus de porte-voix ?

L'enseignant qui déversait un torrent d'informations ex cathedra dans le silence religieux de son auditoire appartient à une époque révolue. Le bavardage, qui était l'apanage de l'école primaire ou du collège, est passé dans le supérieur, et d'ailleurs également dans n'importe quel lieu de conférence. Il y a un bruit de fond permanent et nous avons tout intérêt à l'écouter. Le porte-voix a changé de place !

Ce bruit de fond, vous l'attribuez au fait que n'importe quelle Petite Poucette peut tout savoir en lisant Wikipédia. N'est-ce pas pousser le bouchon un peu loin ? Il ne suffit pas d'aller lire l'entrée

« Réacteur EPR » sur Wikipédia pour comprendre les enjeux du nucléaire…

Mea culpa. Je répète n'avoir pas assez fait la distinction entre information et savoir. Effectivement, n'importe qui peut avoir accès à la démonstration par Lafforgue du dernier théorème de Fermat, et n'y comprendre rien. Moi-même, je n'y comprendrais rien. Et celui qui m'expliquerait la démonstration en question m'introduirait au savoir. Voilà le métier du prof : transformer l'information en connaissance. Il est vrai que dans mon livre, il y a peut-être là un…

… un raccourci… ?

Je suis d'accord.

Est-ce que le savoir peut être démocratique ?

La réponse est oui. Si le savoir n'est pas démocratique, rien ne l'est. Ce n'est pas le pouvoir qui est démocratique, ou devrait l'être, c'est le savoir. Au fond, nous sommes à une croisée de chemins : serez-vous libertaire ou hiérarchique ? Pour ma part, je fais le pari de Petite Poucette : le libertaire va gagner. Bien sûr, je sais aussi que, dans la pédagogie, il faut être accompagné. Je ne dis pas le contraire. Je suis devenu mathématicien parce que j'ai eu un professeur qui me montrait avec les mains, avec son corps, ce que c'était qu'un tenseur. Et je ne l'aurais pas compris si j'avais simplement lu un traité des calculs tensoriels, c'est certain. Je ne veux certes pas supprimer le corps enseignant mais j'affirme que les nouvelles technologies forment une vague qui balaie la pédagogie à l'ancienne. Le schéma de la classe avec un professeur au centre et des élèves alignés en rangées n'est plus de mise. C'est fini ! Il faut inventer un nouvel accompagnement.

Vous êtes un des rares philosophes à aborder la révolution numérique de manière si positive. Nombreux sont ceux qui craignent au contraire que l'on y perde beaucoup de choses : l'attention, d'abord, qui est de plus en plus troublée par les écrans et les téléphones ; la concentration, ensuite, et en particulier la concentration nécessaire à la lecture. Proust définissait la lecture comme « le miracle fécond d'une communication au sein de la solitude ». Avec les « humanités numériques », n'y a-t-il pas un risque de perdre ou d'abîmer des expériences aussi précieuses que celle de la lecture in extenso d'un livre ?

Perdre... Tout le monde aujourd'hui redoute de perdre quelque chose. Laissez-moi vous raconter comment le spécialiste de la préhistoire André Leroi-Gourhan, qui était un ami, répondait à ce type d'inquiétude. Il se tenait accroupi, les bras ballants et me disait : « On a été quadrupèdes, et à un moment donné on s'est mis debout. Ah ! mais c'est embêtant ! Les deux membres inférieurs ont *perdu* une partie de la fonction d'appui. C'est une perte terrible. Oui, mais on a inventé la main ! Ah ! la main, c'est autre chose que la patte ! Sauf que, quand on était à quatre pattes, la gueule avait fonction de préhension. Dès le moment où la main récupère la fonction de préhension, la bouche la *perd*. Ah oui ! mais en libérant la main et la bouche, on a inventé l'outil et la parole ! » Autrement dit, avant de se lamenter sur la perte d'une fonction, examinons d'abord ce qu'une métamorphose nous fait gagner. La révolution de la bipédie, par laquelle les singes deviennent des hominidés, peut être racontée comme une série de pertes successives... mais tout autant comme une série de gains : avec la station debout, les membres supérieurs ont perdu leur fonction de portage... mais les mains se sont trouvées libérées ; la gueule a perdu la fonction de préhension, mais la bouche a été libérée pour la parole. Derrière chaque perte, Leroi-Gourhan découvrait des capacités nouvelles. Il en va de même avec l'invention de l'écriture, de l'imprimerie ou du numérique. Incontestablement, ces inventions touchent à nos facultés de concentration et de mémorisation. Mais elles nous font aussi gagner de nouvelles facultés, on l'a dit. Aujourd'hui, on perd des choses, mais l'expérience historique nous montre à quel point on gagne quand on perd ! Oui, le cerveau se vide mais cela peut être libérateur. Cela nous a rendus disponibles pour de nouveaux usages et c'est cette disponibilité qui a permis le miracle grec, la Renaissance et la Réforme ! Le savoir et les facultés objectivés, nous pouvons enfin nous concentrer sur l'intelligence inventive. La pensée se distingue des procédures rationnelles qui peuvent être objectivées et externalisées dans nos machines. Je pense, j'invente, dans la mesure même où je me distancie du savoir. C'est cet écart qui permet l'invention.

Petite Poucette n'incarne pas seulement pour vous l'élève de demain, vous semblez voir en elle un nouvel individu, un nouveau citoyen...

J'irais même jusqu'à dire que Petite Poucette est le premier individu de l'histoire. La notion d'individu a une longue histoire : elle est inventée par saint Paul (vous vous souvenez de sa formule : « Il n'y a plus ni Juif, ni Grec, ni esclave, ni homme libre, ni homme, ni femme… »), mais il a encore fallu les *Confessions* de saint Augustin, le « moi » de Montaigne, l'« ego » de Descartes, le « moi » sensible de Rousseau, le sujet moral de Kant…, toute une histoire pour faire surgir l'individu. Mais au bout du compte il est là, devant nous, peut-être pour la première fois.

Et les nouvelles technologies auraient joué un rôle dans son avènement ? On a plutôt tendance aujourd'hui à les considérer comme des outils de surveillance qui menacent la liberté individuelle…

Elles ont permis des abus colossaux dans la surveillance de la vie privée ou publique. Sauf qu'il suffit que surgisse un seul individu, Edward Snowden, pour faire vaciller la plus grande puissance du monde. N'y a-t-il pas là une puissance de l'individu inconnue jusqu'ici ? Un homme, un seul, peut détraquer la machine de surveillance mondiale ! J'aime cette balance : Google et la CIA d'un côté, Snowden de l'autre ! Quelle image d'utopie !

Mais enfin, dès le XVIe siècle, Giordano Bruno a fait basculer le monde fini d'Aristote et même de Copernic ! Il l'a d'ailleurs payé suffisamment cher !

D'accord, mais il a converti combien de gens ? 0,5 % de l'humanité ? Snowden a dessillé les yeux du monde entier.

Bruno a ouvert les yeux d'une partie de l'humanité, mais il est vrai que cela a pris un ou deux siècles, tandis que Snowden…

C'est immédiat.

Selon vous, l'individu ne devient donc totalement individu, individu « total », que maintenant, grâce aux nouvelles technologies ?

Vous avez dit « maintenant » ? C'est la devise de Petite Poucette : « Maintenant ! » Que signifie cet adverbe ? Il veut dire « tenant en main », « main tenant ». Petite Poucette tient en main son portable. Que tient-elle vraiment alors ? Tous les lieux du monde, grâce au GPS, toutes les informations du monde, grâce à Wikipédia, et tous les gens du monde en vertu de cette « chaîne d'interconnexions » qui fait qu'un individu n'est séparé d'un autre où qu'il soit que par quatre autres contacts… Les statistiques ont montré, en effet, que quatre appels téléphoniques suffisent pour que n'importe qui, dans le monde, puisse accéder à n'importe qui. Qui pouvait avant elle prétendre à un tel pouvoir ? Auguste, empereur de Rome, Louis XIV, le Roi-Soleil, ou un milliardaire chinois ou américain ? Tandis qu'aujourd'hui 3,750 milliards de personnes peuvent dire « maintenant, tenant en main le monde ». Autrement dit, l'individu a un pouvoir, au moins virtuel – d'ailleurs, celui d'Auguste ne l'était-il pas aussi en grande partie ? –, supérieur à celui d'Auguste. L'utopie politique que cela autorise est extraordinaire ! Voilà une nouveauté que Giordano Bruno ne pouvait pas connaître.

Petite Poucette a le don d'ubiquité. Elle est ici et elle est là ; devant nous et loin de nous, son corps sur la banquette d'en face, mais une partie de son esprit avec un interlocuteur à des kilomètres ou à des milliers de kilomètres. Elle est donc la petite-fille de Pantope ?

Oui, mais pas tout à fait. Pantope était un voyageur, elle est un connecteur, c'est un peu différent. Pantope circule dans l'espace réel, Petite Poucette surfe sur la Toile.

Mais le connecteur, n'est-ce pas l'individu tel que l'imaginait Leibniz : une monade reliée à toutes les autres grâce à un réseau qui n'a pas besoin d'elle pour fonctionner…

Le rêve leibnizien d'une monade représentant le monde est aujourd'hui réalisé concrètement. Connaissez-vous « Ce siècle avait deux ans » de Victor Hugo ? « Mon âme aux mille voix, que le Dieu que j'adore / Mit au centre de tout comme un écho sonore ! » C'est Petite Poucette. Un schéma hiérarchique disparaît sous nos yeux. Cet événement majeur a des implications incroyables. Et parmi elles le fait que la politique telle que nous la concevons aujourd'hui est en train de disparaître. L'impact ultime de Petite Poucette est là.

Vous écrivez à cet égard que les nouvelles technologies sont en train de changer nos « collectifs » en « connectifs ». Que voulez-vous dire précisément ?

Je suis convaincu que les nouvelles technologies sont l'outil qu'attendaient les nouveaux individus pour se lier les uns aux autres en l'absence d'un tiers censé mieux savoir qu'eux ce qu'ils savent et ce qu'ils veulent, et capable d'organiser leur rencontre. Pour la première fois sans doute dans l'histoire, les individus vont pouvoir détenir autant de science, d'information, de capacité de décision que les grandes institutions à l'ancienne. Il y a quelque chose d'utopique dans cette vision. Mais c'est un des possibles inscrits dans la révolution numérique.

Que ce soit pour l'école, le travail ou la politique, vous opposez les nouveaux réseaux aux anciennes organisations pyramidales et hiérarchiques, mais cela ne présuppose-t-il pas que les collectifs peuvent se passer de toute autorité, qu'ils peuvent s'auto-organiser ? N'est-ce pas là tomber dans la grande illusion néolibérale de notre temps : comme sur un marché idéal, les individus n'auraient qu'à se connecter, et l'ensemble qu'ils forment se gouvernerait tout seul, sans qu'il soit besoin d'en passer par une délibération explicite ni par aucune instance de régulation ?

En somme, vous me dites qu'il y a une « main invisible » dans mon utopie ? Rappelez-vous la devise de Petite Poucette : « Maintenant. Tenant en main le monde » !

Votre éloge d'Internet consonne en tout cas avec une aspiration très vive dans le monde contemporain à se débarrasser des autorités régulatrices…

Je reviens sur ce qui se passe dans les classes et qui bouleverse complètement les instituteurs, les professeurs, et même les professions du supérieur : les élèves bavardent ! Ils bavardent à un point, vous n'avez pas idée ! Quand on n'est pas professeur, on ne le sait pas. Il y a un bruit de fond dans la classe qui vous empêche même d'être entendu. Alors, évidemment, les professeurs font tous les efforts possibles pour essayer de faire taire leurs élèves. Mais moi, je crois que c'est peine perdue. Ils ont pris la parole, et ils ne sont pas près de la rendre. Cela vaut d'ailleurs aussi pour les professeurs eux-mêmes qui bavardent quand le proviseur parle, pour les policiers qui bavardent quand le général leur parle, pour les députés à l'Assemblée… Il y a un énorme retournement dans l'émission de la parole : tout le monde prend la parole. Et, quand les gens prennent la parole, il vaut mieux selon moi les écouter qu'essayer en vain de les faire taire. Ce n'est pas une vision néolibérale, mais plutôt libertaire ou anarchisante !

Quelle nouvelle société émerge donc selon vous ?

Marx opposait les socialistes scientifiques, auxquels il appartenait, aux socialistes utopiques. D'un côté, ceux qui fondent leur anticipation sur le rêve, de l'autre, ceux qui s'appuient sur la science de la société et de l'histoire. Or, faites le bilan avec moi des expériences des uns et des autres qui ont « réussi ». Les socialistes scientifiques ont pris le pouvoir à Moscou, à Pékin et à Phnom Penh. Bilan ? Cinquante, soixante-dix millions de morts ? Les socialistes utopiques ont tenté de mettre en place des communautés qui se sont effondrées très vite. Les utopistes ont donc raté leur coup, c'est vrai. Cependant, qu'ont-ils laissé en héritage ? Tout ce qui fait la société d'aujourd'hui ! Les crèches, les communautés de soins, la Sécurité sociale..., tout cela est dans Proudhon et Fourier ! Le Crédit Agricole, pour les pauvres paysans, la Banque populaire, pour les petits épargnants... Toutes ces choses-là, qui nous font la vie plus douce et forment la société contemporaine, viennent des utopistes. C'est quand même curieux, personne ne le dit jamais. Ah ! et qui a creusé le canal de Suez ? Ferdinand de Lesseps, saint-simonien, que je sache. Au bilan, le monde moderne a été fait par eux. J'ai l'impression que si vous ne fabriquez pas de l'utopie, vous ne faites rien. Et moi, je suis du côté des inventeurs et des utopistes qui faisaient des communautés, tout à fait en dehors de la politique, en dehors même de l'économie. Vive l'utopie !

Vous tablez donc sur l'auto-organisation de la société ?
Je n'ai jamais employé ce mot.

Non, mais l'idée est là : un contrôle mutuel par des acteurs librement connectés…
Mais ces acteurs sont des individus capables de jugement. Ça ne se fait pas tout seul. Dans le cas du marché, cela se fait en effet tout seul, la « main » est invisible. Mais je n'ai pas parlé d'auto-organisation, j'ai simplement parlé d'individus qui prennent leurs responsabilités là où ils sont. Je ne dis pas que le réseau tout seul va tout faire, je dis simplement que le pouvoir donné aux individus est plus fort qu'on ne le croit. Il me semble que c'est cela, la démocratie.

Sauf qu'il y a toujours dans une société des grands, comme disait Machiavel, et des petits, qu'il y a toujours des gens qui veulent domine, d'autres qui ne veulent pas être dominés et enfin des gens prêts, éventuellement, à servir, et qu'il faut un tiers, une autorité entre eux…
À peu près tous les « dominants » que j'ai rencontrés ressemblaient d'assez près à de graves malades mentaux.

Vous écrivez : « Petite Poucette apostrophe ses pères : Me reprochez-vous mon égoïsme, mais qui me le montra ? Mon individualisme, mais qui me l'enseigna ? Vous-mêmes, avez-vous su faire équipe ? Incapables de vivre en couple, vous divorcez… » Petite Poucette récuse-t-elle toutes les anciennes appartenances ?

Tous les modèles de communauté ont échoué. Et tous les modèles de parti également. La grande question de ce jour, celle, justement, de Petite Poucette, concerne la construction de nouvelles appartenances. Il n'y a donc pas de main invisible.

La main de Petite Poucette est bien visible !

Oui, le nom même de Petite Poucette évoque la main ! Ce qui prouve qu'elle peut prendre des décisions. Et sa devise le répète : maintenant !

Savez-vous quelle est l'étymologie d'« émanciper » ? C'est « prendre par la main ». Petite Poucette s'émancipe. L'émancipation du savoir et de la politique.

Comment expliquer qu'à la fin du XXe siècle l'humanité moderne se soit mise à numériser le réel et la culture ? Cela n'avait rien d'évident après tout…

La plus grande invention de ce siècle a consisté à compléter Galilée. Galilée affirmait que la nature est écrite en langue mathématique (cf. chap. 3). On a complété cette affirmation deux fois de suite. On l'a complétée d'abord en disant que les vivants l'étaient également – Galilée avait pensé à la physique mathématique mais la chimie n'était pas concernée ni, bien sûr, la biochimie ni le code génétique. On l'a complétée ensuite en affirmant que tout est concerné. Cependant, ce n'est pas grâce aux mathématiques au sens de Galilée (algèbre ou géométrie) qu'on numérise le réel aujourd'hui, c'est grâce à des algorithmes. Mais l'idée source vient bien de ce pari gigantesque de Galilée : « La nature est écrite en langue mathématique. » Ou, mieux encore, des pythagoriciens qui diraient : « Tout est nombre. » L'ère numérique fait retour aux pythagoriciens !

Pour le premier venu, le fait que tout texte, tout objet, toute marchandise, du légume au DVD en passant par le livre, possède son code-barres et puisse être numérisé n'a rien d'évident. Que gagne-t-on à tout transformer en une longue suite de chiffres ? Pourquoi ce détour ? N'était-il pas plus simple d'écrire 6,50 euros sur une marchandise plutôt qu'une suite de chiffres sans queue ni tête ? Qu'est-ce qu'on y gagne ?

On gagne un individu. L'algorithme permet de nommer tous les individus. De considérer toute chose comme un individu. Les objets sont individués comme je le suis moi par le chiffre de mon ADN.

Cela nous ramène à votre idée que la pensée algorithmique est en train de prendre le relais de la pensée conceptuelle…

Peut-être. Qu'est-ce qu'un concept, sinon une valise ? Prenez le concept du cercle : c'est une valise au volume quasi infini puisque je peux y placer tous les ronds du monde. Formidable économie de pensée ! Or voilà qu'aujourd'hui l'ordinateur est capable de présenter, à la demande, n'importe quel type de rond. C'est lui qui fait le travail d'économie de pensée et vous pouvez, grâce à lui, voir tous les exemples concrets imaginables. Donc, c'est la singularité individuelle qui devient le centre de la pensée, prenant la place du concept. La pensée opère sur une singularité concrète et non plus sur un concept abstrait. La différence est gigantesque, car ce n'est pas seulement le sujet de la pensée mais les instruments cognitifs eux-mêmes qui mutent. Il y a une nouvelle pensée pour chaque objet individuel. Peut-être seul Aristote l'avait deviné avant nous. Et j'ai mis longtemps à comprendre qu'Aristote peut-être avait vu cela. Le souci des objets l'avait-il amené à dire que la substance, c'est l'individu. Et nous avons découvert la vérité de cette formule tout récemment. C'est à partir de l'individu, de la chose qu'on peut penser. Nous étions platoniciens : l'idée de lit subsumait tous les lits. Et les lits singuliers, Platon s'en moquait : que ce soit un lit à baldaquin, un lit double, un lit d'hôtel, le lit matrimonial ou le berceau de mon enfance, il s'en moquait, il y avait l'idée du lit, cela lui suffisait. Adieu Platon, bonjour Aristote !

Nous avons appris le souci de la singularité ?

En réalité, bien avant Platon, le singulier subsistait sous le concept. Le paysan appelait sa vache d'un nom propre, appelait son chien d'un nom propre, et il savait que le peuplier de gauche n'était pas le peuplier de droite. Quand j'étais marin, j'ai dû inspecter l'équipement qu'emportaient les pêcheurs pour aller à Terre-Neuve. On les obligeait à avoir des cartes, des sextants, du matériel adéquat pour s'orienter. Un jour, j'ai trouvé des instruments totalement neufs, des cartes jamais utilisées. Je me suis dit : « Ça, c'est pour l'inspection, ils ne doivent jamais s'en servir. » En sortant, je retrouve le capitaine du bateau et je lui demande :

« Alors, comment allez-vous à Terre-Neuve ? – C'est facile : on va tout droit, on évite l'endroit où il y a toujours un vent du nord, ensuite là il y a toujours des algues… » Il connaissait la mer, il n'avait pas besoin de la carte, abstraite. La carte est platonicienne et eux, ils étaient restés dans la singularité. Autrement dit, la pensée algorithmique, qui permet de tout numériser, permet de retrouver l'individu dans sa pluralité. Et ça, c'est une révolution majeure par rapport au platonisme, qui nous a bloqués pendant deux millénaires sur la saisie des objets. Le seul qui se soit révolté contre Platon, c'est Aristote. Aristote a connu… : « Que nul n'entre ici s'il n'est géomètre » et Aristote aurait dit : « Que nul n'entre ici s'il n'a pas le souci des objets. » Les sciences actuelles sont des savoirs de singularités. Le fond du fond de ma pensée, c'est que nous vivons dans un univers totalement disparate. Or, penser, qu'est-ce que c'est ? C'est mettre en relation du disparate. Il y a même un vieux philosophe qui parlait de « jugements synthétiques a priori », je crois…

Oh ! Conclure avec Kant, ça ne vous ressemble guère !

Qu'est-ce qu'il voulait dire ? Un jugement analytique (« Un homme a des jambes »), cela consiste à mettre en rapport des choses qui sont contenues dans leur définition. Un jugement synthétique a priori (« Tous les corps fondent à la chaleur »), cela consiste à mettre en rapport a priori des choses qui ne sont pourtant pas liées par leur définition. Qu'est-ce que c'est, les mathématiques ? La réponse tient en quelques mots : quelqu'un a inventé A/B. Il a posé le rapport entre A et B qui, jusque-là, n'avaient aucun rapport entre eux. Et ensuite il a inventé l'analogon A/B = C/D : le rapport entre deux proportions. Et il a continué : quel est le rapport entre l'espace et les nombres ? Et il a inventé la géométrie algébrique. Et le rapport avec l'analyse ? Il a inventé le calcul différentiel. Quel est le rapport entre les choses qui n'ont aucun rapport entre elles ? Voilà les mathématiques, sans arrêt ! C'est cela, penser. Le reste n'est que copie et recopie et billevesées. Donc, plus nous recevons d'informations venant de partout, mieux nous nous portons : cela nous oblige à mettre en rapport des choses qui n'ont pas de rapport entre elles. C'est ce qu'a fait Newton en mettant en rapport la chute d'une pomme et le mouvement des planètes. L'invention naît de la mise en relation du disparate. Notre univers est disparate et penser revient à mettre en relation du disparate. Et c'est précisément cela que permettent la navigation sur la Toile et l'interconnexion des réseaux.

CONCLUSION
PENSER, C'EST ANTICIPER

*Lors d'une émission spéciale d'*Apostrophes*, en juillet 1989, Bernard Pivot s'était déplacé à l'université de Stanford aux États-Unis, pour interroger deux grands philosophes français enseignant aux États-Unis, vous-même et René Girard. Interrogé sur ce qui vous distinguait justement de René Girard, vous avez répondu par la distinction entre deux types de penseurs : les renards et les sangliers. Pouvez-vous expliquer cette distinction ?*

Oui, on doit au poète Archiloque, au VIIe siècle av. J.-C., cette remarque que le renard connaît de nombreux tours tandis que le hérisson n'a qu'une seule stratégie, mais très efficace : il se met en boule. C'est l'idée, reprise par le philosophe letton Isaiah Berlin, qu'il y a deux types de penseurs. Je suis d'accord avec cela, mais j'ai pour ma part imaginé une petite variation en remplaçant le hérisson par le sanglier, Pourquoi ? Parce qu'il me semble que les penseurs comme René Girard, qui creusent une seule et même idée toute leur vie durant, ressemblent bien plus au sanglier qu'au hérisson. Il y a donc d'un côté les penseurs-sangliers (ou – hérissons), qui parcourent inlassablement la même sente, parviennent à donner un nom au problème qui les occupe et ne cessent ensuite de le définir de plus en plus précisément. René Girard lui-même trouve que la vie est trop courte pour développer une seule idée. Et puis il y a les penseurs comme moi qui explorent un peu partout, ce sont les penseurs-renards, qui commencent par travailler latéralement, explorent ensuite des espaces de plus en plus larges et parviennent parfois mais pas toujours à faire la synthèse de toutes leurs explorations. Je me considère comme un penseur-renard. C'est ma nature. Je ne sais pas faire autrement que de vouloir aller partout. Comme Pantope. Mais cela m'a coûté très cher.

Pourquoi cela vous a-t-il coûté cher d'être un renard ?

Parce que je n'ai jamais été considéré comme un spécialiste d'aucun domaine ou d'aucun problème. Mais surtout parce qu'aucun concept n'est attaché à mon nom. Je n'ai pas l'équivalent de cette idée qui est attachée au nom de certains philosophes comme leur trouvaille : le clinamen d'Épicure, le morceau de cire de Descartes, la volonté générale de Rousseau, la chair de Merleau-Ponty, la déconstruction de Derrida, le mimétisme de René Girard, etc. Je n'ai pas de logo, pas de marque. Or une philosophie ne se diffuse que si elle a un logo. Mon œuvre ressemble davantage à celle de Leibniz. Au soir de sa vie, lorsqu'il tente de faire la synthèse, l'auteur de la *Monadologie* se retrouve comme devant une grande étendue d'eau dans laquelle on a jeté plusieurs pierres : chacune fait des ronds concentriques qui se croisent sans se détruire. L'ensemble ressemble à une forêt fluide en mouvement perpétuel. C'est un peu l'image que je me fais de mon œuvre.

Si ces explorations n'ont pas produit de « logo », elles ont fait émerger de nombreux concepts : la position blanche, le Tiers-Instruit, le contrat naturel, etc. Plus encore, ces concepts se sont incarnés dans des personnages, une multitude de personnages…

Il est vrai que je me sens parcouru par ces personnages. Je suis légion. Qui suis-je ? Je suis marin, philosophe, professeur, philosophe, écrivain, mais aussi Hermès, Hominescent, Tiers-Instruit, Récitant, etc. Mon esprit fonctionne à l'« analogisme » pour reprendre une des catégories de Philippe Descola : il ne cesse de se projeter dans les différences, de parcourir la pluralité infinie des êtres et des choses.

Dans L'éloge de la philosophie en langue française *– un ouvrage où vous introduisez cette entreprise gigantesque que vous avez dirigée, le* Corpus des œuvres de philosophie de langue française *– vous écrivez : « Ne vous étonnez donc pas que la philosophie dans la langue française souffre, encore aujourd'hui, de déréliction au sein même du pays qui lui donna son langage, puisqu'il s'agit déjà d'une philosophie d'exclus. » Or on sent bien que le portrait que vous dressez du philosophe de langue française dépeint comme un « ouvrier libre et solitaire » est en réalité un autoportrait. Vous ne vous en cachez d'ailleurs pas, vous vous* *êtes toujours senti exclu et en marge de l'espace intellectuel. À quoi cela tient-il ?*

Cela tient d'abord au fait que très tôt je ne me suis pas reconnu dans la manière de philosopher qui était la manière dominante. Dans les endroits où l'on enseigne la philosophie, en France, on enseigne moins la philosophie que l'histoire de la philosophie. On vous apprend Platon, Aristote… C'est très bien, je n'ai aucune critique à faire, mais, à un certain moment, on a l'impression qu'une étrange boucle se forme : on ne devient professeur que si on est un bon commentateur qui enseignera de nouveau le commentaire à des gens qui enseigneront le commentaire, et ainsi de suite. Cela produit une sorte de clôture du discours philosophique sur lui-même qui m'a très tôt donné le sentiment d'un enfermement. Certes, il n'y a rien de plus formateur que la lecture des grands textes, mais à un moment il faut sortir de ce cycle pour essayer de philosopher, c'est-à-dire d'inventer, de trouver du nouveau. Or il se fait que, de par ma double formation, scientifique et philosophique, j'avais été confronté, du côté scientifique, à une série de nouveautés considérables : des nouvelles mathématiques à la théorie de l'information en passant par la chimie de l'ADN en train de naître. Dans ma génération, un professeur de sciences n'avait à enseigner à ses étudiants qu'un pourcentage très réduit de ce qu'il a appris lui-même sur les bancs de l'université. Il a été sans cesse confronté au renouvellement de sa discipline. Tandis que, du côté de la philosophie, je voyais un enseignant qui, du fait même de ce principe du commentaire, pouvait enseigner 100 % de ce qu'il avait déjà appris sur les bancs de l'université, avec des épicycles un peu plus raffinés sur le commentaire.

Au bout d'un certain temps, j'ai trouvé que ce cycle-là devait avoir une fin. Ma double formation m'avait donc mis en état de déséquilibre. Est venu s'ajouter à cela les circonstances académiques pénibles dans lesquelles j'ai eu à soutenir ma thèse en philosophie, puisque j'ai été lâché en chemin par mon directeur. Au moment d'entamer ma carrière académique, j'étais mis à la marge de la philosophie. On ne me proposa un poste qu'en dehors de ma discipline. C'est cet ensemble de facteurs à la fois personnels, académiques et intellectuels, qui m'a conduit à prendre ma liberté. J'ai fait de nécessité vertu. Comme je vous l'ai déjà dit, je me suis alors mis « à mon compte ». Exclu du système, j'ai ouvert la boutique « Michel Serres ». Et je dois dire que je ne m'en suis pas trop mal sorti. Au final, c'est une exclusion qui m'a plutôt bien réussi. J'ajoute que cet itinéraire en marge fut en effet – je m'en suis rendu compte au moment où j'ai dirigé la publication du *Corpus* – celui de très nombreux philosophes de langue française. Les philosophes allemands et anglo-saxons sont presque tous des professeurs, les philosophes français le sont rarement. Il faut attendre la IIIe République, Bergson et Alain pour avoir des professeurs de philosophie. Mais auparavant, les philosophes de langue française ne se pensent pas comme des professeurs, plutôt comme des penseurs ou des écrivains…

Comment définissez-vous la philosophie, si elle ne se réduit pas au dialogue avec les grands auteurs du passé ? Comme un travail d'invention ?

Regardons l'histoire longue de la pensée. Si vous prenez le Moyen Âge, il faut admettre qu'il est tout entier dans la pensée d'Aristote: les scolastiques du Moyen Âge sont des aristotéliciens pur jus. Lorsque arrive la Renaissance, un grand virage s'opère dans la science, qui fait qu'ils abandonnent Aristote et deviennent tous platoniciens. Ensuite, avec le surgissement de la science moderne, tout le monde devient cartésien : les mathématiques cherchent « l'ordre et la mesure », la physique repose sur la « substance étendue », etc. Si l'on prend en vue ce développement historique, on s'aperçoit que Aristote prévoit le Moyen Âge comme Platon prévoit la Renaissance, comme Descartes prévoit l'âge moderne. Qu'est-ce que cela veut dire pour la philosophie? Qu'il y a quelque chose en elle comme de l'anticipation. C'est ce qui fait le ressort même de la philosophie selon moi. Sa tâche consiste à anticiper. On reconnaît un philosophe au fait qu'il a anticipé quelque chose de fondamental qui advient par la suite. Penser, c'est anticiper!

L'oiseau de Minerve ne se lève donc pas au crépuscule?

Non, évidemment pas. La philosophie ne se lève pas, comme l'oiseau de Minerve, aux premières ombres. C'est de très bonne heure, avant l'aube, que l'esprit prend son envol. Et c'est parce qu'elle se lève avant tout le monde qu'elle peut anticiper le futur. Elle l'a toujours fait, au moins depuis Montaigne, Descartes, Condillac et Rousseau. Depuis, nul n'est philosophe s'il ne s'attèle à ce travail-là.

En même temps, vous ne cessez de dire que pour inventer et anticiper le futur, il faut être capable de réveiller en nous les modes de pensée les plus archaïques…

Je crois en effet qu'un inventeur est intempestif parce qu'il retrouve des visions du monde complètement oubliées mais qui restent extrêmement fécondes. À l'instar de Michelet qui va chercher son inspiration dans les forêts, pendant les heures du sabbat, la nuit, avec les sorcières, je vais chercher mon inspiration chez les Indiens inuit du Grand Nord, chez les Indiens d'Amazonie, chez les aborigènes d'Australie, tous ceux dont parlent Lévi-Strauss et Descola. Ce sont mes sorcières à moi. Qu'est-ce qu'ils m'apprennent ? Que pour classer les hommes il est plus facile de regarder les animaux parce qu'on voit ainsi surgir les différences. Mais, au fait, c'est exactement ce que faisait Linné quand on y pense ! Toute la biologie du XVIIe siècle fonctionne comme le totémisme. Et Théophraste, le premier botaniste, ne faisait pas autre chose en établissant ses tableaux des caractères humains et en les comparant aux classifications de la botanique. Mettre en rapport les hommes et les plantes pour mieux les connaître ? Mais c'est du totémisme recyclé ! Personne ne l'a vu. Pourtant c'est ça, au fond, qui guide presque inconsciemment la puissance inventive de la botanique et de la classification animale. Qui est Linné ? Qui est Théophraste ? Ce sont des aborigènes parmi nous. Qu'est ce que c'est qu'un inventeur ? C'est un Indien parmi nous – ce pourquoi d'ailleurs personne ne le prend au sérieux !

Vous avez proposé une nouvelle interprétation du Cogito *de Descartes (« Je pense, donc je suis »), que vous conjuguez au pluriel plutôt qu'à la première personne du singulier. Nous ne penserions donc pas au singulier ?*

Partons de l'étymologie. *Cogito* vient de co-*agere* d'où est venu le verbe « agir ». Originairement dans la langue primitive des Latins, cela désignait l'acte du berger qui pousse un troupeau de moutons devant lui. Alors, les moutons qu'il pousse devant lui, ils vont un peu partout, ils s'agitent. On ne parvient pas à les maîtriser. Si en plus le berger hérite d'un autre troupeau, alors l'ensemble est encore moins maîtrisable. Cela donne « co-agito ». De là, le verbe « cogiter ». L'origine du verbe « penser » c'est : je ne peux pas maîtriser la multiplicité des idées qui se pressent dans ma tête. La notion de *cogito*, de « co-agere », de « co-agito », c'est le pépin qui arrive à un berger lorsqu'il hérite de son père et qu'il multiplie le troupeau par deux. C'est cela, penser. Je ne peux pas maîtriser la multiplicité de mes pensées. On est très loin de Descartes. Descartes dit « *Cogito ergo sum* » : « je pense donc je suis ». Or, rien que de dire « *cogito* », c'est l'aveu qu'il ne les maîtrise pas. Leibniz était plus proche de la vérité : « L'âme, tout indivisible qu›elle est, renferme une tendance composée, c›est- à-dire une multitude de pensées... », dit-il. C'est beaucoup plus juste, si on se réfère non seulement à l'étymologie mais à l'expérience vécue de la pensée. Qu'est-ce que penser ? C'est avoir rapport à la multiplicité. Vous me demandez : qu'est-ce que la philosophie ? Alors, c'est très orgueilleux de dire : j'invente, j'anticipe. Mais dans l'expérience vécue du philosophe dans son cabinet, c'est « *cogito* », c'est-à-dire « co-agito », c'est-à-dire : « Je suis devant une multiplicité que je n›arrive pas à maîtriser. » Et la philosophie consiste à trouver des moyens de maîtriser l'immaîtrisable. Oh ! pas trop à gauche, pas trop à droite. Attention au ravin ! Et de conduire ce troupeau de pensées sur un flanc de montagne un peu exposé, où il y a le loup d'un côté, le glacier de l'autre, et en bas le ravin. C'est ça la pensée.

Penser, dites-vous aussi, c'est toujours aussi de l'ordre d'un pari, d'un pari risqué même.

Il y a dans la pensée quelque chose que Darwin et ses successeurs ont bien défini pour la vie. Dans une version « saltationniste » de la théorie de l'évolution – autrement dit qui conçoit l'évolution par grands sauts évolutifs – il y a l'idée que la vie « tente des coups ». Ce que le généticien Richard Goldschmidt a appelé les *« hopeful monsters »*, les « monstres prometteurs » par opposition aux *hopeless monsters*, « mutants sans espoir », qui sont les résultats, généralement non viables, des grosses mutations. C'est l'idée en somme que les transformations surgissent par de grands sauts morphologiques et non par l'accumulation de petits changements graduels. La nature tente un coup. Dans certaines circonstances, l'environnement barre la voie au coup, c'est fini, on rentre à la maison. Mais dans d'autres circonstances surgit un « monstre prometteur » qui finit par forcer le passage. Eh bien, je crois que cela se passe de manière similaire avec la pensée. On tente un coup, un « monstre prometteur », des fois cela ne passe pas, des fois cela passe. Quand on écrit un livre, c'est comme cela que cela s'opère en tout cas. On tente un coup, et ça se développe comme du lierre. « Ah, ça marche, ca prend ! » Comme s'il y avait dans la pensée quelque chose qui se rapprochait de la nature même de la vie.

La nouveauté qu'il s'agit d'anticiper, où va-t-on en chercher les signes ? Dans les journaux ? Hegel qui avait été journaliste au début de sa carrière, comme vous avez fait de la radio depuis de nombreuses années, voyait dans la lecture du journal « une prière du matin de l'homme réaliste ». Vous lisez les journaux ?

Très peu. Dans le rapport à l'actualité, il y a quelque chose qui a été perverti dans les dernières décennies : l'actualité donnée par les médias est donnée désormais par une institution qui est devenue non seulement le quatrième pouvoir, mais le pouvoir dominant. C'est vrai que le journal à l'époque de Hegel a représenté ce que fut pour nous, il y a dix ans, l'arrivée d'Internet : une très grande promesse. Mais la promesse n'a pas été tenue. Pour s'assurer de l'audimat ou du succès, les médias sont obligés de répéter le convenu plutôt que de s'ouvrir à l'inconnue des événements. Les médias ont basculé du côté de l'institution plutôt que de la nouveauté. Du coup, ce n'est pas là que l'on peut découvrir les vraies nouvelles. C'est ailleurs. Et la prière du philosophe réaliste consistera plutôt à avoir le courage de ne pas ouvrir le journal !

Vers quoi aujourd'hui se tournent vos regards ? Qu'est-ce qu'il s'agit d'anticiper ?

Il y a un nouvel espace qui vient de s'ouvrir et qui est à penser : l'espace du virtuel. La science, telle que nous l'avons apprise, et telle qu'elle m'a formé, est une science de la démonstration, de l'expérience et du fait. *Facts, only facts !* Or la science qui est en train de se mettre en place aujourd'hui est une science du virtuel. Qu'est-ce qu'une cellule souche ? Ce n'est pas une réalité factuelle. Au sens où le factuel intervient quand elle deviendra une cellule nerveuse ou une cellule musculaire. Mais qu'est-ce qu'elle est en tant que cellule souche ? Elle est, en quelque sorte, virtuelle. Il y a donc un nouvel espace qui s'est ouvert entre le possible et le réel. Et jamais la science n'était rentrée dans cet espace-là.

Cet espace a-t-il été anticipé par la philosophie ?

Le seul qui nous ait donné quelques outils pour le penser, c'est Aristote. Il a eu le génie d'établir une distinction fondamentale entre les choses qui sont *en acte* et les choses qui sont *en puissance.* À partir de là, on peut commencer à penser le virtuel. Aristote est le grand philosophe d'aujourd'hui. J'ai mis longtemps à le percevoir. Je suis en train de devenir aristotélicien. Parce que le virtuel est le nouvel espace, la nouvelle dimension, dans laquelle notre science, notre éducation, notre politique sont en train de s'installer.

Si vous craignez les identités et les appartenances en ce qu'elles se sont révélées destructrices de l'individu tout au long du XXe siècle, vous assumez en revanche entièrement l'identité de la langue. Vous pensez dans et avec la langue française. N'est-ce pas la seule identité que vous acceptez ?

C'est en effet mon identité, mon identité culturelle.

Vous lui faites un très grand crédit.

Un crédit illimité ! Ce n'est pas la peine de la ramener. Il faudrait une bonne fois pour toutes l'admettre : on ne pense pas universellement ! On est lié à l'outil que l'on manipule quand on pense. L'outil, c'est la langue. Et ce n'est pas en parlant une autre langue que l'on peut échapper à ce problème.

Vous récusez l'idée qu'il y ait une méthode pour penser. Mais comment on fait pour penser ? Est-ce que c'est inné ? Est-ce que cela se transmet ? Et comment ?

Les bateleurs de l'esprit, psychologues ou pseudo-philosophes, vendent aujourd'hui aux entreprises *the way of creativity*, leurs recettes pour être inventif. Moi, je dis aux entreprises : écoutez, s'il y avait une méthode, *a way*, il n'y aurait pas de créativité. Parce que la méthode, elle serait la même à Paris, à Bruxelles, à Rome. Or, on sait bien qu'il n'y a pas de chemin universel. C'est un oxymore parfait : *the way of creativity*. Il n'y a pas de méthode pour inventer. Pour faire une tarte Tatin, il existe des recettes. C'est que la tarte Tatin existe déjà. Mais, si il y a des recettes pour faire la tarte Tatin, il n'y en a pas pour l'inventer. À la méthode, au sens de Descartes, j'oppose l'exode. « Ex-odos », « hors » du « chemin ». Sortir du chemin, se mettre en dehors des chemins battus. Et encore il ne faut pas que cela devienne une méthode…

Où trouver un appui alors ?

Si le recours à une méthode nous est barré, nous trouvons un appui chez les grands auteurs. Qu'est-ce qu'un grand auteur ? C'est un auteur qui ouvre un espace étrange et mystérieux, où il fait voir à partir de quoi il a inventé son idée. Les grands auteurs vous font voir non seulement l'idée qu'ils ont inventée, mais aussi ce à partir de quoi l'invention est arrivée. Ceux-là, il faut les garder bien précieusement, parce qu'ils vous font la passe de ce secret de l'invention. Voilà, au fond, ce que je cherche chez un auteur, c'est celui qui me fait la passe de quelque chose d'éminemment secret : la puissance inventive. Et, au fond, de quoi on a besoin dans la vie ? On n'a pas besoin d'idées ou de citations – je m'en moque complètement de savoir que Monsieur Untel a pensé ça. En revanche, s'il peut me faire la passe de quelque chose dont j'ai vraiment besoin… Il n'y a pas beaucoup d'auteurs qui vous passent le secret, mais il y en a et ils sont précieux. Et il y a des musiciens aussi. Moi, Chopin, il me fait la passe, il n'y a pas de doute.

Il vous passe la puissance…

Ce secret-là. La pensée inventive, dans son sens le plus général.

Cela voudrait dire que cette puissance peut se transférer d'un registre à l'autre, de la musique à la philosophie, en l'occurrence. Comment cela passe-t-il d'un registre à l'autre ?

Oui. C'est cette espèce de virtualité d'invention. Si elle pouvait se spécialiser, cela deviendrait une méthode. Mais c'est une puissance virtuelle et secrète. Il y a des gens qui sont capables de vous passer ça. Même si je ne devrais pas, parce que cela me concerne directement, je vais vous raconter un souvenir, qui vous permettra de mieux comprendre ce que j'essaie de vous dire. J'ai longtemps fait cours à la Sorbonne, c'était dans « l'Amphi aux Vaches », tous les samedis matin, j'avais de 500 à 600 étudiants. Mon cours durait deux heures trente à peu près. Or, beaucoup d'étudiants me disaient : « La première heure, je vous écoute, mais après je me mets à écrire mes propres textes. C'est imparable. » Cela me faisait un énorme plaisir. Parce que cela voulait dire que je leur passais quelque chose, une puissance, qu'ils avaient besoin de mettre en acte. Ils avaient envie d'inventer à leur tour. Cela vous apparaîtra peut-être comme une tartarinade. Mais, comme on me l'a dit de très nombreuses fois, je crois qu'en effet je faisais passer ça. Les étudiants fermaient leur cahier, en prenaient un autre et se mettaient à écrire leur roman !

Cela revient à dire que, plus que des idées ou des concepts, le philosophe transmet… Quoi ? Des savoir-faire ?

Non. C'est quelque chose de difficile à définir, qu'on n'a jamais pu exprimer que sous une forme qui s'appelle « inspiration ». Et « inspiration », c'est « spirituel ». Le mot « spirituel » veut dire « respirer », un « souffle ». Ce souffle-là, c'est le « rouach » (prononcer « rouar »).

Le « rouach » ?

C'est le premier mot de la Genèse, dans la Bible juive : « Et le souffle des Dieux planait à la surface des eaux. » C'est ce souffle-là que nous avons francisé par le mot « inspiration ». Voilà ce que nous « passe » un grand écrivain ou un grand philosophe. La passe secrète d'un souffle donné. Mais c'est difficile à cerner. Dans Montaigne, dans Pascal quelquefois, il y a des petits trucs comme ça. Mais vous pouvez le trouver au détour d'une page chez quelqu'un d'autre. Je suis allé voir hier l'*Amphitryon* de Molière au Français, et il y a deux ou trois passages où on se dit : où il est, ce mec ! Vertigineux ! Deux ou trois petits trucs. Cela suffit. On en sort comme sur un nuage.

Au lieu de dire « amour de la sagesse » pour la philosophie, vous préférez dire « la science de l'amour ». Pourquoi ?

On peut ne pas penser, mais on ne peut pas ne pas aimer. Or la philosophie, ce n'est pas seulement des livres, ce n'est pas seulement une pensée, une série de théories, c'est aussi une manière de vivre. C'est la grande, l'immense leçon de la philosophie antique. Dans la philosophie antique, on n'estimait pas un philosophe par ses œuvres, on l'estimait par sa vie. Donc, il y a une vie philosophique réelle, et je crois que l'amour est sa devise.

Entre l'invention et l'amour, cela fait deux moteurs très différents de la pensée… Quel est le plus décisif ?

Je me demande si je ne serais pas un peu comme les paysans de mon enfance qui avaient deux bœufs, le bœuf de gauche et le bœuf de droite ; ou comme ceux qui faisaient les courses dans l'Antiquité, qui avaient deux chevaux. Il y a le cheval intellectuel et le cheval plus vital… L'invention sort d'une capacité intellectuelle importante, mais l'amour est l'essence qui fait marcher la machine. C'est pour cela que le « philo » de philosophie est important. En mathématique ou en physique, c'est absent. Même si le physicien est passionné par ce qu'il fait, même si le mathématicien est enthousiasmé par la beauté des mathématiques, ce que j'ai toujours été moi-même. Il y a dans la philosophie cet élément passionnel, qui est le pétrole qui fait marcher la machine.

En somme, la vie ne vaut la peine d'être vécue que s'il y a de l'amour et que s'il y a de la pensée…

Qu'est-ce que j'aspire à faire chaque jour ? Une belle page, d'un côté, une vie tendue par l'amour, de l'autre.

Quel sentiment, pour finir, retirez-vous de tout cela ?

La joie ; la simple joie contingente d'exister ; la joie de survivre aux violences de plusieurs guerres ; la joie, ici et maintenant, d'une paix qui dure depuis soixante-dix ans ; la joie que donnent la beauté du monde et celle des femmes ; la trismégiste joie d'aimer, miraculeusement triple parce qu'elle fait s'enlacer toi, moi et notre relation ; celle d'enseigner, d'écouter, d'écrire et de parler, de faire et de fabriquer ; la liesse du corps, des caresses, des sports, en cordée ou en équipe, et de la musique ; l'allégresse haute de penser.

Annexes

CHRONOLOGIE : LA VIE, L'HISTOIRE, LE GRAND RÉCIT

Quoique, dans de nombreux livres, Michel Serres ait émis des doutes sérieux sur les influences qu'une œuvre peut recevoir de l'histoire de son temps et sur les explications que l'on peut en tirer, il nous a cependant semblé utile d'établir un tel parallèle.

Dates	Biographie de Michel Serres	Événements historiques	Événements du Grand Récit	
1930	Naissance à Agen.	Crue catastrophique dans le Sud-Ouest.	La population agricole française s'élève à 6,45 millions de personnes.	
1939	Début de l'apprentissage du métier de marinier.	Début de la Seconde Guerre mondiale.	Lancement du projet américain Manhattan associant militaires et scientifiques pour mettre au point la bombe atomique.	
1940	En mai-juin : arrivée de réfugiés belges et français à Agen, en zone libre.	En France, débâcle et exode de huit à dix millions de personnes, armistice.	Alan Turing, informaticien britannique, travaille au décodage des machines Enigma chiffrant les messages de la marine.	
1943		*L'Enracinement* de Simone Weil.	Conférence à Dublin de Erwin Schrödinger qu'amorce la révolution génétique.	

1944			En France, droit de vote accordé aux femmes.	
1945		Victoire alliée.	Bombardement atomique d'Hiroshima et de Nagasaki les 6 et 9 août.	
1947	Deuxième baccalauréat.	*La Pesanteur et la Grâce* de Simone Weil.		
1948		Publication de *A Mathematical Theory of Communication* de Claude Shanon et traduction française de *What is Life ? (Qu'est-ce que la vie ?)* d'Erwin Schrödinger.	Les pays du bloc de l'Est, de la Tchécoslovaquie à la Roumanie, basculent du côté de la Russie communiste et stalinienne. La guerre froide commence. L'Otan sera créée un an plus tard.	
1949	Licence de maths, entrée à l'École navale et démission.	Proclamation de la République populaire de Chine par Mao.	L'astronome Fred Hoyle invente l'expression « big bang » pour mieux critiquer la cosmologie de l'abbé Lemaitre, fondée sur ce principe.	
1951	Licence de lettres.	Plan Marshall Débuts de la construction européenne.	Signature du pacte de Varsovie.	
1952	Entrée à l'ENS.	Premier essai de la bombe à hydrogène par les États-Unis.		
1953			Watson et Crick découvrent la structure en hélice de l'ADN.	
1954		Début de la guerre d'Algérie.	Suicide d'Alan Turing.	

1955	Reçu 2e à l'agrégation de philosophie, 1er au Capes.	En France, démission du président du Conseil Pierre Mendès France.		
1956	Service militaire dans la marine : périple sur la mer Rouge, le canal de Suez et la Méditerranée.	Crise du canal de Suez.	Insurrection de Budapest suivie de l'intervention des troupes soviétiques.	
1960	Début de l'enseignement à l'université de Clermont-Ferrand.	Débuts de la décolonisation du continent africain.	La pilule contraceptive est commercialisée aux États-Unis. Les cadres représentent 4,7 % de la population active en France.	
1961			Le cosmonaute russe Youri Gagarine est le premier homme à tourner en orbite autour de la Terre.	
1966-1967		Révolution culturelle en Chine.	La loi Neuwirth dépénalise la contraception en France. Depuis 1965, les femmes ont le droit d'ouvrir un compte en banque séparé et d'exercer un métier sans l'autorisation de leur mari.	
1968	Soutenance de thèse de doctorat : *Le Système de Leibniz et ses modèles mathématiques* (Puf). Tours de garde à la faculté.	Révolte de Mai 1968. Le général de Gaulle dénonce la « chienlit ». Le PCF perd son monopole idéologique sur	Il y a 530 000 étudiants dans l'enseignement supérieur en France (trois fois plus qu'en 1958, trois fois moins qu'en 2012).	

	de Clermont-Ferrand durant les événements de mai. Rencontre avec Jacques Monod, lecture du manuscrit *Le Hasard et la Nécessité*.	la gauche et l'extrême gauche.		
1969	Professeur en histoire des sciences à l'université Paris I-Panthéon-Sorbonne. *Hermès I. La Communication* (Minuit).	Festival de Woodstock aux États-Unis.	Neil Armstrong et Buzz Aldrin posent le pied sur la Lune.	
1972	*Hermès II. L'Interférence* (Minuit).	Scandale du Watergate.	Démonstration publique du réseau Arpanet, ancêtre d'Internet.	
1974	*Hermès III. La Traduction* (Minuit), qui reprend « La thanatocratie ».	Expulsion d'URSS d'Alexandre Soljenitsyne suite à la publication à l'étranger de *L'Archipel du goulag*.	Découverte en Éthiopie du squelette de Lucy, vieux de 3,1 millions d'années : le plus ancien squelette d'hominidé bouleverse notre perception de la bipédie et des origines. La France compte un peu plus d'un million de cadres (4 millions en 2011).	 
1975	Rencontre avec Hergé.	Au Vietnam, génocide des Khmers rouges (entre 1,5 et 2,4 millions de morts).	Steve Jobs et Steve Wozniak conçoivent le premier ordinateur Apple.	

1984	Professeur à Stanford, en Californie.	Catastrophe de Bhopal en Inde.	Premier ordinateur personnel Macintosh.	
1987	*Le Contrat naturel* (François Bourin).	Lancement de l'Intifada par la jeunesse palestinienne dans les territoires occupés par Israël.	Signature du protocole de Montréal sur la réduction des chlorofluorocarbones responsables de l'amincissement de la couche d'ozone. Dans la foulée, création du Giec (Groupe d'experts intergouvernemental sur l'évolution du climat).	 
1989			Chute du mur de Berlin et fin de la guerre froide	
1990	Élu à l'Académie française.	Guerre du Golfe.	L'OMS (Organisation mondiale de la santé) retire l'homosexualité de la liste des maladies mentales.	
1991	*Le Tiers-Instruit* (François Bourin).	Décomposition du bloc soviétique Début de la guerre en Yougoslavie.	Naissance d'Internet (accès public général).	
1994	Nommé président du Conseil scientifique de la Cinquième, nouvelle chaîne de télévision.		Premier téléphone mobile français.	

1997	*Nouvelles du monde* (Flammarion).		Protocole de Kyoto sur la limitation des émissions de gaz à effet de serre	
2001	*Hominescence* (Le Pommier).	Attentat des Twin Towers.	Premier séquençage brut du génome humain. Création de Wikipédia, encyclopédie collaborative sur Internet, universelle et multilingue, qui compte 21 millions d'articles.	 
2002		Daniel Pearl, journaliste, est décapité par ses ravisseurs, des terroristes islamistes.	Le soulagement de la douleur est reconnu comme un droit fondamental. Selon le Prix Nobel de chimie Paul Crutzen, nous sommes entrés dans un nouvel âge géologique, l'anthropocène. Parmi les causes de mortalité dans le monde, la guerre ne représente que 0,31 %, les maladies cardiovasculaires 29 %.	
2004	*Rameaux* (Le Pommier).		Fondation de Facebook.	

2008	*Le Mal propre. Polluer pour s'approprier* et *La Guerre mondiale* (Le Pommier).	Krach financier Aux États-Unis, élection de Barack Obama, premier Noir à accéder à la Maison-Blanche.	La Chine, les États-Unis et l'Union européenne sont à l'origine de 55 % des émissions mondiales de CO_2.	
2009	*Temps des crises* (Le Pommier).	Échec de la conférence de Stockholm sur le climat.	Les dix années écoulées depuis l'an 2000 sont les plus chaudes depuis cent trente ans.	
2010	*Biogée* (Dialogues/ Le Pommier).	Printemps arabe : partie de la Tunisie, la révolte gagne l'Égypte, la Libye, la Syrie, le Yémen, l'Iran. En 2011, la France, appuyée par l'Otan, intervient en Libye.	Il y a 514 800 exploitations agricoles en France, ce qui représente un million de personnes participant régulièrement à une activité liée à l'agriculture (en 1900 : 8,25 millions).	
2012	*Petite Poucette* (Le Pommier).	En France, élection de François Hollande qui succède à Nicolas Sarkozy à la présidence de la République.	Pour la première fois, la France atteint l'objectif, fixé en 1989, d'avoir 80 % de réussite au baccalauréat.	
2013	Lauréat du prix Dan David pour l'ensemble de son œuvre et « sa réflexion sur une vaste série de questions actuelles ».	Edward Snowden révèle au monde entier les activités d'espionnage des services secrets américains.	L'espérance de vie à la naissance est passée, pour les hommes, à 78,7 ans (contre 59,9 en 1946), et, pour les femmes, à 85 ans (contre 65,2 en 1946). Nombre d'usagers d'Internet : 2,749 milliards ;	 

			nombre d'utilisateurs de Facebook : 1,19 milliard ; nombre d'abonnés au téléphone portable : 4 milliards.	

Icônes des personnages :

 pour Hermès

 pour le Thanatocrate

 pour le Tiers-Instruit

 pour l'Hominescent

 pour le Malpropre

 pour le Grand Fétiche

 pour le Récitant

 pour Pantope

 pour Petite poucette

Table des citations

p. 7, Baruch Spinoza, *L'Éthique*, III, Scolie de la proposition 11, Le livre de Poche, p. 209.

p. 14, Léon Brillouin, *Science et théorie de l'information*, Éditions Masson, 1959.

p. 17, Marcel Proust, « Lettre à Laure Hayman », in *Lettres et vers de Marcel Proust à Mesdames Laure Hayman et Louisa de Mornand*, Andrieux, 1928.

p. 17, Marcel Proust, « Le Temps retrouvé », in *A la recherche du temps perdu*, Quarto Gallimard, 1999, p. 2288.

p. 37, Michel Serres, *le Tiers-Instruit*, François Bourin, 1991, p. 186.

p. 72-73, Gilles Deleuze, *Qu'est-ce que la philosophie ?*, Minuit, 1991, (co-écrit avec Félix Guattari), p. 62.

p. 75/76, Jean de La Fontaine, « Le Rat de ville et le Rat des champs », livre 1 fable 9, in *Fables*, Éditions Complexe, 1995.

p. 83, Platon, *Hippias majeur*, 287-e.

p. 88, Henri Michaux, *Ecuador*, O.C., « *La Plé*iade », Gallimard, Tome I., p. 189.

p. 121-122, « Les Bijoux distraits ou la cantatrice sauve », in *Hermès II. L'interférence*, Minuit, 1972, pp. 223-236.

p. 127, *Hermès, La commmunication*, Minuit, 1968, p. 10.

p. 133, *Hermès, La commmunication*, Minuit, 1968, p. 15.

p. 142-143, *Hermès, La commmunication*, Minuit, 1968, p. 17.

p. 145, Léon Brillouin, *Science et théorie de l'information*, Éditions Masson, 1959 (première publication en anglais en 1956).

p. 146, Erwin Schrödinger, *What is life*, McMillan, 1944, (première traduction française en 1947) ; *Qu'est-ce que la vie ?*, « points-sciences », 1993.

p. 146, Norbert Wiener, *Cybernetics or Control and Communication in the Animal and the Machine*, Hermann & Cie et MIT Press, 1948 ; *Cybernétique et société*, « Collection 10/18 », 1971.

p. 151, *Hermès II. L'interférence*, Minuit, 1972, p. 98.

p. 152, *Hermès II. L'interférence*, Minuit, 1972, p. 98-99.

p. 153, *Hermès II. L'interférence*, Minuit, 1972, p. 99.

p. 154, *Hermès II. L'interférence*, Minuit, 1972, p. 99.

p. 155, *Hermès II. L'interférence*, Minuit, 1972, p. 99-100.
p. 157, *Note 2, Hermès II. L'interférence*, Minuit, 1972, p. 129.
p. 161, « *Trahison : la thanatocratie* » *in Critique*, N° 298, mars 1972 ; repris in *Hermès III. La traduction*, Minuit, 1974.
p. 166, *Ibid.*
p. 172, Paul Valéry, « La crise de l'esprit » (1929), repris in *Variété I*, 1924.
p. 183, Baruch Spinoza, *Éthique IV, proposition 67*, Le Seuil, 1999.
Attention, cette traduction donne : « L'homme libre ne pense à rien moins qu'à la mort, et sa sagesse est une méditation non de la mort mais de la vie. » p. 200, Jean de La Fontaine, « La Chauve-souris et les Deux Belettes », livre 2, fable 5, *in Fables*, Éditions Complexe, 1995.
p. 205, René Leriche, « La santé c'est la vie dans le silence des organes », *in* « De la santé à la maladie », *Encyclopédie française*, tome VI, 1936.
p. 207/208, Alfred de Musset, *Les Caprices de Marianne*, acte I, scène 1.
p. 210, *Hominescence*, Le Pommier, 2002, p. 39.
p. 210, Baruch Spinoza, *L'Éthique*, Livre III, « scolie de la proposition 2 », Opus cit.
p. 211-212, Maurice Merleau-Ponty, *L'Œil et l'Esprit*, Gallimard, « Folio Essais », 1964, p. 18-19.
p. 215, Jacques Lacan, « L'étourdit », *Autres Ecrits*, Seuil, 2001, pp. 449-495.
p. 215, *Hominescence*, Le Pommier, 2002, p. 49.
p. 217, Sartre, *l'Être et le Néant*, Gallimard, 1943, p. 612
p. 229, saint Paul, *Épitre aux Galates*, 3, 28.
p. 241, *Le contrat naturel*, François Bourin, 1990 ; « Champs », Flammarion, 1992, p. 18.
p. 242, *Discours de la méthode* (6e Partie), Œuvres Philosophiques, Tome 1, Garnier, p. 634.
p. 246-7, *Le Contrat naturel*, François Bourin, 1990 ; « Champs », Flammarion, 1992, pp. 184-185.
p. 247, Pascal, *Pensées*, fragment 397 « vous êtes embarqué ».
p. 252, Jean-Jacques Rousseau, *Discours sur l'origine et les fondements de l'inégalité parmi les hommes*, Seconde partie.
p. 252, *Le Mal propre*, Le Pommier, 2008, p. 11.
p. 267, Saint Simon, Œuvres, Éditions Capelle, Paris, 1841 p. 71 à 78.
p. 274, Jean de La Fontaine, « Le laboureur et ses enfants », livre 5, fable 9, *in Fables*, Éditions Complexe, 1995.
p. 280, Michel Serres, Écrivains, savants et philosophies font le tour du monde, Le Pommier, 2009, p. 92.
p. 295, Michel Serres, *Discours de réception à l'Académie Française*, François Bourin, 1991.
p. 294, Bergson, « *Les deux sources de la morale et de la religion* », Ch. 4, Félix Alcan, 1937.

p. 297, François Lyotard, *La Condition post-moderne : rapport sur le savoir,* Minuit, 1979, p. 63.

p. 316, René Descartes, *Les méditations métaphysiques,* « Méditation seconde », Pléiade, Gallimard, p. 274.

p. 316, Blaise Pascal, Œuvres Complètes, Pensée n° 87, p. 1112 de l'édition Chevalier, N° 706 de Lafuma, Pléiade, Gallimard, pp.226-228.

p. 316, Leibniz, « À Sophie », Août 1696 ?, in « Grua », *Textes inédits,* 1948, t.1, p. 379.

p. 316, Giordano Bruno, *De la cause, du principe et de l'un,* « cinquième dialogue », p. 276, Les Belles Lettres, 1996.

p. 327, *Petite Poucette,* Le Pommier, 2012, p. 28.

p. 340/341, Leibniz, *Préceptes pour avancer les sciences,* 1680.

p. 342, Pascal, *Pensées,* fragment 233, Éditions Brunschvig 1897, p. 58.

p. 343, *Petite Poucette,* Le Pommier, 2012, p. 36.

p. 345, *Marcel* Proust, « Sur la lecture », in *Contre Sainte-Beuve,* Gallimard, « Folio-Essais ».

p. 349, Victor Hugo, « Les feuilles d'automne », « Première », *Recueil de poèmes,* Wahlen, Bruxelles, 1836, p 20.

p. 352-3, *Petite Poucette,* Le Pommier, 2012, p. 60.

p. 354, Galilée, *L'Essayeur,* Il Saggiatore, 1623.

p. 363, *Éloge de la philosophie en langue française,* Corpus des Œuvres de philosophie en langue française, Fayard, 1995, p. 18.

p. 372, *La Bible,* traduction œcuménique, « Genèse », 1,3, Le Cerf, 1988.

Bibliographie de Michel Serres

Le Système de Leibniz et ses modèles mathématiques, PUF, 1982 (1re éd. 1968)
Hermès I, La Communication, Éditions de Minuit, 1969
Hermès II, L'Interférence, Éditions de Minuit, 1972
Hermès III, La Traduction, Éditions de Minuit, 1974
Jouvences, Sur Jules Verne, Éditions de Minuit, 1974
Auguste Comte, Leçons de philosophie positive, tome I, Hermann, 1975
Esthétiques sur Carpaccio, Hermann, 1975
Feux et signaux de brume, Zola, Grasset, 1975
Hermès IV, La Distribution, Éditions de Minuit, 1977
La Naissance de la physique dans le texte de Lucrèce, Éditions de Minuit, 1977
Hermès V, Passage du Nord-Ouest, Éditions de Minuit, 1980
Le Parasite, Grasset, 1980
Genèse, Grasset, 1982
Détachement, Flammarion, 1983
Rome. Le Livre des fondations, Grasset, 1983
Les Cinq Sens, Grasset, 1985
L'Hermaphrodite, Flammarion, 1987
Statues, François Bourin, 1987
Éléments d'histoire des sciences (en collaboration), Bordas, 1989
Le Contrat naturel, François Bourin, 1990
Le Tiers-Instruit, François Bourin, 1991
Discours de réception de Michel Serres à l'Académie française et réponse de Bertrand Poirot Delpech, François Bourin, 1991.
Éclaircissements (entretiens avec Bruno Latour), François Bourin, 1992
La Légende des Anges, Flammarion, 1993
Les Origines de la géométrie, Flammarion, 1993
Atlas, Julliard, 1994
Éloge de la philosophie en langue française, Fayard, 1995
Nouvelles du monde, Flammarion, 1997
Le Trésor, dictionnaire des sciences (en collaboration), Flammarion, 1997
À visage différent (en collaboration) Hermann, 1997
Paysages des sciences (en collaboration), Le Pommier, 1999
Variations sur le corps, Le Pommier, 1999

Hergé, mon ami, Éditions Moulinsart, 2000.
Hominescence, Le Pommier, 2001
Le Livre de la médecine (en collaboration), le Pommier 2001
L'Incandescent, Le Pommier, 2003
Jules Verne, la science et l'homme contemporain, Le Pommier, 2003
Rameaux, Le Pommier, 2004
Récits d'Humanisme, Le Pommier, 2006
Petites Chroniques du dimanche soir, Le Pommier, 2006
L'Art des ponts, Homo Pontifex, Le Pommier, 2006
Le Tragique et la pitié (discours de réception à l'Académie française de René Girard et réponse de Michel Serres), avec René Girard, Le Pommier, 2007
Petites Chroniques du dimanche soir, tome 2, Le Pommier, 2007
Carpaccio, les esclaves libérés, Le Pommier, 2007
Le Mal propre, polluer c'est s'approprier, Le Pommier, 2008
La Guerre Mondiale, Le Pommier, 2008
Écrivains, savants et philosophes font le tour du monde, Le Pommier, 2009
Temps des crises, Le Pommier, 2009
Petites chroniques du dimanche soir, tome 3, Le Pommier, 2009
Biogée, Le Pommier/Dialogues.fr, 2010
Cahier de l'Herne, Éditions de l'Herne, 2010
Regards sur le sport (en collaboration), Le Pommier, 2010
Musique, Le Pommier, 2011
Petites Chroniques du dimanche soir, tome 4, Le Pommier, 2011
Habiter, Le Pommier, 2011
Petite Poucette, Le Pommier, 2012
Andromaque, veuve noire, Éditions de l'Herne, 2012
Jules Verne aujourd'hui (en collaboration), Le Pommier 2013
Petites chroniques du Dimanche soir, tome 5, Le Pommier, 2013
Les Temps nouveaux (coffret), Le Pommier 2013

INDEX DES NOMS PROPRES

M

N – O

P

R

S

T

U – V

W – X – Z

Imprimé en France par CPI-Bussière à Saint-Amand-Montrond
N° d'imprimeur : 2008581 – Dépôt légal : février 2014
N° d'édition : 74650593-02/mars 2014